JN119609

ビジネスパーソンのための
〈コネクティッドロジスティクス〉
の基礎知識

物流DX
ネットワーク

著 鈴木邦成＋中村康久

NTT出版

はじめに

最近のＡＩ（人工知能）やＩｏＴ、５Ｇ、クラウドといったＩＣＴ技術の急激な進化は、私たちの日常生活や企業活動を劇的に変革させせようとしています。スマートフォンは、単なる電話端末の領域をはるかに凌駕し、特に若い世代には圧倒的な人気を得ていますが、５Ｇ時代を迎え、その機能はさらに高度化、高加速化することになります。

さらにいえば５Ｇ時代にはライフスタイルや経済活動も大きく変化していくことになるでしょう。たとえば手軽で安全なモバイル決済やブロックチェーンの普及などの商流改革も加速度的に進む可能性があり、キャッシュレス社会も完全実現のときを迎えています。

もちろん、商流のみならず物流も含めた流通システムが大きく刷新されようとしています。

５Ｇ環境でＡＩの活用領域も広がり、ロジスティクス・物流業界も大きく、その効率性を高めていくことが期待されています。すなわち５Ｇ時代にはクラウドを通して得られるビッグデータにより制御された、モノの流れと情報の流れ、さらにはキャッシュフローがＡＩ、ＩｏＴとのリアルタイムリンクのもとに、迅速にムダなく、かつ戦略的に管理、活用されていくことになるのです。５Ｇ環境で可能になる画像認識の高速化などのメリットもロジスティクス・物流業界が大きく享受することになります。またその流れにあわせての情報武装の徹底とシステムのより一層の高度化も必要になってくるわけです。

近年のＥＣ（電子商取引）事業の爆発的普及や少子高齢化といった社会環境の変化にも大きな影響を受け、物流事業を取り巻く環境が大きく変わりつつあることから、ＡＩやＩｏＴといった最先端のイノベーションの導入が、今後も進んでいくことになるのです。

これまで、どちらかというと、勘と経験に頼っていた需要予測やそれに伴う設備投資も、まさにリアルデータに基づいて設計、実施される「データドリブンエコノミー」によるコネクティッドロジスティクス時代がまもなく到来するといえましょう。そしてロジスティクスも４・０から５・０へと進化を遂げるのです。

本書の構成は次のようになります。

第1章では、コネクティッド社会の到来とそれに係わるロジスティクスの変化の概要を解説します。いわば本書で解説するコネクティッドロジスティクスの基盤となる部分の説明にもなります。

第2章では、コネクティッド社会に標準装備される5G環境をロジスティクスの視点をふまえて解説します。

第3章では、流通における2大機能（商流と物流）のうち、商流部門を取り上げ、5G時代における効率化と高度化の道筋を示します。

第4章では流通における2大機能（商流と物流）のうち、物流・ロジスティクス部門を取り上げ、5G時代における効率化と高度化の道筋を示します。

第5章では、5G時代のコネクティッドロジスティクスにおけるキーワードの1つである「可視化」の視点からの解説を行います。

第6章では、ロジスティクス領域におけるコネクティッドの導入について具体的なビジネスモデルを取り上げ紹介していきます。

第7章ではコネクティッド社会で実現されるスマートサプライチェーンの司令塔となりうる巨大化、無人化を遂げる物流センターの概要と今後の可能性を紹介していきます。

第8章ではコネクティッドロジスティクスのキーツールとなるパレットなどの物流容器について基礎から応用までを概観します。

第9章ではコネクティッドロジスティクスの実践にあたり、業界ごとにどのように取り組みが異なるか、その進展具合や温度差など、業界事情について取り上げます。

第10章ではコネクティッド時代に物流業界が顧客企業に向けてどのようなビジネス姿勢を示せるのかを3PL（物流事業者の顧客企業からの受託物流事業）を軸に解説します。

第11章では商流と物流の融合がもっとも進む、小売業の視点からの店舗販売やリテール事業について解説します。

第12章はウィズコロナの時代を念頭にコネクティッドロジスティクスの今度のトレンドについて概観します。

物流・ロジスティクス領域に関わるSEやICT技術者の方々、さらには人工知能、IoT、モバイルサービス、サプライチェーンや物流システムなどに関わる一般ビジネスマンや学生の方々が、5G時代のコネクティッドロジスティクスについて、AIやモバイル技術の発達と物流システムの視点から、自らの専門領域と重ねて理解を深めていただければ、筆者にとって望外の喜びといえます。

鈴木邦成
中村康久

もくじ

第4章 ニューノーマル時代の物流・ロジスティクスの進化 69

第5章 可視化の進むコネクティッド時代の物流DXネットワーク 93

第8章　ＩｏＴの主役、パレット・物流容器　143

第9章　業界別コネクティッドロジスティクス事情　157

第12章 ニューノーマル時代に加速するコネクティッドロジスティクス　203

主要参考文献……219

第1章
コネクティッド社会を支える技術と発展シナリオ

Section 1-1

ヒト、モノ、コトが5Gで結ばれるDX化社会の実現

21世紀における「コネクティッド」とは、一言でいうと高速ワイヤレスインターネット網につながっているか、否かの二択といえます。

たとえば、インターネットにつながっている状態の自動車をコネクティッドカーと呼び、それ以外はたんなる自動車になります。

コネクティッドの前提には、当然、扱われる情報がデジタル化されている必要があります。たとえば、クルマが車載端末を経由してインターネットに接続するコネクティッドカーは、近年世界中で急速に普及しておりMaaS（Mobility as a Service）と呼ばれる新事業領域が勃興しつつあります。センサー価格の急激な低減によって普及が加速しているM2M（機械間通信）やIoTもその一例です。

IoT（モノのインターネット）とは、世界中に存在する、あらゆるモノ（自動車や人間も含む）が、インターネットにつながる世界、環境を指します。具体的には、スマートフォンや各種通信モジュールやRFIDタグなどといろいろなカメラやセンサーを組み合わせて、離れたモノの状態を遠隔で操作・制御する安全で快適な生活空間や業務改善をねらっています。

センサーによるデータ収集、ヒトによるネットデバイス操作、ヒトによる記録などによって集められたさまざまなデータ（ビッグデータ）は、AI（人工知能技術）と連携することにより、新しい価値を作り出すことが可能となります。これがコネクティッド社会です。

IoTを実現するには、次の構成要素が必要になります。各種センサー、小型軽量デバイス、多様な無線ネットワーク、サーバーやクラウド、AI等です。スマートフォンが人間をターゲットにした巨大なセンサー群と考えると、IoTはモノやクルマをターゲットとした膨大なセンサー群と考えることができます。

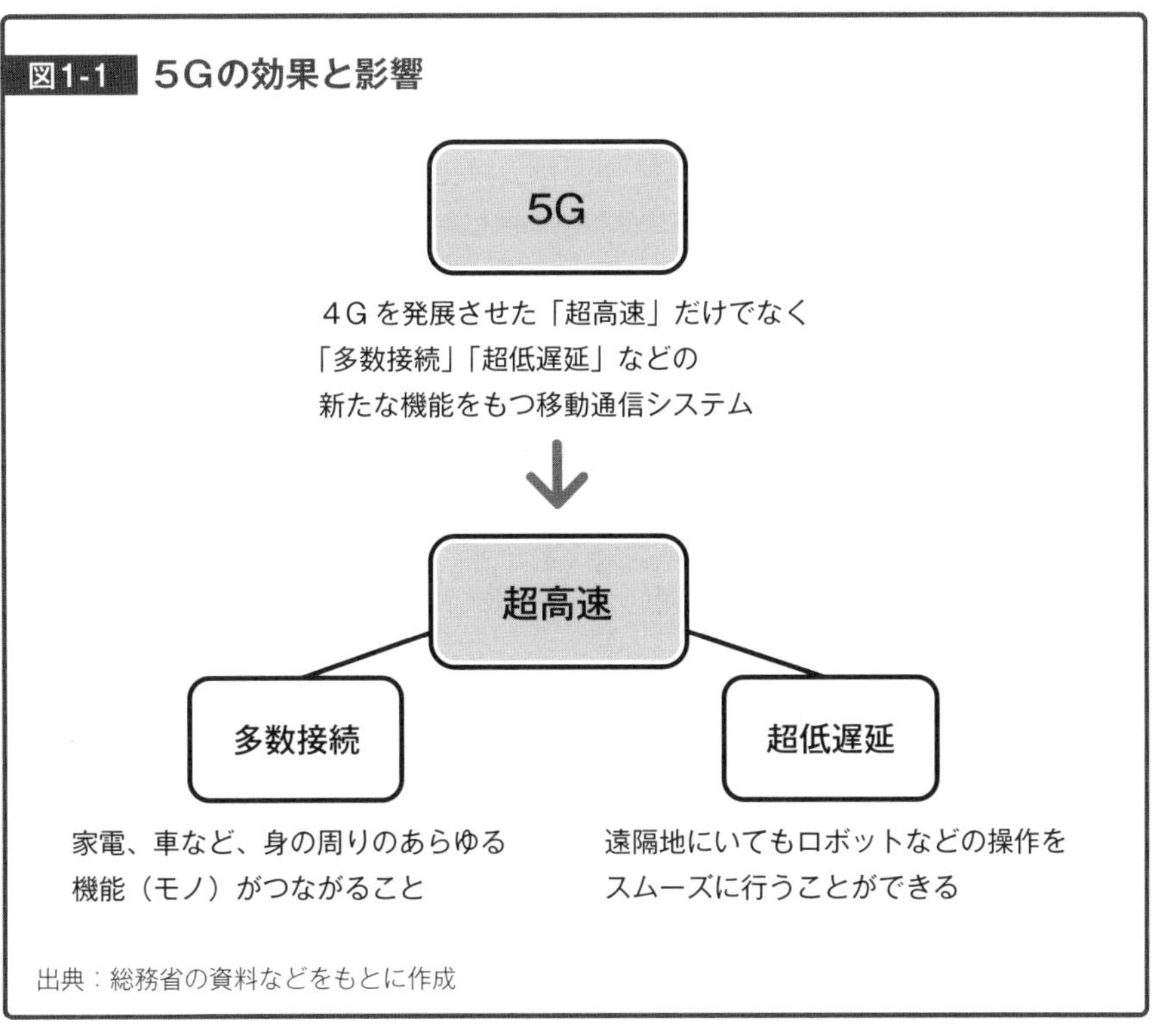

図1-1　5Gの効果と影響

出典：総務省の資料などをもとに作成

人間の数よりクルマやモノの数のほうがはるかに多いことを考えると、ＩｏＴはスマートフォンよりも格段と大きな可能性を秘めています。ＩｏＴによりさまざまなモノの情報をやりとりすることで、ビッグデータが発生し、それらの情報の加工を通じて全く新しい価値を生みだすことができるでしょう。

世界各国でサービスが続々と開始されている５Ｇサービスは、まさにＩｏＴ社会を支える通信インフラとして有効です。

スマートシティ、スマート工場、スマートハウス、スマートロジスティクス、スマートパレットなど、社会を構成しているあらゆる実体要素がＩｏＴでインターネットにつながる社会、それがコネクティッド社会です。そしてそれらを有機的につなぐ最先端技術が５Ｇにほかなりません。

Section 1-2

5G社会への進化のシナリオ

現在のスマートフォンに代表されるモバイル通信技術は、1980年代に自動車電話システムと呼ばれる第1世代（1G）方式からスタートしました。個人一人ひとりが携帯端末をもつことは全く実現性がないと思われており、最初のユーザーは自動車で移動中のVIPや政治家が、緊急時に車内から連絡をとるVIP専用電話サービスが想定されていました。

現在のスマートフォンは私たちの毎日の生活に欠かせない必須ツールとなっていますが、別々に誕生したモバイルとインターネットの融合がスマートフォンを生み出しました。

いまでは携帯電話の携帯性とインターネットの便利な機能を融合した多くのアプリケーションが毎日のように誕生しています。

スマートフォン向けアプリは、当初は主にゲームなどのB2C向けに提供されていましたが、いまでは多くの企業がB2B向けのアプリケーションに力を入れており、それによるビジネスモデルが実現されています。モバイルとインターネットの融合は、高速通信が可能になり、かつインターネットプロトコル（IP）ベースの4Gシステムが実現することで本格化し、高速モバイルインターネットサービスが花開くこととなりました。

技術の国際標準化も進みました。4Gになり無線方式はLTE（ロングタームエボリューション）といわれる標準技術に収束しました。それまでは端末や基地局の通信機メーカーは国ごとに異なる複数規格の基地局や携帯端末を開発しなければなりませんでした。しかし、4Gになってほぼ一つの規格に落ち着いたことにより部品の共通化が進み、機器の大幅なコストダウンが生じました。

通信料金の低廉化も劇的に進みました。携帯各社

図1-2　ニューノーマル時代のデジタル改革

ニューノーマル時代の社会変革とDX

5Gによる遠隔会議、遠隔診断、遠隔授業といった物理的距離を克服するしくみへのニーズは拡大

は、データ通信の定額プランをこぞって用意し、激しい顧客獲得競争に邁進しました。新規参入会社も相次ぎ、サービス競争も進んでいます。

　そして、５Ｇの時代が到来しました。利用者はＷｉＦｉと５Ｇをうまく使い分けることで、これまでにないシームレスな通信環境が可能になります。

　コロナ禍は、世の中のトレンドを「密から疎」に劇的に変えています。それにともない、遠隔会議、遠隔診断、遠隔授業といった物理的距離を克服するしくみへのニーズが拡大しています。このような背景を受けて、高速インターネットを兼ねる５Ｇの通信インフラは、水道や電気のように人々の日常生活インフラとしてますます重要な位置を占めるでしょう。そして物流やサプライチェーンにも大きな変革をもたらすことになるのです。

Section 1-3

あらゆる電子機器の小型化の根拠となる〈ムーアの法則〉

半導体分野における重要な法則として注目したいのは、「ムーアの法則」です。この法則を提唱したゴードン・ムーア博士は米国インテル社の共同創業者の一人で、この法則を１９６５年に発表しました。ムーアの法則とは「半導体の集積度、つまり集積回路上のトランジスタの数は、およそ18か月で約2倍に向上する」という経験則です。コンピュータ業界における経験則として、発表以来50年以上にわたって成立しています。

ムーアの法則によれば、たとえば5年後には半導体の集積度はおよそ10倍になると予測されています。パソコンに代表される多くの電子機器は毎年コストの低減と高性能化を達成しています。当然のことながら多くの電子機器には多くのメモリーが搭載されているのですが、半導体の原料を減らすことによりコストが低下し、同じ面積をもつＩＣであれば多くの機能を搭載することができます。

別の見方をすれば、半導体のコストは集積度と逆比例するかたちで低下します。人件費の高い日本製の半導体メモリー産業が、人件費の安いアジアン諸国などの海外の半導体メモリー産業との価格競争に負けたのは、ムーアの法則から考えると容易に推察できるのです。

ムーアの法則が成り立つのは、パソコンやスマートフォン、通信機器などだけではなく、あらゆる電子機器になります。たとえば、ゲーム端末の進化も目覚ましいものがありますが、ポータブルタイプのゲーム端末は、機能的にはスマートフォン同様以上の高性能な機能を有しています。

ムーアの法則の適用事例は、自動車に搭載される車載機器やカーナビゲーション装置、超高精細デジタルテレビ、ＷｉＦｉルータをはじめとする家庭内ネット

図1-3 ムーアの法則

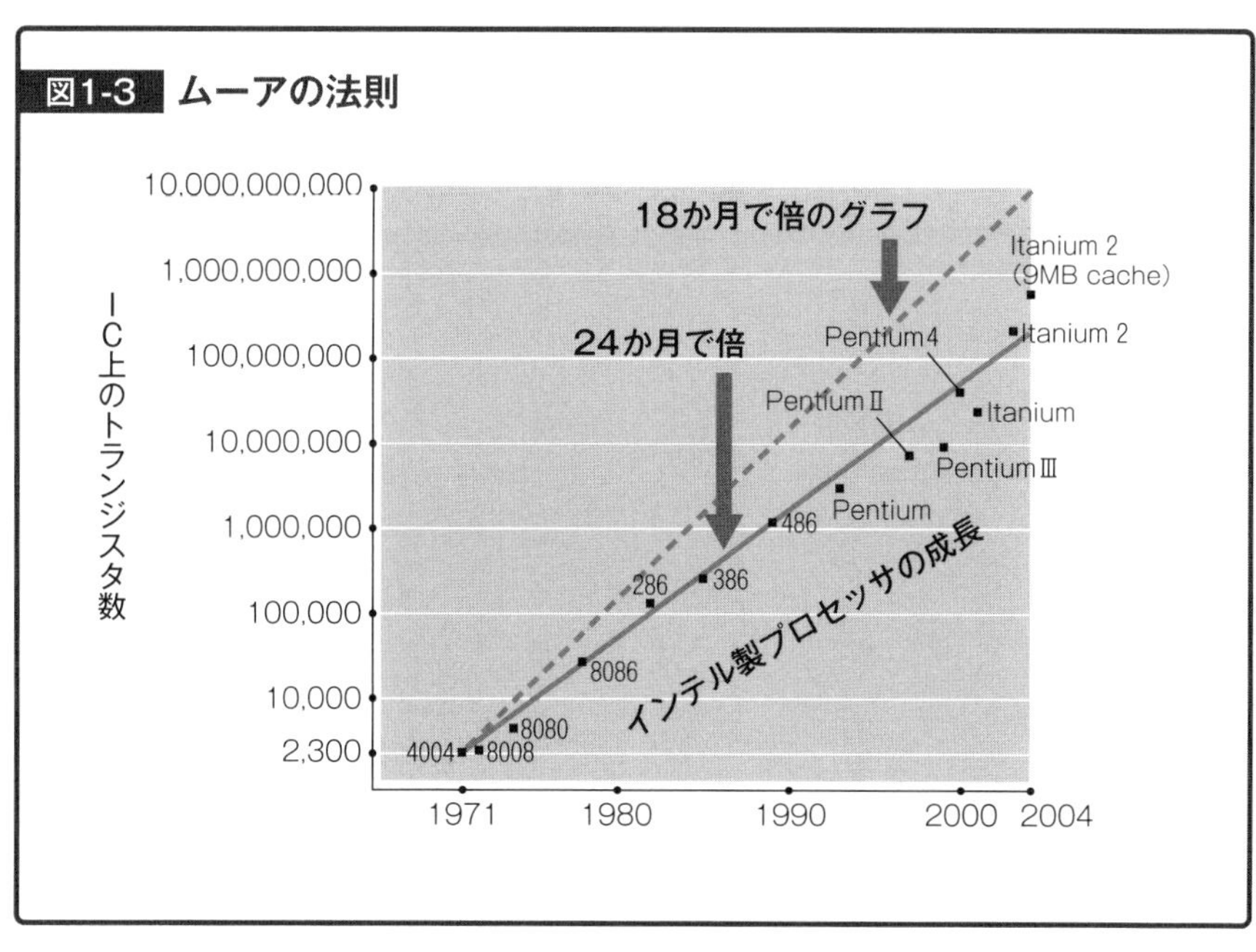

ワーク機器など枚挙にいとまがありません。

クラウドサービスを支えるインフラであるサーバーも大容量化が進んでいます。大手グローバルＩＴ企業のサービスを提供する大規模クラウドシステムも、その恩恵を受けています。

ムーアの法則は、私たちが日々利用しているスマートフォンや電子機器、ＳＮＳサービスにより日々体感しているので、その効用を生活シーンで実感しやすい法則です。

ムーアの法則によりメモリー価格は年々低下するのでハードウェアの価格低減はとまりません。したがって利益を出すのは、そのうえで実現されるサービスです。

多くのハードウェアメーカーがビジネスモデルを転換し、ハードの販売からサービス提供ビジネスに変わった背景にはムーアの法則があるのです。

そしてムーアの法則から判断することで、コネクティッド社会の未来図も、より鮮明に見えてくるでしょう。

Section 1-4

データ通信高速化の理論的根拠を示す〈シャノンの定理〉

クロード・シャノンは米国の電子工学者で、デジタル情報理論の基本原理である「シャノンの定理」を1948年に確立しました。シャノンの定理は、通信路符号化定理と呼ばれ、一定の雑音が存在する通信路における伝送容量の理論的上限値（最大情報伝送速度）を示しています。

前項で紹介したムーアの法則は、経験に基づく法則で、日進月歩でメモリーの性能が向上することを指摘しています。

一方、シャノンの定理は、純粋に理論的な上限値を規定しているので未来永劫不変な定理です。使える周波数帯域が広ければ広いほど、たくさんの情報を送ることができます。そのために、携帯電話システムの場合は、たくさんの周波数帯域を獲得した会社は、より多くのユーザーをシステムに収容可能になります。そのために、各国の携帯電話会社がしのぎを削って、より多くの周波数をそれぞれの国の監督主管庁から獲得しようと競争しています。

SN比（図1-4参照）も、通信品質を左右するうえでたいへん重要なパラメータです。

高速道路にたとえると、Sは通行可能な自動車の台数、Nは自動車の通行を妨げる要素、たとえば、割り込んでくる人や自転車や交差点の赤信号の回数と考えます。人や自転車が道路に割り込んでこず途中の赤信号もない東名高速道路と、ヒトや自転車が混在する下町の駅前の道路を比較するとわかりやすいと思います。

シャノンの定理は無線通信だけに当てはまるものではなく、光ファイバー通信などの有線通信にも成立します。

一般的に有線通信の場合は通信路の雑音状態が無線通信に比較すると良好なため、すなわち通信路のS／

図1-4　シャノンの定理

$$C=B\log_2(1+S/N)$$

C ー通信路容量（単位：ビット毎秒）
B ー通信路の帯域幅（単位：ヘルツ）
S ー帯域幅上の信号の総電力
N ー帯域幅上のノイズの総電力（正規分布のノイズの強さ）
S/N ー信号の S/N 比

通信路で送信できる情報量Cは
通信路の帯域幅Bと、その通信路の
SN比によって決まる

N比が小さいため、同じ周波数帯域の条件下では、より一層の高速伝送が可能となるのです。それは、有線ＬＡＮと無線ＬＡＮを比較すると理解しやすいと思います。なぜなら自由空間を利用する無線通信では、干渉波や別システムからの雑音などが日常的に存在するのでＳ／Ｎ比が小さいのが一般的です。

実際の通信エンジニアリングの世界では、シャノンの定理で規定する上限値の通信速度に近い現実のシステムを、いかに効率よく構築するかが、重要となります。シャノンの定理の考え方を十分理解することで高度情報化時代の舵を取ることができるのです。

Section 1-5

バッテリーの消費電力低減は〈ジーンの法則〉

バッテリーに関係する法則には「ジーンの法則」があります。「IC（集積回路）の消費電力は今後、指数関数的に減少する」というものです。

ジーン博士が1994年にこの法則を発表して以来、IC回路の消費電力はほぼ2年ごとに1桁減少しています。ムーアの法則と相まって回路の小型化と低消費電力化は、今後も継続的に進行するでしょう。実際TI社の発表によるとDSP（信号処理用CPU）の消費電力は、2年ごとにほぼ1桁減少してきました。

バッテリーは、携帯電話やスマートフォンの大きさや重さにとって大きな要素です。最初の携帯電話は肩にかけるほどの重さと大きさでしたが、これからはさらに小型化が進むでしょう。

ジーンの法則はIT分野のみならず、最近急激に普及が進んでいるEV（電気自動車）やPHEV（プラグインハイブリッドEV）にも大きく貢献しています。

日本企業だけでなく欧米企業もEV化には積極的です。ESGの観点からも、クルマのEV化はますます進み、そのベースにはジーンの法則があります。

ジーンの法則の活躍の場は、スマートフォンやEVだけではありません。太陽光発電機器の発電効率も大きく向上しました。

スマートフォンのバッテリーは、その多彩な機能に比べると、まだまだ改善の余地があります。当初のスマートフォンは複数のアプリを起動させないために消費電力も小さなものでしたが、複数のアプリを同時に起動するのでバッテリーに一層の進化が望まれます。

またリチウム電池は消耗品で、充電を重ねるにつれ性能が劣化するため、次世代電池の開発も積極的に進められています。金属空気電池、全個体電池、他、リチウムイオン電池の数倍のエネルギー密度が見込まれています。

図1-5 ジーンの法則イメージ図

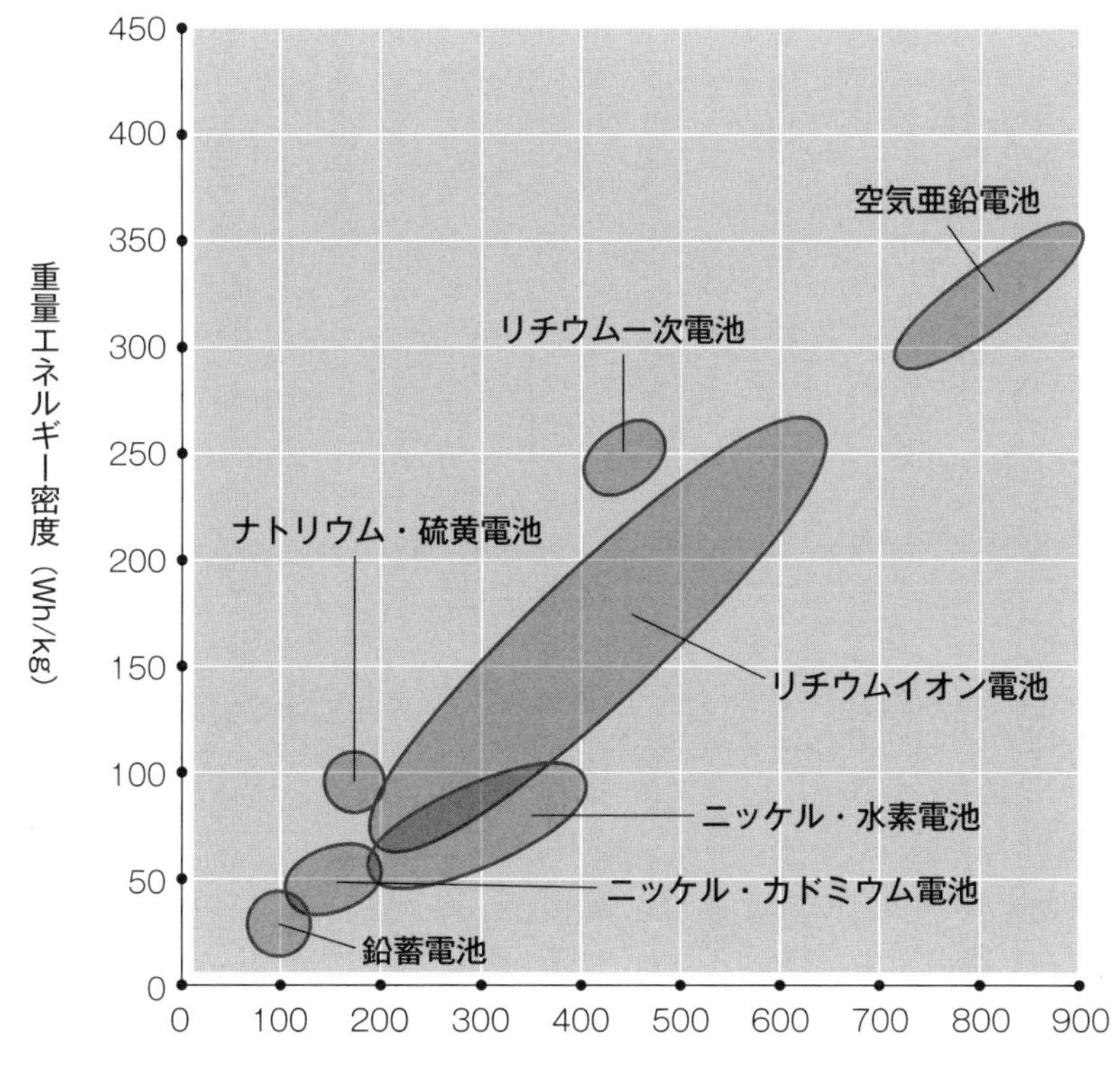

Section 1-6

GAFAの巨大化を支えたこれまでの4G

2010年代以降、GAFA（グーグル、アマゾン、フェイスブック、アップル）と呼ばれる米国発祥のグローバルIT企業が世界市場を席巻しています。

GAFAは、既存の通信ネットワーク設備を自社のサーバーシステムと接続し、エンドエンドでサービスやアプリケーションを構築するため、OTT（オーバーザトップ）事業者とも呼ばれています。

OTT事業者は、設備投資が必要なISP（インターネットサービスプロバイダー）や通信キャリアとは相互接続でつながる関係であり、自社で膨大なネットワーク設備を用意する必要がありません。したがってOTT事業者は、比較的少ないネットワーク投資でグローバルにビッグデータ事業を展開できます。

一方、各国の携帯会社は、GAFAと同じように、各種サービスやアプリの開発にしのぎを削りましたが、ネットワークの構築に毎年膨大な設備投資が必要となるので、どうしても経営効率はGAFAに比べると悪くなってしまいます。

GAFAの発展は、高速データ通信が可能な4Gネットワークが各国で完成したタイミングとほぼ一致しています。アマゾンのクラウドサービスであるAWS（アマゾンウェブサービス）などは4Gネットワークをフル活用したものです。

他方、スマートフォンは、市場に一巡したことを受けて出荷台数が伸び悩んでいます。GAFAが4Gネットワークを活用し、事業を拡大したのと同じ時期に、通信端末メーカーは出荷台数を減らしました。世界的レベルでスマートフォンの普及が一巡したとともに、チップや機器の標準化が進んだため、どの機種も似たような機能、デザインとなり、価格競争に陥ったことで、差別化が進まなくなったのです。

図1-6　4Gコアネットワークの構成

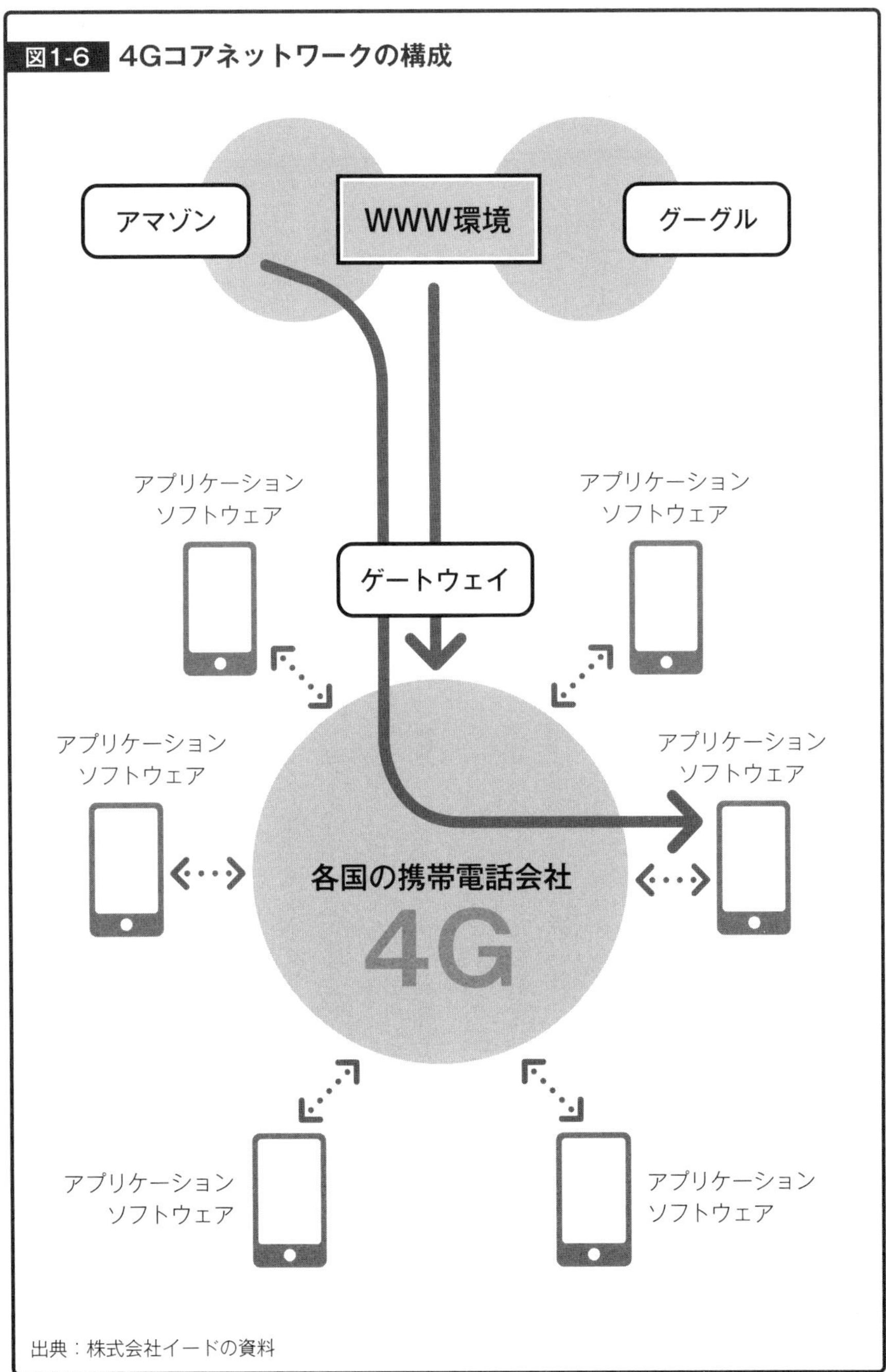

出典：株式会社イードの資料

Section 1-7

ＷｉＦｉ技術の劇的進歩で広がる可能性

携帯ネットワーク上で提供されるさまざまなアプリケーションやサービスが誕生した結果、データ通信トラフィックが劇的に増加しています。トラフィックの急増にともない、携帯会社はサービスエリアを全国に展開する責務を負っているため、そのための設備投資が急増するという悩みを常に抱えています。

とくにトラフィックが集中する大都市においては、基地局やアンテナを設置する用地の確保が困難なため、携帯ネットワークで収容しきれないデータ通信トラフィックを、ＷｉＦｉ経由で固定ネットワークに回避することが有効です。

自宅内で発生するデータ通信需要の急激な増加に対応する手段として、自宅の固定回線に接続される無線ルータの普及も拡大しています。

とくにコロナ禍の影響から在宅でのリモートワークやリモート診療、オンライン授業のニーズなどに通信コストが安いＷｉＦｉは必須となりました。各携帯電話会社がスマートフォンだけでなくＷｉＦｉルータの販売にも力を入れている理由です。

ＷｉＦｉ（Wireless Fidelity）の国際標準化も進んでいます。ＷｉＦｉとは、正確にいうと無線ＬＡＮの規格の一つで標準化の認定を受けた技術を示します。

ＷｉＦｉの大変優れた特徴は、すべてのＷｉＦｉ機器がＩＥＥＥによる相互接続検証を受けているため、メーカーや国の違いによる差分が全くありません。その結果、世界中どこに行ってもＷｉＦｉ端末が利用可能です。一つのデバイスで世界中どこに行っても瞬時にネットワークにつなぐことができる利便性は大きいです。

一方、携帯電話システムは、国ごとや事業者ごとに仕様や周波数の小さな差分があるので、ＷｉＦｉのような完全な相互互換性は担保されていません。

図1-7　広がるWiFiの用途

すべての WiFi 機器が IEEE による
相互接続検証をうけているため
メーカーや国の違いによる差分がない

多岐にわたる用途

- リモートワーク
- リモート診療
- オンライン授業のニーズなど

たとえば日本から米国に行く場合を考えてみましょう。携帯電話システムでは国際ローミングという手法を使います。日本の通信キャリアと契約したスマートフォンを旅行先の米国で使う場合、そのスマートフォンは日本の通信キャリアの提携先の米国の通信キャリアの回線に接続され、その通信ネットワーク経由で通信が確立されます。

５Ｇサービスが、世界各国で開始され、ＷｉＦｉの普及もこれまで以上に進むと、屋外や高速移動中は５Ｇ、屋内はＷｉＦｉという２つの高速通信ネットワークでシームレスにカバーされることになります。これにより、ヒトもモノも、いつでもどこでも快適な高速通信環境が利用可能となります。

そしてこうしたＷｉＦｉ環境をサプライチェーン全体で活用する動きが大きくなってきているのです。

Section 1-8

ビッグデータが駆動する新しいビジネスモデル

インターネットを基盤としたビッグデータ、IoT、AIといった新しいデジタル経済活動をデータドリブンエコノミー（データ駆動型経済）と呼ぶことができます。

その背景には、爆発的なデータの発生があります。ある説によると、人類が誕生してからインターネットの誕生までに作成された全データ量に対して、2011年の1年間に作成されたデータ量は150倍にもなると推定されます。

その推進エンジンの一つはIoT（モノのインターネット）になります。IoTによって収集、蓄積された多様なデータ情報をうまく活用して、リアルな社会への反映を実現するねらいがあります。

IoT以外にも、ウェブやワードといったデジタル文書、画像や映像といったデジタルコンテンツ、ブログやSNSといった個人の発信するデータなども情報爆発の要因といえます。

人間とは本来「コネクティッド」（つながりのある）な存在です。そのために人類は言葉や文字、さらには絵画や音楽も生み出しました。それは自分の意思や感情を伝える手段として有効です。

ところがインターネットやIoTが発明されて以来、人間だけでなく、モノ同士がやりとりをすることが可能になりました。センサーによって現実社会のなかに存在しているアナログ情報をデジタルデータに変換し、そのデータを蓄積、分析、加工して新しい価値を生み出すエンジンが「データドリブンエコノミー」（デジタルがあらゆる産業／社会を変革していく時代への一連の活動）なのです。

一例として、タクシー事業を考えてみましょう。事前にスマートフォンにダウンロードしたタクシーアプリを使えば、GPSで自分のリアルタイムな位置情報

図1-8　IoTによるビッグデータの生成

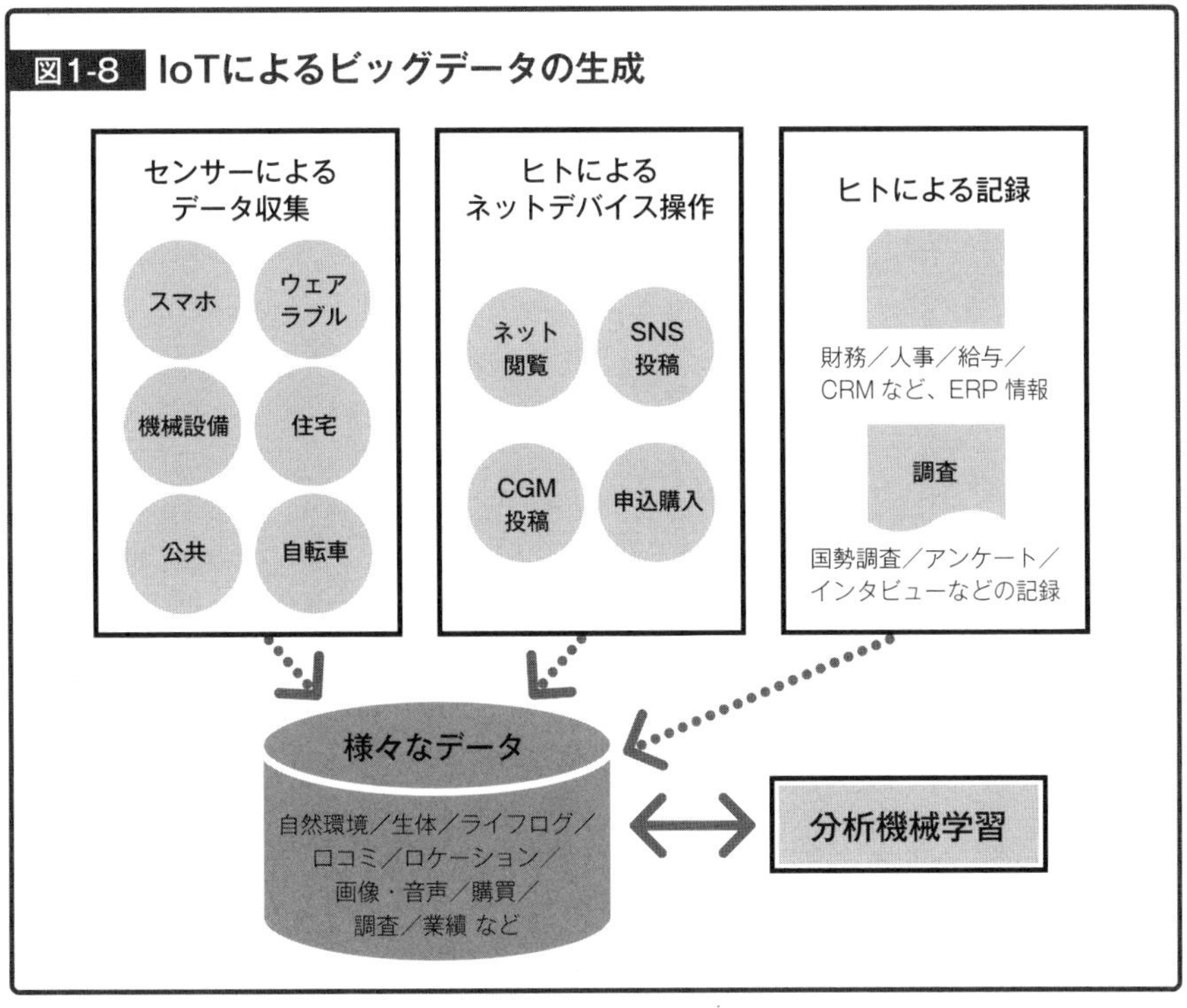

がデータベースに登録されているので、アプリ画面をクリックするだけで簡単に迎えのタクシーを呼ぶことができます。

タクシーアプリは、ユーザーにとっての操作手順は簡単ですが、その背後にあるサービス提供事業者のプラットフォームには、高度なアルゴリズムをもったエンジンと地図データベースが機能しています。ビッグデータとＩＣＴを駆使したライドシェアサービスによって進化した例といえます。

タクシーアプリに限らず、コロナ禍で需要が高まっているウーバーイーツや出前館などの飲食店から個人宅などへのフードシェアリングデリバリーサービスも、アプリを効率的に活用した事例といえましょう。

Section 1-9

5Gに向けてスマート化するサプライチェーン

５Ｇへの流れにより、スマート化社会の実現が近づいています。一般にスマート化とはＩｏＴ、ＡＩ（人工知能）などを中軸に据える高度な情報処理能力、制御能力を情報システムやその関連端末デバイスなどにもたせることを指します。たとえば、都市についてはスマートシティ構想が進められていますし、工場ではスマートファクトリ構想が進んでいます。

ここにきて特に大きな注目を集めているのがスマートサプライチェーンです。

サプライチェーンマネジメント（ＳＣＭ）の基本的な概念や考え方は１９８０年代中頃あたりから米国の製造業を中心に広まり始めました。しかし、その理論はともかく実装面については、当時のＩＴ技術では簡単には実現できませんでした。

１９９０年代にロジスティクスや３ＰＬ（物流企業による受託物流事業）のコンセプトが物流業界に広まり、２０００年代に入って本格的なサプライチェーンの時代を迎えＳＣＭの構築事例が先進的企業を中心に導入されるようになりました。２０２０年代に差し掛かると、これらのＳＣＭはＡＩやＩｏＴとの融合することによりスマートサプライチェーンへと進化してきました。

スマートサプライチェーンは、クラウド技術によって管理されたビッグデータが、モノと情報、さらにはキャッシュフローまで含めてその流れを制御し、ＡＩや各種センサーをともなうＩｏＴとリンクすることでより効率的、戦略的に管理、活用するしくみです。ＷＭＳ（倉庫管理システム）、ＴＭＳ（輸配送管理システム）、在庫管理システムなどに、より高度な情報処理能力をもたせることで、関連端末デバイスなどがこれまで以上に高い利便性を有することを目指しています。

たとえば、出荷情報、輸配送情報などの諸データは、

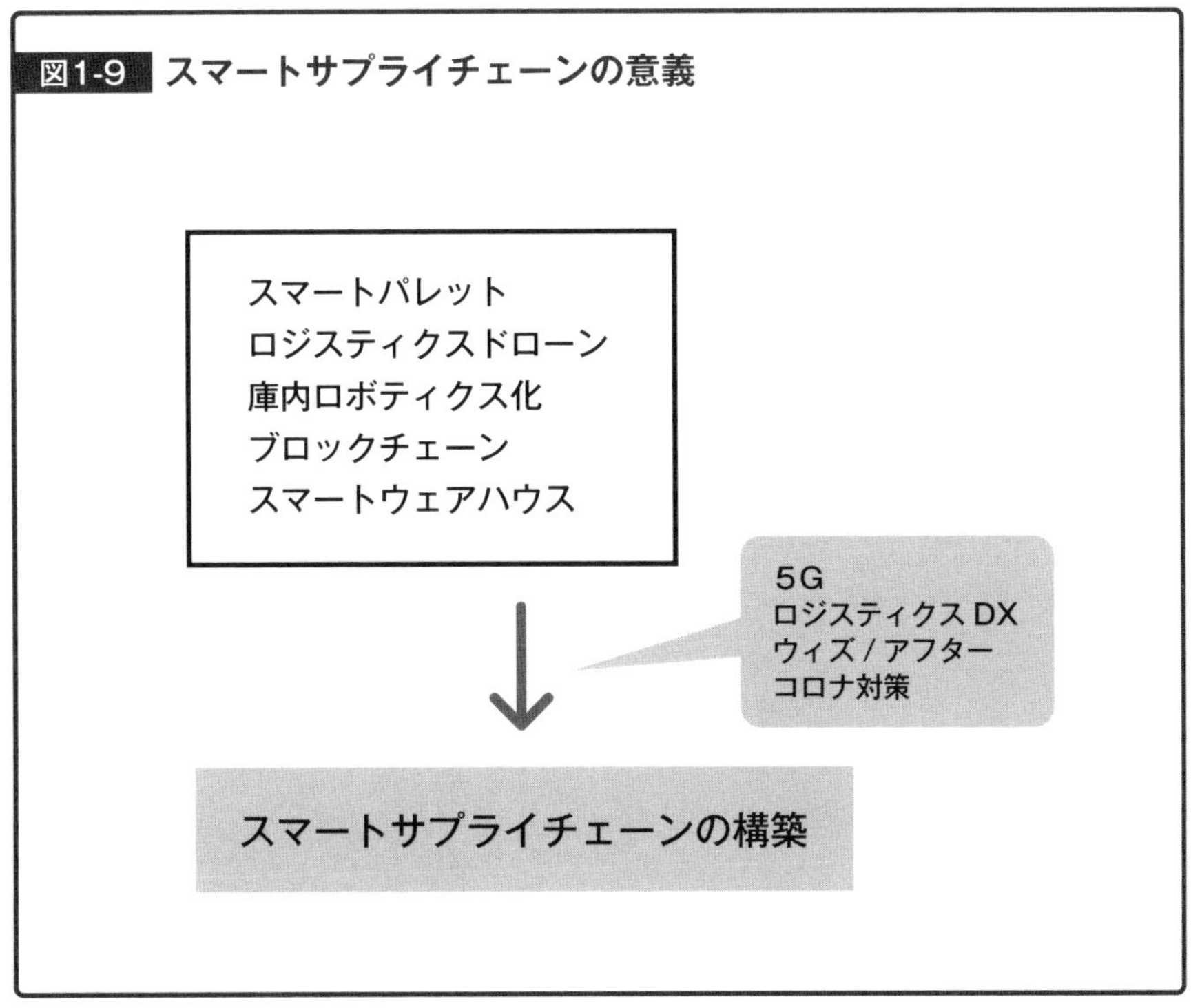

ビッグデータ時代の流れのなかでスマートシティ（都市のインテリジェンス化）に結びつこうとしています。

さらにＡＩの発達により、高精度の機械学習システムである「ディープラーニング」などとリンクするかたちで、物流情報支援システムはさらなる発達を遂げようとしています。

５Ｇの導入によりサプライチェーンのスマート化は一層進展するでしょう。スマートサプライチェーンでは、モノの流れ、カネの流れ、情報の流れを高度な情報処理能力を有する５Ｇインフラに管理・制御させることになるでしょう。ビッグデータとのリンクも必然的に強化されます。

情報通信技術の進化によりモノの流れに情報が付加され、可視化されることで、サプライチェーン全体の高度化がより一層加速してきているのです。

Section 1-10

テレマティクスからコネクティッドカーへの進化

「テレマティクス」とはテレコミュニケーション（通信）とインフォマティクス（情報工学）を組み合わせた造語であり、各種無線通信技術を自動車にうまく活用することで、自動車の価値や利用性を向上する取り組みといえます。

テレマティクスは、それまで全く独立に存在していたICT業界と自動車業界が初めて連携した取り組みであり、異業種連携のはしりです。その代表的な成果は、VICS（交通情報提供サービス）や有料道路にほぼ設置されているETC（自動料金収受システム）そして通信機能付きカーナビシステムがあります。

現代のコネクティッド社会における自動車（コネクティッドカー）とテレマティクスの本質的な違いはなんでしょうか。コネクティッドカーは高速モバイル回線を介してインターネットに常時接続しているIoT端末です。たんに通信機能を自動車に導入したテレマティクスより上位概念に位置づけられるトータルなIoTプラットフォームです。

自動車メーカー各社は、このコネクティッドカー構想を強力に推進しています。その構想はすべての自動車に通信ボックスを標準搭載することにより、自動車をインターネットに常時接続するもので、すでに多くの上位車種にこの通信ボックスは標準搭載されています。

各社は今後、この通信ボックスを標準搭載する自動車を生産するとともに、外付けのスマートフォンとの接続機能を自動車に用意することで、世界中を走り回るあらゆる自動車のIoT化を進めています。これが実現できれば、自動車はスマートフォンに次ぐ第2の巨大なIoTプラットフォームになり、そのうえで多彩なサービス提供が可能になるでしょう。

このコンセプトがまさにCASE（コネクティッド・

図1-10　テレマティクスからコネクティッドカーへ

テレマティクス

テレコミュニケーション（通信）と
インフォマティクス（情報工学）を組み合わせた造語

コネクティッドカー

高速モバイル回線を介して
インターネットに常時接続している IoT 端末
たんに通信機能を車に導入したテレマティクスよりも
上位概念のトータルな IoT プラットフォーム

自動運転・カーシェアリングとサービス／電気自動車）につながります。

CASEは、自動車のIoT化に加え、AIによる知能化、そしてEVによる電動化をねらっています。

5Gの導入によってデータ通信の単価が劇的に下がることにより、コネクティッドカー構想は大きく飛躍する可能性があります。

Section 1-11

5G時代を視野に入れた位置情報技術

時間と位置は、もっとも基本的かつ重要な個人情報です。そういう意味で、地図は今でも重要な軍事情報となっていますし、古代から測地測量は大きなテーマとなってきました。

スマートフォンやカーナビ等でGPSが容易に利用できる現在では、素早くかつ正確に、自分もしくはターゲットの位置を知ることができます。

短距離無線LANやブルートゥースでは電波の届く範囲が限られているため、電波を受信するか否かで受信端末の位置を特定することが可能です。もちろん、工場内や建物内では、電波の反射があるため、あまり正確な特定は困難ですが、端末をたくさん配布すれば位置の精度を向上することが原理的には可能になります。

通信距離が数センチから1メートル前後の近接型の通信方式を総称してNFC（近距離無線通信）と呼んでいます。その代表的な例が、交通系の定期券等で使われている「フェリカ」です。つまりカードが接触した場所と時間が特定できるため、位置情報も取得できるわけです。小売業界等で広く普及しているバーコードの代わりにRFIDタグとして利用されているパッシブタグもあります。これは、電源が不要で、価格も安く使いやすいですが、10㎝から1m程度の近距離しか利用できないため、読み取り操作により、位置特定端末としても利用が可能です。

GPSは地球の周回軌道上に配置された複数の衛星が発信する電波を利用し、その電波を受信する受信機の位置を計算し、表示するシステムです。最低でも4つの衛星の電波を受信できれば、受信機の位置は計算できますが、通常は精度を上げるために10個以上のGPS衛星からの受信電波が必要となります。準天頂衛星システムは日本が開発したシステムです。GPSが

図1-11　位置情報を取得する各種近距離無線技術

種類	ZigBee	Bluetooth	無線 LAN	電子タグ（パッシブタグ）
規格	IEEE802.15.4	IEEE802.15.1	IEEE802.11b/a/g	ISO/IEC15693 ISO/IEC18000
周波数	2.4GHz	2.4GHz	2.4GHz 5GHz	135kHz 13.56MHz 2.45GHz
到達距離	10m～75m程度	10m～100m程度	100m～300m程度	密着～数m程度
伝送速度	250kbps	1Mbps	11Mbps 54Mbps	—
消費電力	60mW以下	120mW以下	3W程度	0
小型・軽量	小型・軽量	小型・軽量	小型	超小型
価格	安価	安価	安価	安価
接続数	約65,000個	最大7個	最大32個	— リーダーとの接続のみ

出典：総務省の資料

見えにくい場所での位置精度を向上するために、日本のほぼ真上（天頂）を通る軌道をもつ4機の衛星を打ち上げることによって、日本におけるＧＰＳ位置精度の一層の向上が可能となります。

基地局測位方式とは、携帯電話システムの基地局情報を利用する測位方法です。携帯端末がつながっている基地局の位置情報は既知なので、該当の端末がどの基地局エリアに存在しているかを判別します。

このように、位置情報を取得する方法は複数ありますが、ニーズや利用環境（屋外か、屋内か）などに応じて、最適な手段を選択することが必要となります。多種多彩な位置測位技術が用意されているなかで、多くの位置情報ベースの新サービスが誕生してＢ２Ｃ、Ｂ２Ｂともに大きな事業領域が誕生しています。これらは総称してＬＢＳサービス（ロケーションベースサービス）と呼ばれています。最近はＬＢＳサービスで収集されたヒトや自動車、モノのビッグデータに注目が集まっています。ビッグデータを蓄積、分析、評価することにより新しい価値が創出できるからです。

Section 1-12

IoT社会を支えるRFIDタグの進化

IoT社会を実現する有力な技術の一つがRFIDです。RFIDの進化は目覚ましく、バッテリーをもち自ら電波を発信するアクティブタグでありながら、長寿命なタグも実現されています。

その導入事例の一つを紹介します。スマートパレット®システムは、アクティブタグをパレットに装着しリアルタイムにパレットなどの物流機材がどこの拠点に何台あるかを自動的に確認したり、拠点からの出庫時間、拠点への入庫時間が確認したりできるシステムです。スマートパレット端末は、市販乾電池で10年以上の稼働が可能であり、リーダ（親機）との距離は最大で300メートル程度、かつ一つのリーダで5万個のタグと同時通信可能です。内蔵の振動センサーの動きを捉えて電波の送信間隔を制御することもでき、バッテリーの消費電力を大幅に低減できます。

アクティブタグはもちろん、パレット以外のモノの管理にも有効です。長時間動作可能なタグを荷物や資材に装着すれば、工場や倉庫への荷物の入庫、出庫がリアルタイムで認識可能になり、業務改善や効率化が期待できます。RFIDタグの有用性はかねてから指摘されていました。しかし、コスト面、技術面からの課題も多く、その本格的な活用に行きつくには長い時間がかかりました。けれども5G時代の到来が迫ってきたことでさまざまな業界で本格導入への動きがこれまで以上に加速してきました。さらにいえば、個人情報保護の視点からの導入が懸念される顧客情報管理などよりも貨物情報管理への導入のほうが、ハードルが低くなるという側面も物流・ロジスティクス領域への導入にあたってのプラス材料となっています。今後の物流管理で中心的な役割を担う可能性が高くなっています。

RFID技術はコネクティッド社会のIoT化を一層加速させるのです。

図1-12 アクティブRFIDでできること

アクティブ RFID

その①

棚のロケーション管理

①パレットにアクティブタグが設置されているので、パレットのバーコードと紐づける

②パレットに貼り付けられたバーコードと製品に添付されたバーコードを紐づける

③棚に読み取り用のタグを設置し、アクティブタグと電波を使って自動的に情報を紐づける

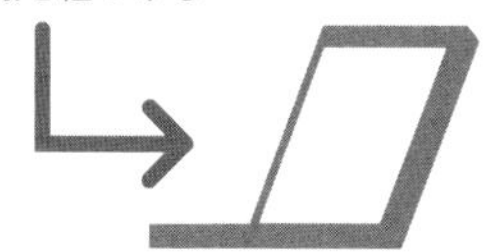

棚の何段目にどの製品が保管されているか、自動的に紐づけが完了

その②

出荷先書き込み管理

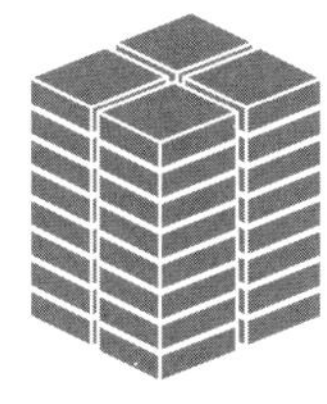

書き込み機（エキサイタ）を活用してアクティブタグに出荷先を登録

パレットID	出荷先
100001	A倉庫
100002	A倉庫
100003	B倉庫
100004	B倉庫

その③

入出庫・在庫管理

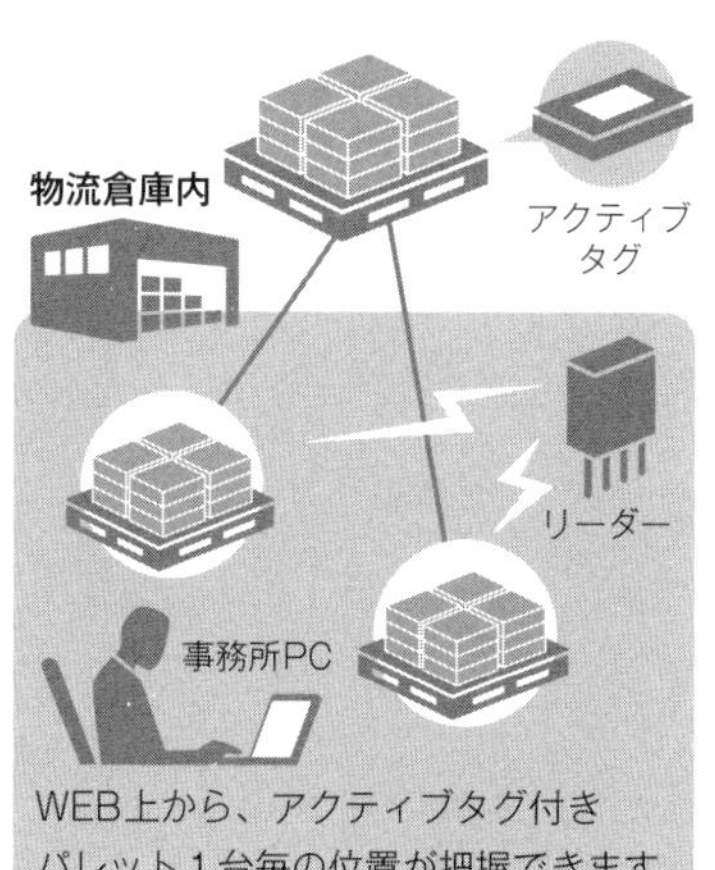

第2章
コネクティッド5G技術

Section 2-1

コネクティッド5G時代の幕開け

携帯電話の1世代はおよそ10～15年程度で新しい世代に進化・発展してきました。ムーアの法則などに導かれた現代のICT社会では10～15年間の進化は早く、結果として私たちの生活様式、企業活動、社会構造も大きく変化しています。

4Gの開発がスタートした当時はGAFAもこれからというフェーズで、AI、クラウド技術やSNSの興隆は予想すらしていない時代でしたが、現在ではGAFAに代表されるOTT企業はグローバル大企業としての存在感を発揮し、4Gの有する高速大容量インターネットアクセス能力を最大限に活用して事業を拡大しています。

5Gにアップグレードされることで、世の中の変化がさらに劇的なものとなる可能性があります。これまでの携帯システムは高速化を中心に進化してきましたが、5Gの特徴はむしろ、多数同時接続、超低遅延、低消費電力といった機能の多様性にあります。たとえば、物流への5Gの応用を考えた場合、ヒトに比べてモノの数は圧倒的に多いため多数同時接続が求められますし、スマートフォンと違ってモノにつけたデバイスやセンサーの場合は、頻繁に充電することは難しいので低消費電力化が必要になります。

5Gのこれらの特徴を生かし、物流領域だけでなく多様な産業利用への応用が強く期待されていますが、5Gの社会へ与えるインパクトを事前に予想することは難しく、むしろ顧客や社会が5Gに適した利用方法を見つける時代といえるかもしれません。

つまり、ステークホルダーが新しい利用方法を開拓する必要があるのです。そのためには、物流、ロボット、エンターテインメント、産業機器、医療、自動車等の現場とICT業界のこれまで以上のコラボレーションが必要になるでしょう。

図2-1　5Gの技術的特徴

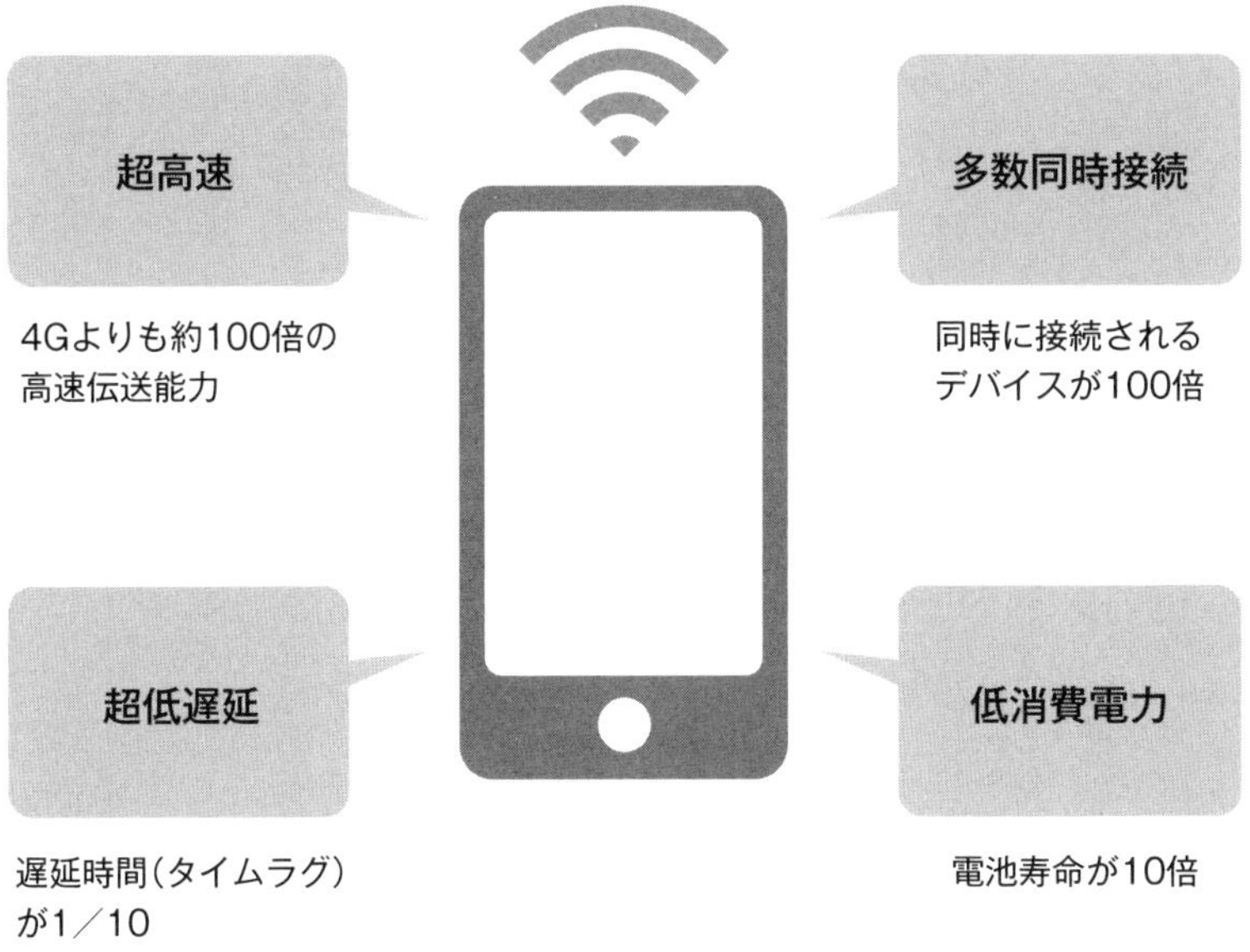

超高速

4Gよりも約100倍の
高速伝送能力

多数同時接続

同時に接続される
デバイスが100倍

超低遅延

遅延時間（タイムラグ）
が1／10

低消費電力

電池寿命が10倍

Section 2-2

5Gでは5GNRの国際標準化を策定

携帯電話、衛星通信、放送向けなど、電波周波数の使い方は国際的にも取り決めがあり、「世界無線通信会議」（WRC）という国際会議でその使い方を議論、決定します。

その後、それぞれの国はWRCの方針を尊重し、それぞれの国内の具体的な周波数割り当てを決定します。

通常の国際会議では、基本は同じ業界内の議論なので国ごとの主張はあるものの、大きな方向性でもめることはあまりありません。しかしWRCでは通信業界、放送業界、宇宙業界、防衛という全く利害関係の異なる異業者産業間のハードな調整が必要です。

わが国では5Gの周波数として3ギガヘルツ、4ギガヘルツというマイクロ波帯に加え、初めて28ギガヘルツ帯という新しい周波数帯が割り当てられました。28ギガヘルツ帯は準ミリ波帯といわれる周波数でマイクロ波帯に比べると直進性が高く、降雨による減衰もあり電波が遠くまで飛びません。したがって、同じエリアをカバーするには、より多くの基地局が必要とされます。一方、マイクロ波帯に比べると利用可能な周波数帯域が広いために高速伝送が可能になる利点もあります。

電波の使い方は、それぞれの国の国防方針とも密接に関連するため、同じではありません。

4Gまでの携帯システムがもっぱら高速伝送を追求してきたことに対し、5Gはより多様なニーズを満たす必要があります。そのために文字通り「5Gニューラジオ」（5GNR）という新しい無線技術を国際標準として策定しました。NRの特徴は、低遅延通信や高信頼性、多数接続などの、ある意味相反する要求を満足させるシステムの柔軟性にあるともいえます。

5GNRではこれまでよりも幅広い周波数を割り当

図2-2　携帯電話システムの利用周波数帯域の拡張

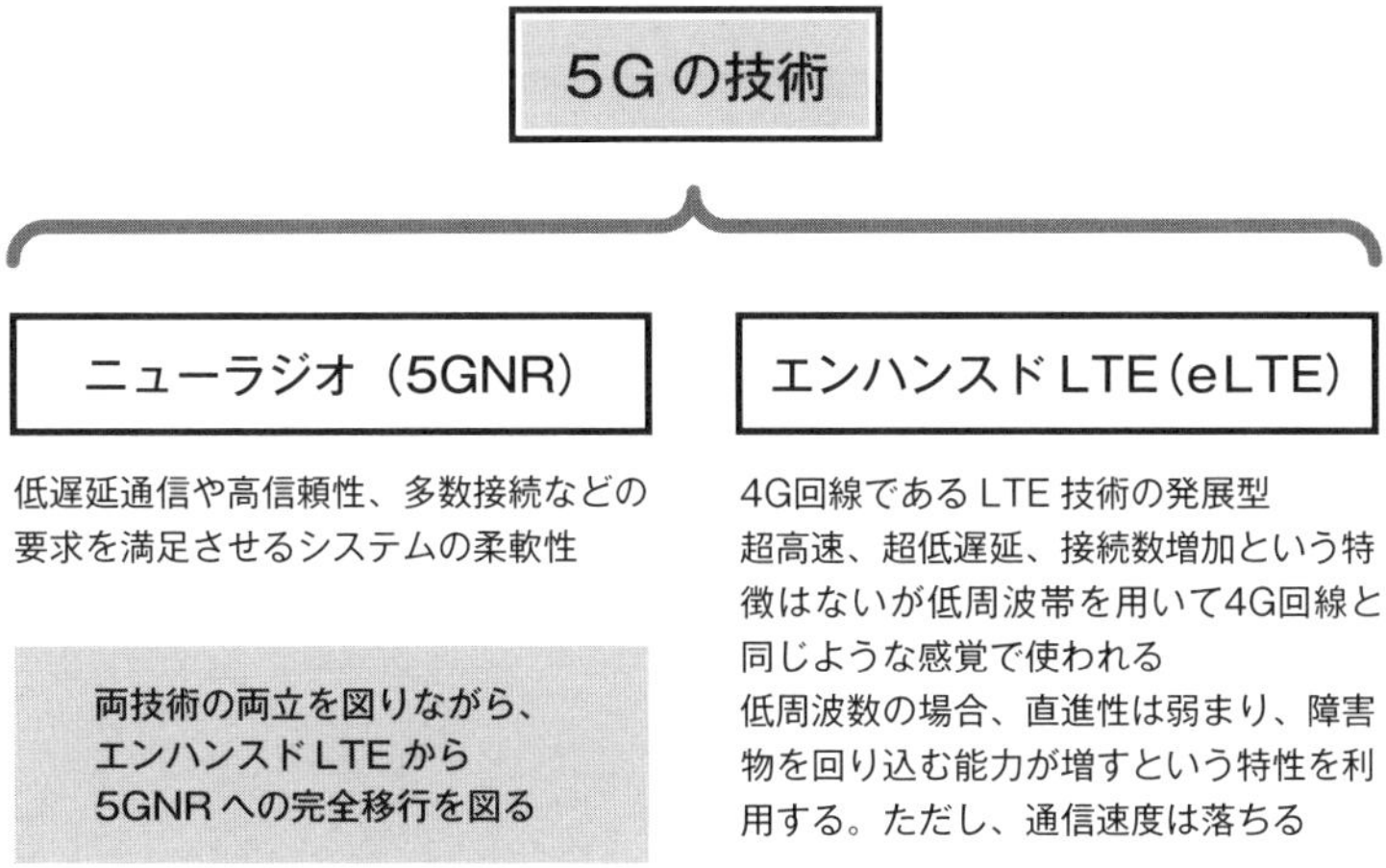

5Gの技術

ニューラジオ（5GNR）	エンハンスドLTE（eLTE）
低遅延通信や高信頼性、多数接続などの要求を満足させるシステムの柔軟性	4G回線であるLTE技術の発展型 超高速、超低遅延、接続数増加という特徴はないが低周波帯を用いて4G回線と同じような感覚で使われる 低周波数の場合、直進性は弱まり、障害物を回り込む能力が増すという特性を利用する。ただし、通信速度は落ちる

両技術の両立を図りながら、エンハンスドLTEから5GNRへの完全移行を図る

てたのみならず、低遅延通信をするための工夫もしています。５Ｇでは４Ｇまでの技術的蓄積をベースに最先端の技術を盛り込んでいます。

広域エリアでの移動通信にはマイクロ波帯、限られたエリアでの高速通信にはミリ波や高速ＷｉＦｉと使い分けることにより、周波数の有効利用を図ることができます。５Ｇでニューノーマル社会を支える基盤インフラが出来上がります。

ちなみに、アフターコロナの新しい生活様式「ニューノーマル」においては「リモート」（遠隔）がＤＸ（デジタルトランスフォーメーション）などと並び、重要なキーワードになりそうです。「リモート」の本質はワイヤレスであり映像や画像情報を快適に利用するには５Ｇは最適な通信手段です。

もちろん、５Ｇを効果的に活用することでさまざまなビジネスフィールドにおけるＤＸを実現していくことが可能となるのです。

Section 2-3

５Ｇネットワークは仮想化とエッジコンピューティング

５Ｇは５ＧＮＲと呼ばれる無線アクセス技術、５Ｇ基地局、そして５Ｇコアネットワーク（５ＧＣ）を介して外部のインターネットなどにつながります。

４Ｇでは膨大なビッグデータをＯＴＴであるクラウド事業者が占有していましたが、５Ｇでは低遅延通信用サーバーにユーザー情報も保持することができるため、理論的には４ＧのようなＯＴＴ事業者によるビッグデータの占有は難しくなります。

５Ｇネットワークの大きな特徴は、エンド端末へのアクセス時間が短くなること、もう一つの特徴はセンサーやデバイスで収集したデータの格納場所が４Ｇではすべて上位のクラウドでしたが、５Ｇでは基地局周りに分散化することです。

これらの機能は、ネットワークの「仮想化環境」によって実現できます。

「仮想化」とは、これまでハードウェアで実現されてきた機能をソフトウェアで実現するものです。既存の４Ｇの設備が仮想化されていれば、ソフトウェアをアップグレードすることにより5G化することも可能になります。

これまでの通信ネットワークでは、各通信キャリアのコアネットワーク設備を収容する、いわゆるネットワークセンターは日本全国で数か所しかありませんでした。

一方、端末からの電波を受信する基地局は全国にまんべんなく遍在しているため、ネットワークセンターに配備しているコアネットワーク設備を介して通信をすると、どうしても物理的距離が遠い場合は遅延が発生します。そこでエッジコンピューティングではエッジサーバーと呼ばれるサーバーを、５Ｇ基地局の近くに設置することにより低遅延化を図っていくのです。

図2-3 仮想化の概念図

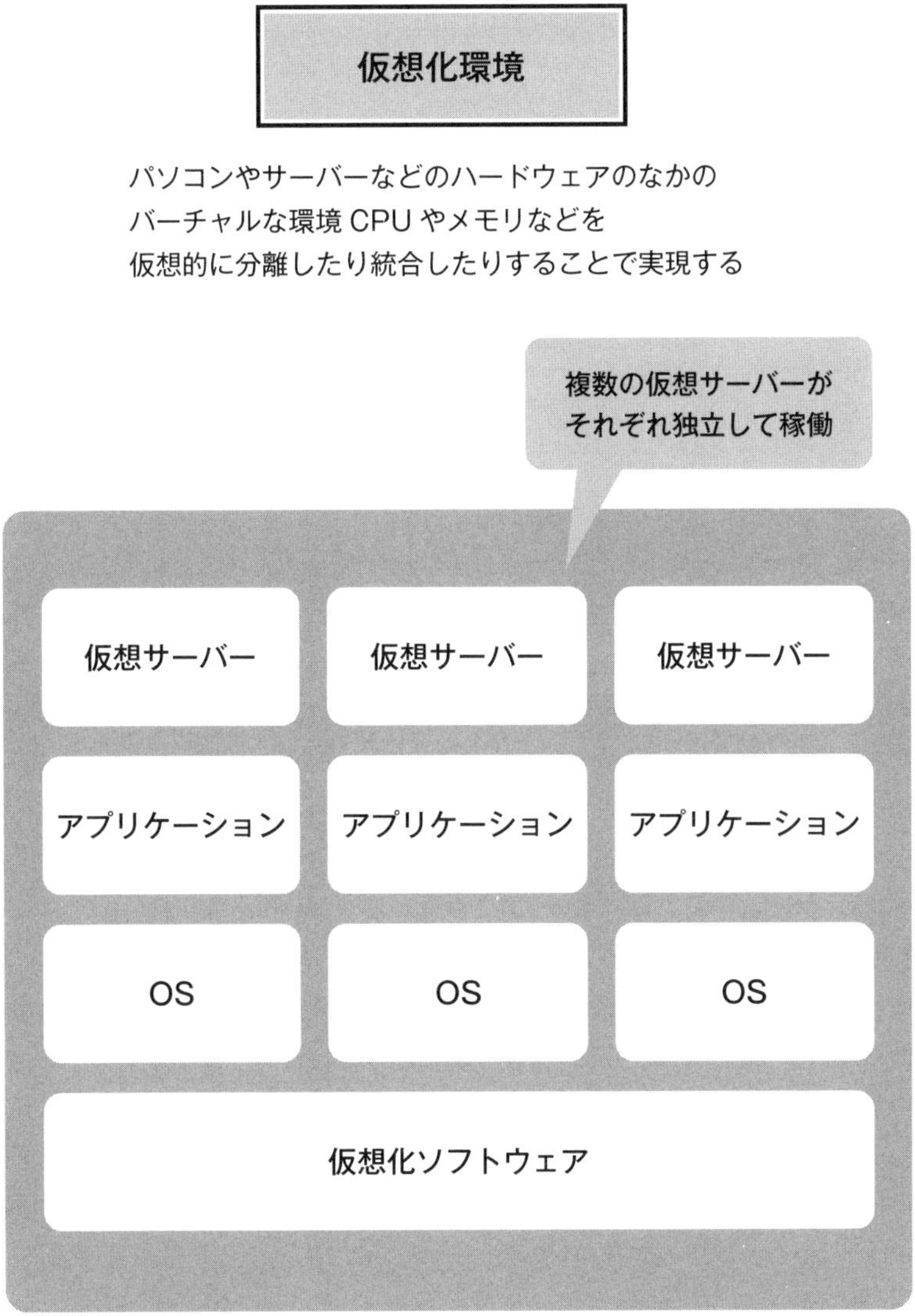

仮想化環境
パソコンやサーバーなどのハードウェアのなかの
バーチャルな環境 CPU やメモリなどを
仮想的に分離したり統合したりすることで実現する
複数の仮想サーバーが
それぞれ独立して稼働
仮想サーバー
仮想サーバー
仮想サーバー
アプリケーション
アプリケーション
アプリケーション
OS
OS
OS
仮想化ソフトウェア

Section 2-4

超高速通信実現の無線・アンテナ技術

5GNRでは1ギガヘルツ帯以下のマイクロ波帯から40ギガヘルツといったミリ波帯まで幅広い周波数帯域の活用を意識しているためアンテナにも工夫が必要です。とくに高い周波数では電波伝搬距離が短くなるため、複数の送信アンテナからの異なったデータ信号を同時送信し受信感度を上げるMIMO（マイモ：マルチプルインプット・マルチプルアウトプット）と呼ばれる高性能なアンテナを使います。

5Gでは数十から千個といった大量の小型アンテナを使って電波を送信しています。これらの大量のアンテナからの電波出力を最適に制御することにより、光のビームのように、ある一定方向にのみ電波を送信する技術です。一方、この場合はある一定方向には強い電波を飛ばせますが、それ以外には飛ばないため、ビームの向きを適応的に変更する技術をビームフォーミングと呼びます。

5Gでは最先端の無線技術やアンテナ技術を数多く取り入れています。

無線通信の場合、信号の伝送媒体が電磁波であるため、送信すべきデジタル化された情報を、電磁波に乗せるために変換する必要があります。

情報を変換する操作には変調と復調があります。変調とは、伝送路に適したかたちに情報を変換する操作であり、復調とは、その逆操作です。その場合、電磁波を構成するパラメータである振幅・位相・周波数、もしくはその組み合わせで情報を変換します。

電磁波の直交性を利用した多値直交振幅変調（QAM）が現在の無線通信の主流であり、WiFiや3G、4Gでも使われています。とくに5Gでは256QAMといった超多値変調が採用されており、周波数の利用効率の向上を実現しています。この技術はWiFiでも主要な変調方式となっています。

図2-4 MIMOによるアンテナ技術の革新

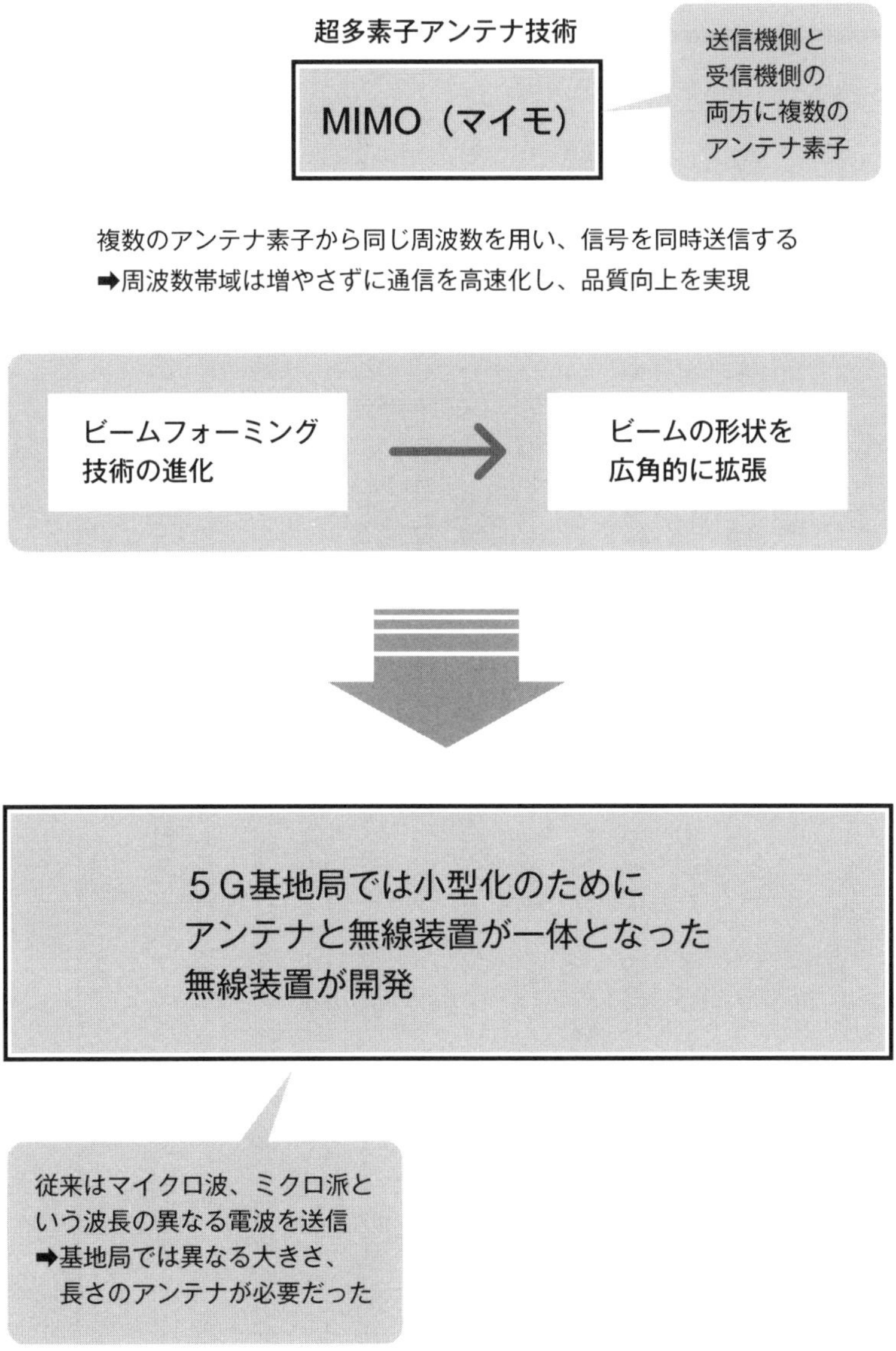

超多素子アンテナ技術

MIMO（マイモ）

送信機側と
受信機側の
両方に複数の
アンテナ素子

複数のアンテナ素子から同じ周波数を用い、信号を同時送信する
➡周波数帯域は増やさずに通信を高速化し、品質向上を実現

ビームフォーミング
技術の進化

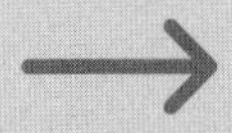

ビームの形状を
広角的に拡張

５Ｇ基地局では小型化のために
アンテナと無線装置が一体となった
無線装置が開発

従来はマイクロ波、ミクロ派と
いう波長の異なる電波を送信
➡基地局では異なる大きさ、
長さのアンテナが必要だった

Section 2-5

無限の可能性を秘めるローカル5G

5Gには、通常の携帯電話の延長である公衆5Gに加え、企業や土地のオーナーがある程度限定された地域でローカルに無線ネットワークの構築を可能とするローカル5Gシステムがあります。

ローカル5Gは地域や産業の個別のニーズに応じて、工場のオーナーや自治体、土地の所有者が無線免許を受けることができます。そのねらいは、通信キャリアによる公衆5Gサービスのエリア展開がなかなか進まない地域でも、独自に5Gシステムを構築できるようにするものです。周波数もローカル5G用に独自に割り当てます。

電力会社や大規模な企業は、通信キャリアが提供する公衆5Gシステムに頼らずに、自社で独自に構内網を構築することができます。

5Gは、自動車や鉄道の交通システムや電力システムの制御（スマートグリッド）のような、通信路に対して高い信頼性やリアルタイム性が要求されるＩｏＴにも対応できます。

たとえば、自動車や鉄道のような高速移動体の場合、ネットワークの遅延が大きいとその間に対象物が移動してしまい、事故防止に間に合わない恐れがあります。ネットワークのセキュリティが弱い場合は、安全な運航が確保できないリスクがあります。

5Gで移動中でも、高精細映像伝送が可能になれば、救急医療分野での遠隔手術も可能になります。産業用の多様な機器の遠隔制御にも有効です。

モバイルブロードバンド高度化とは、携帯電話システムが進化してきたように、高速伝送能力をより向上させた技術によるものです。2Gから始まり、3G、4Gとデータ通信速度は劇的に高速化してきましたが、5Gは平均で1ギガビット毎秒、そしてピーク値で10ギガビット毎秒を目標値としています。

図2-5　ローカル５Ｇの活用のメリット

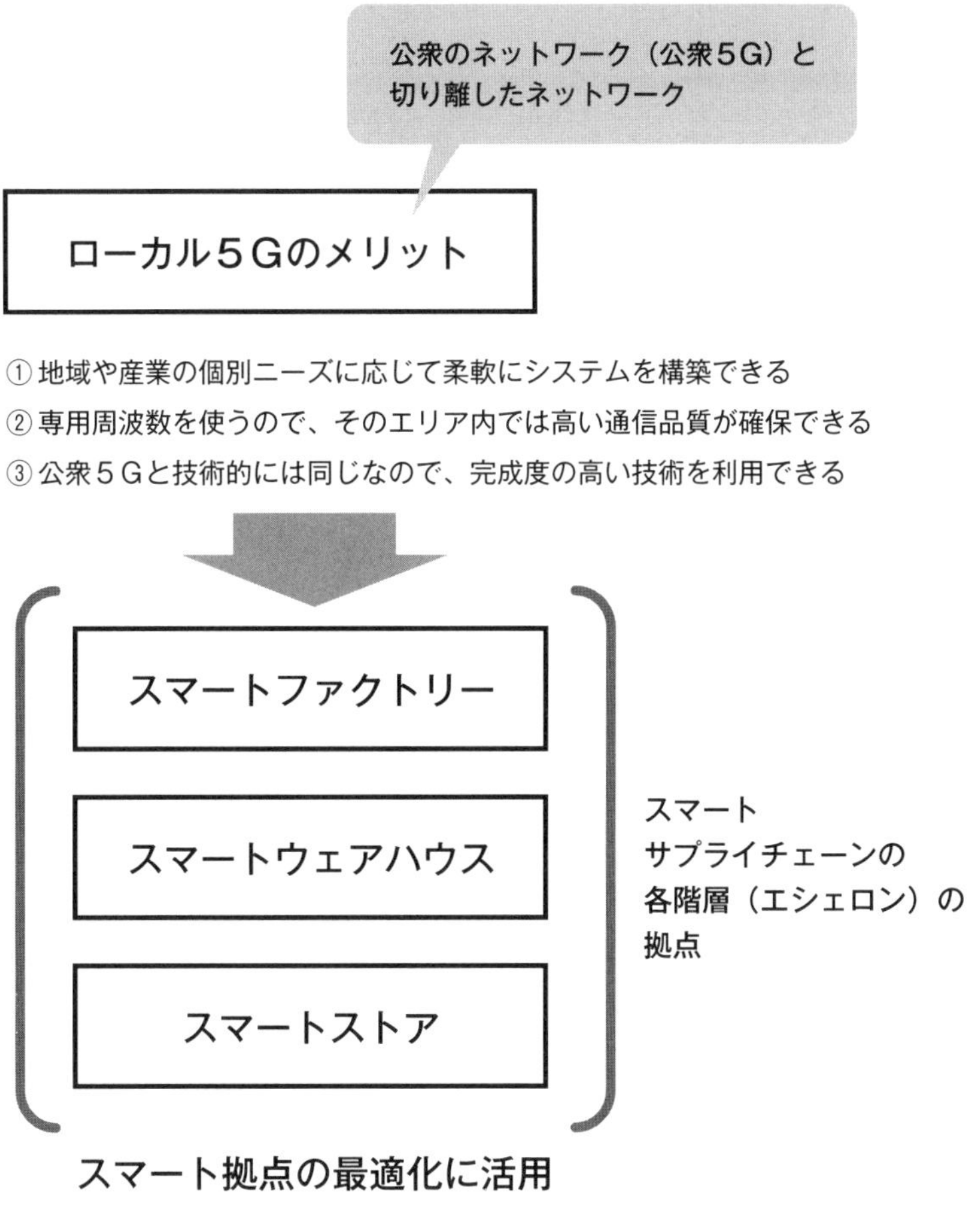

データ通信トラフィックの動画配信は今後、ますます増えてくることでしょう。もちろん、ロジスティクスサービスにおいても動画配信などとからめた顧客管理や現場作業の進ちょく管理などを行うことも可能となります。

Section 2-6

地図の高度化・3D化のインパクト

5G時代にはカーナビの精度もこれまで以上に向上していくことになります。カーナビの機能がトラック運転者向けの製品も登場するなど、洗練されてきています。さらに5G時代には輸配送システムなどへのリンクもふまえると、物流・ロジスティクス領域のDX化への活用も期待できます。

現代の地図は本来アナログ情報である地図情報をすべてデジタル化して処理、加工、利用しています。大手地図会社は、膨大な人的リソースをかけて、徒歩調査で得られた地図情報をベースに、衛星からの画像情報や専用車両を利用した調査を行い地図コンテンツの整備や更新を行っています。当然のことながら、デジタル化により印刷出版物としての地理情報だけでなくスマートフォン、ウェブ、カーナビ、さらには物流IoTなどと、利活用の場は大幅に拡大していきます。

地図データの3次元（3D）化も進んでいます。カーナビでは地図を立体的に再現することでドライバーにとってよりわかりやすい表現になっています。3次元地図は地形や地表、交差点などの様子を直観的に理解しやすいため防災や教育にも使われています。

グーグルなどが提供するデジタル地図情報にはオープンなAPI（アプリケーションプログラムインターフェース）が用意されています。APIがあればソフトウェアの機能や管理データを外部のソフトウェアと連携した動作が可能となります。

地図の高度化に合わせて、準天頂衛星システムの導入も大きな追い風です。準天頂衛星システム「みちびき」は日本のほぼ天頂を通る軌道をもつ衛星を多数組み合わせたもので、どの時点でも一つの衛星が日本の真上に存在している状況を作り出すことができます。その結果、都心の高層ビル街とGPS衛星の電波を十分に捕捉できない環境下においても、十分な位置精度が確保できるのです。

図2-6 トラックカーナビの主要機能

トラックカーナビ

道幅優先探索

大型液晶画面

運転席からダッシュボードまでの距離に配慮

渋滞情報を考慮したルート探索

途中での自動ルート変更

車両情報の入力

車高／車幅／重量
トラック通行止の
規制区間を考慮したルート探索

複数の配送先を回る際の
最適な順番を提案する巡回経路検索

トラック駐車可能施設検索

トラック運転席からの見やすい交通情報

Section 2-7

５ＧによるＣＡＳＥ・ＭａａＳの実現

５Ｇの導入がもっとも期待されている分野の一つが自動運転の分野です。４Ｇシステムでは足りない機能（低遅延、多数接続等）を５Ｇで実現することが検討されています。

たとえば自動車同士の接近を「位置情報やセンサーで認識し自動的に衝突を回避することが５Ｇで実現できないか」という検討が進んでいます。

自動車の分野ではＣＡＳＥ（コネクティッド・オートマチック・シェアリング・エレクトロニクス）とＭａａＳによる大きな変革の波が到来しています。半導体の大量導入が進み、自動車のＩｏＴ化、電動化が急激に進行してきました。ネットワークにつながることにより、自動車の保有する各種情報（位置情報、走行データ、エンジンや機器のステイタス、走行道路情報、渋滞情報、天気情報など）がビッグデータとしてクラウドに蓄積され、これらのビッグデータがＡＩと融合することで、自動運転につながっていきます。

加減速や操縦などのすべての制御をシステムが行う「完全自動運転車」の普及率も上昇しています。

自動車をＩｏＴにより知能化することで完全自動運転への道筋をつけます。すなわち、交通状況を考慮した最適ルート検索や車両間通信による衝突防止やぶつからない自動車の実現、３Ｄ地図を活用した大型ビルへの自動誘導などはクルマ単独では不可能なため、高速低遅延な５Ｇインフラと協調して実現することを目標としています。

世界各国の大手自動車会社や大手ＩＴ企業も、積極的に自動運転の研究開発を推進しています。米国では大手ＩＴ企業を中心にコネクティッドカー向けのプラットフォーム基盤の開発が進められ、中国も自動運転の開発に積極的に取り組んでいます。米国では連邦運輸省が「スマートシティチャレンジ」の実施を発表し、

図2-7　トラック隊列走行のイメージ

2020年度に高速道路での後続無人隊列走行を実現するため、車両の技術開発を自動車メーカーなどに促すとともに、貨物運送事業者の意向･ニーズを把握し、事業として成立･継続するために必要な要件・枠組みについて、自動車メーカー、貨物運送事業者等と連携しながら検討を進める。

①先頭車両にはドライバーが乗車し、有人でトラックを運転

④3台目以降の後続車両も電子的な連結と自動走行システムを使って無人走行

②先頭車両と後続車両を電子的に連結することで隊列を形成

③後続車両は自動走行システムを使って無人走行

出典：国交省の資料より

それを機会に自動運転の検討がさらに加速しています。米国は各州が強い権限をもっており、たとえばカリフォルニア州などは、自動運転の行動走行が試験しやすい環境を用意できるのが強みとなっています。

トラックについても自動運転への流れは加速していて、たとえば、すでにある大型トラックのスーパーグレートにはレベル2の自動運転も搭載されています。

ちなみに大型トラックの場合、操舵輪を転舵させるには大きな軸力が必要で、これが自動運転導入の障壁の一つともなってきました。しかし、物流業界のドライバー不足などを考えるとトラックの自動運転は急務です。高速道路での長距離大型トラックの隊列走行などの実証実験も盛んに行われていますが、5G時代にはよりレベルの高いトラック自動運転システムの登場に期待が集まります。

Section **2-8**

可能性を広げるAPIを備えたクラウドサービス

スマートフォンアプリでは、何か画面上で操作をすれば、操作情報がクラウド上に蓄積されているデータに伝達され、なんらかの処理をされて自分の画面上に表示されます。

GAFAなどの人気のコンテンツは、すべてそれぞれの事業者のクラウドで処理、蓄積されています。

クラウドサービスでは、ユーザーの端末からクラウドにアクセスする通信速度が3G網では遅く、データ通信料金も高かったため、クラウドの長所をユーザーが実感することができませんでした。しかしネットワークが4Gになると、高速アクセスが可能になりユーザーの体感する利便性も圧倒的に向上し、クラウドの能力が最大限に発揮されるようになりました。さらに5Gへの期待も高まります。

ところで産業用途にIoTシステムをスピーディかつ経済的に構築するには多種多様なセンサー、端末や通信方式を接続できるオープンなプラットフォームが有効となります。それにはオープンなAPIを備えたクラウドが有効です。

APIとは、「自分（のシステム）」と「外部（のシステム）」が相互に機能を共有できるためのソフトウェアのしくみです。自分のシステムのソフトウェアの一部をインターネット上にオープン化し、外部のシステムから利用できる環境とインターフェースを構築します。こうしてAPIを具備することにより、複数のアプリケーション同士で機能を連携することが可能になり、さまざまなサービスを容易に構築できます。IT分野以外でもAPIの考え方は広く採用されています。

物流業界でも、このAPIの導入が進んでいます。たとえば大手運送会社では配送データを他社も活用できるようにするために各種APIを公開していま

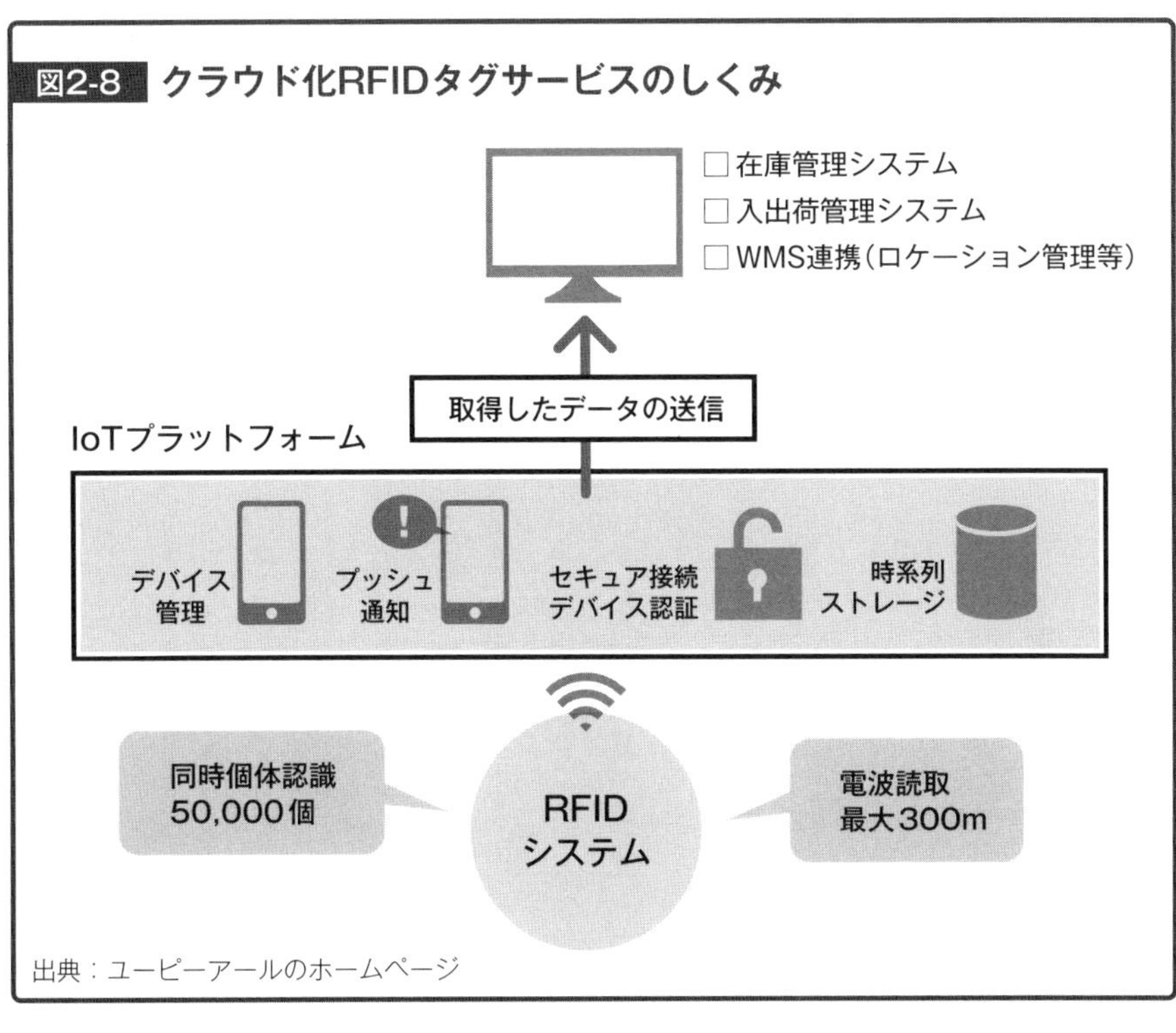

す。ネット通販事業者は、自社のサイトで各種データとリンクさせたサービスの提供が可能になっています。

また、**図２−８**に示すようにレンタルパレット大手のユーピーアールも、パレットやモノ、車両などに搭載されたＲＦＩＤから得られる各種情報をモバイル網を経由してサービス事業者のクラウドサーバーに蓄え、顧客向けのサービスとして提供しています。クラウドタイプのＲＦＩＤパレット管理システムを構築しているのです。

さらにいえば、ＡＰＩの導入により、ＤＸの活用にも拍車がかかってくると考えられます。オープンなＡＰＩを備えたクラウド環境の構築でロジスティクスもより一層の高度化を遂げることになるのです。

Section 2-9

社会のＤＸ化を加速する産業用ＩｏＴ

センサーやモバイル通信を活用して、ネットワークにつながれた複数の機器同士が自動的に情報伝達を行う技術は、以前はＭ２Ｍ（機械対機械）と呼ばれる広い意味でのＩｏＴサービスの一環です。すでにＭ２Ｍは製造業（遠隔監視、診断）、運送業界（加速度センサーによる積荷監視、エンジンの油圧監視）、農業（温湿度、CO_2濃度分析）、電力業界（スマートメータによる発電量の監視）など各産業分野で導入されています。

たとえばエレベータでは定常運転時にはとくに必要ありませんが、機械の故障時や地震等で緊急停止時にはきわめて短時間の復旧が必要になります。故障が発生し通知があってから保守員が駆け付けても復旧に時間がかかるので、エレベータの運行状況を加速度センサーと通信機器で常に監視しておく必要があり、ＩｏＴが大規模に導入されています。

また、コインパーキングでは故障時の迅速な復旧対応はもちろんですが、それ以外にも場所や時間帯によって売上額が違うために料金テーブルをリアルタイムに把握するといったニーズがあります。最近は、これまでのフラップパネル板方式に比べて機器の設置費用の安い監視カメラ方式が増えてきており、監視カメラの映像を監視センターに送信し、モニターするニーズが増しています。このようなケースには5Gの高速伝送能力が有効です。今後はスマートフォンによる決済も増加します。

発電用パネルは日照時間の長い山間部や建物の屋上に設置されることが多いため、人がアクセスしにくい場所にあることが多いのですが、突然の故障時には気がつかれないことがあり、料金請求時になって初めて故障がわかるといったケースも多く問題となっています。そこで電力センサーでリアルタイムに発電量を監視しています。

図2-9　レンタルトラックのIoTの活用

トラック車両のレンタル

アクティブRFID端末を搭載し取得したトラック車両の在庫情報

ヤード（車両置き場）に設置した無線リーダー経由で
管理サーバーに在庫情報を送信、蓄積

レンタル用車両の在庫管理、入出庫管理を
リアルタイムで行うシステムが稼働

ヤードにて朝と晩に作業者が目視で管理していた作業を
IoTにより自動化することで大幅な管理業務の効率化を達成

トラック車両のレンタル会社では、アクティブＲＦＩＤ端末をトラックに搭載し、取得した車両の在庫情報をヤード（車両置き場）に設置した無線リーダー経由で管理サーバーに送信、蓄積することにより、レンタル用車両の在庫管理、入出庫管理をリアルタイムで行うシステムが稼働しています（図２-９）。これまではヤードで作業者が目視で管理していた作業をＩｏＴで自動化することにより、大幅な管理業務の効率化が達成されたのです。

もちろん、産業用ＩｏＴとしてのアクティブＲＦＩＤ端末の活用法は、これだけではありません。５Ｇなどと組み合わせることで、可能性はより大きく広がることになります。

Section 2-10

多彩なセンサーとなりうるＩｏＴ端末の最適設計

使い勝手のよいＩｏＴサービスの実現には、長い電池寿命と広い通信距離という2つの相反する項目を両立させる無線端末が必要になります。

内蔵された加速度センサーにより端末の動作モードを判断し、電波を適応制御する高度な制御アルゴリズムを搭載することにより、市販乾電池で10年以上のバッテリー寿命を実現したアクティブＲＦＩＤタグが実用化されています。

いわゆるバッテリーなどを搭載しないパッシブＲＦＩＤタグも衣料系量販店を中心に最近普及が進んでいます。このパッシブＲＦＩＤタグは海外諸国では盗難防止を目的に大量に導入が進んでいますが、海外に比べると盗難の少ないわが国では、むしろ衣料品などの在庫管理や支払い時間の短縮に使われています。

パッシブＲＦＩＤタグはコストは安くても通信距離が10メートル以下に限られます。また電池寿命はほぼ無限ですが、タグの読み取り精度に課題があります。

ヒトやモノの位置情報を示すトラッキング用デバイスもさまざまな端末が開発されています。

現在、航空機輸送の場合、機内で電波を発出するデバイスは、航空法上、運用が禁止されています。

そのため、航空機に搭載された際に自動的に携帯電波をオン、オフする機能が実装された端末「フライトセーフ」が実用化されています。

フライトセーフ端末は飛行機の機体の離着陸時の衝撃、高度センサー、空港での誘導電波をセンサーでモニターし、ある一定の条件を満たすと自動的に電波をオン、オフにする機能があります。この機能により、状態を測定するパレットや商品にこの端末を装着し、貨物室に搭載しても自動的に電波を制御するため、航空会社は安心して導入することができます。この端末にはＧＰＳ、温度、衝撃値、露出光、気圧、電池のセ

図2-10 物流におけるアクティブRFIDの概要

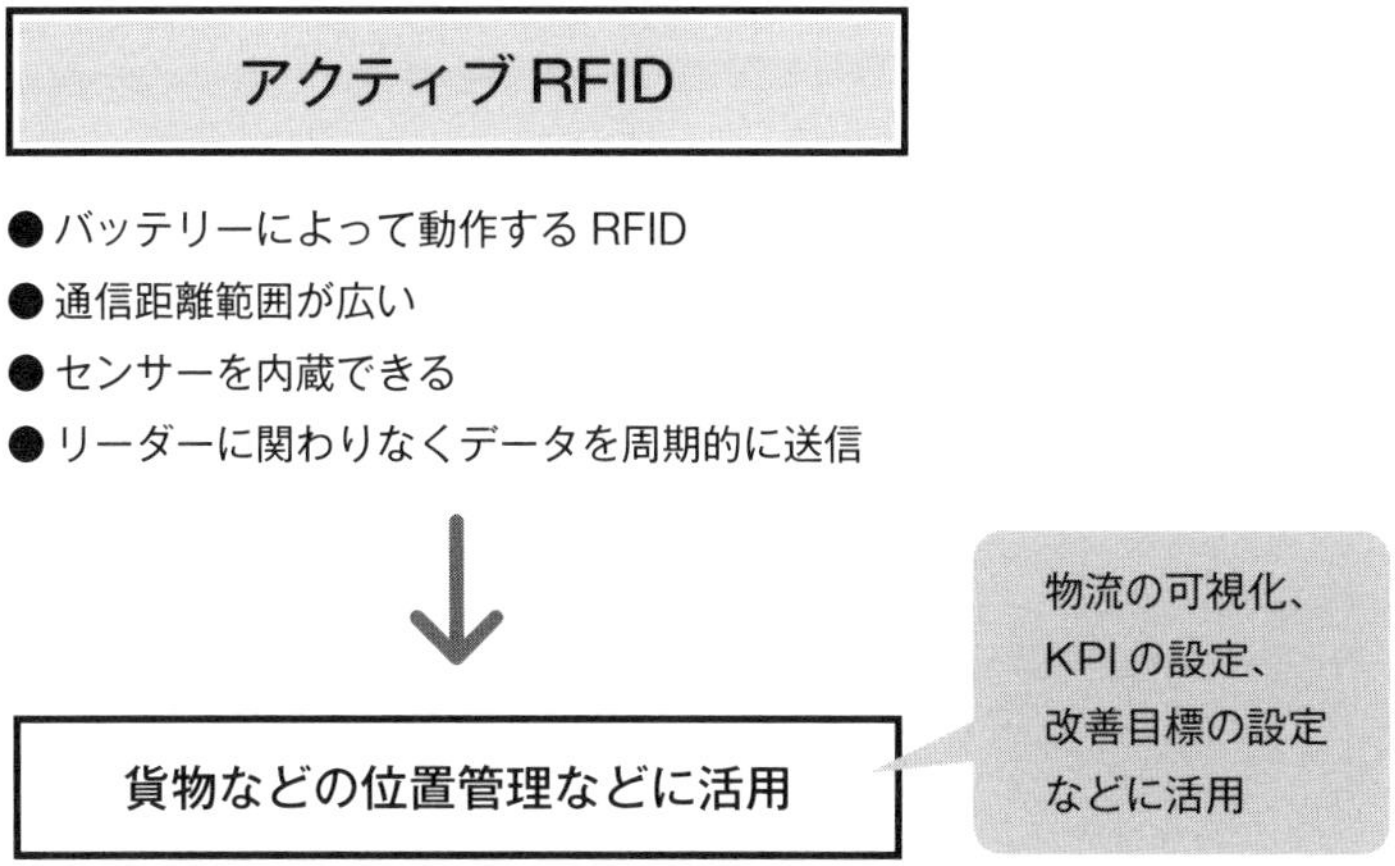

ンサーが内蔵されており、これらの情報が収集可能です。

　このような各種センサー機能が搭載されたＩｏＴ端末の活用事例としては医薬品、生鮮食料品、精密機器などがあります。いずれも高度な温湿度管理が求められる貨物の輸送環境の把握に有効です。

　位置情報トラッキング端末は、このようなハイスペック端末から使い捨て用の安価な端末まで、さまざまな種類が市場に出回っており、ユーザーはニーズに応じて自由に選択できます。

　もちろんＩｏＴ端末の最適設計により、サプライチェーンの諸環境の可視化もこれまで以上に進展します。

　たとえば可視化される貨物情報についてＫＰＩ（重要業績評価指標）を設定することで、改善の現状値、目標値、理想値を明確化できるようになるのです。

第3章

物流ＤＸとコネクティッドサプライチェーンを取り巻く環境

Section 3-1

ソサイエティ5・0とコネクティッドサプライチェーン

第3章ではコネクティッド社会におけるサプライチェーンのあり方、進むべき方向について物流DXの動向などもふまえて考えてみましょう。日本政府が策定した「ソサイエティ5・0」では「サイバー空間（仮想空間）とフィジカル空間（現実空間）を高度に融合させたシステムにより経済発展と社会的課題の解決を両立する人間中心の社会」と定義されています。

言い換えると、ソサイエティ5・0とは、「知恵が価値を生み、個を生かす知識集約型社会」です。これまでの社会や経済活動は資本集約型であり、商品の価値に注目が集まっていましたが、「これからは主客が入れ替わり、サービスが価値の中心で、モノはあくまでサービスを実現する商品、部品、素材にすぎない」としています。

さらにソサイエティ5・0構想では次世代のサプライチェーンについても言及しています。ソサイエティ5・0におけるサプライチェーンでは「先端技術をあらゆる産業や社会生活に取り入れ、必要なモノやサービスを必要な人に必要なときに必要なだけ提供する」としています。

サプライチェーンとは送り手から受け手にモノを供給する連鎖を指しますが、モノが円滑に供給されるためには、モノの流れと同期して関連する情報がスムーズに流れる必要があります。受発注情報、稼働率、材料価格などの、総合的な情報が必要になります。ここで重要なことは、これらの行為に紐付くデータが有効に連携しているということです。

とくに系列や業界を超えたデータ連携、大企業だけでなく中小企業も巻き込んだデータ連携をするためには、不要なデータの整理、整備や標準化、ルール作りも必要になってきます。

政府の未来投資戦略では、次世代サプライチェーン

図3-1　Society 5.0

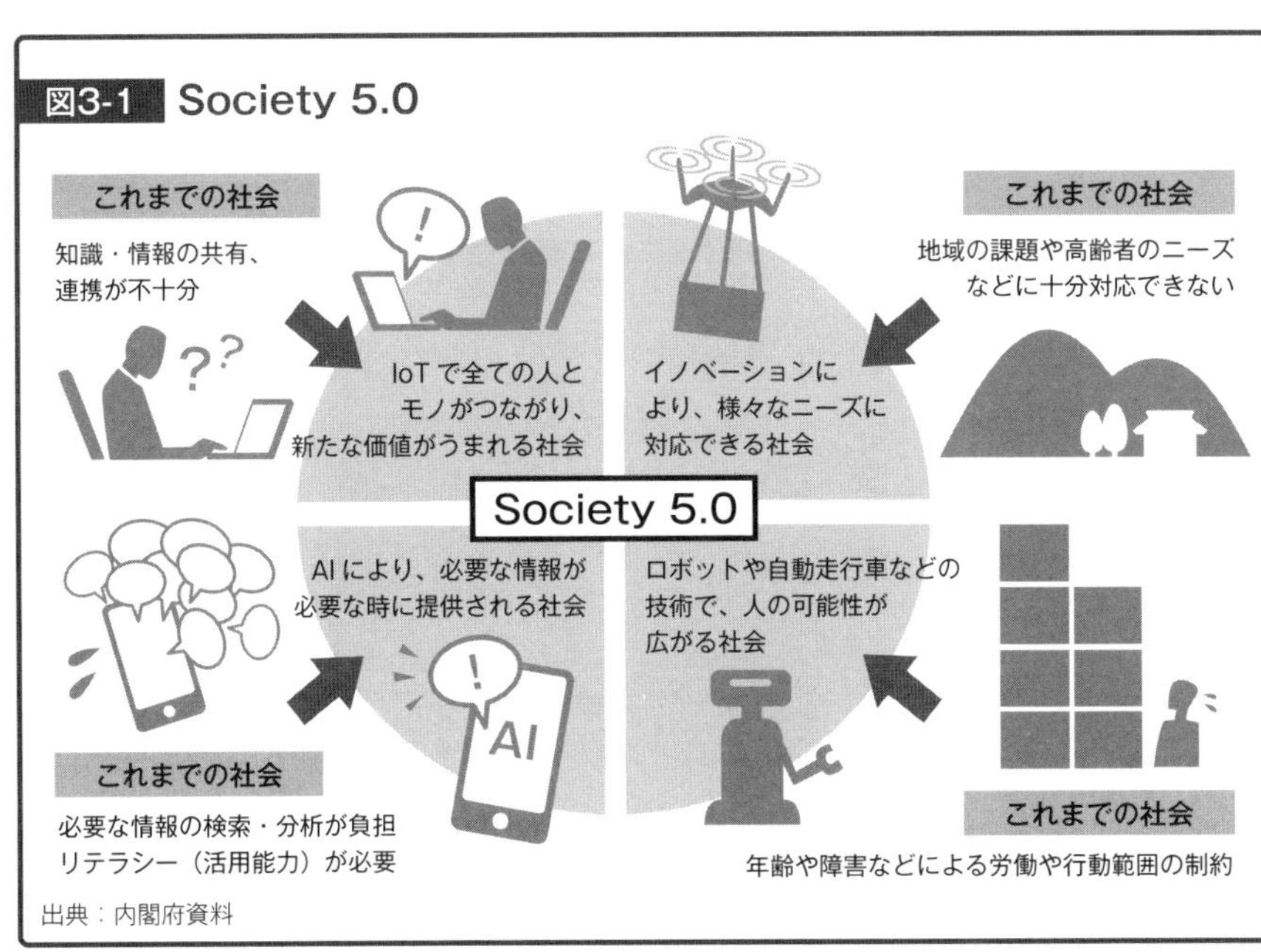

出典：内閣府資料

を戦略分野の一つとして取り上げています。データ連携の先進事例の創出と、データの連携、利活用を促進する制度、ルール作りの必要を訴えています。

また経済産業省は産業振興の立場からコネクティッド産業のコンセプトを次のように提唱しています。「さまざまなつながりによる新たな付加価値の創出により、従来独立、対立関係にあったものが融合し変化することにより、新しいビジネスモデルが誕生する」としているのです。そしてそのためにはデータルール、知財ルール、標準ルールの３つのルールの高度化を重要としています。

なお、ソサイエティ５・０の実現はロジスティクス５・０への移行も意味するといえるでしょう。ＩｏＴ、ＡＩ、ロボットなどの実用化を進め、サプライチェーンをＤＸの活用で強化していくことを目指すのです。

Section 3-2

ニューノーマル時代へのキーワードとなるＤＸ

ニューノーマル時代において、デジタルトランスフォーメーション（ＤＸ）がキーワードとして浮上しています。

ＤＸはスウェーデンのウメオ大学のエリック・ストルターマン教授が提唱した概念で、「絶えず進化するテクノロジーが人の暮らしを変革していく」という考え方です。

わが国においては、２０１８年に経済産業省が「デジタルトランスフォーメーション（ＤＸ）を推進するためのガイドライン」をまとめ、その推進に向けてアクセルが踏み込まれましたが、ニューノーマル時代に突入したことに、より一層の拡大が求められています。

この流れのなかで物流・ロジスティクス業界もＩＴ化、デジタル化を推進していく必要がありますが、既存のＩＴシステムのアップグレードも必要になってきます。たとえば、システムが部門ごとに別々の基準ややり方で構築されているためにサプライチェーン全体での情報共有に支障をきたすような企業、産業はこの機にシステムの一新も視野に入れる必要があります。

たとえば、ヤマトホールディングスは、パランティアテクノロジーズと連携し、ヤマトグループのオペレーション変革と物流業界のＤＸを推進する方針を打ち出しました。

ＤＸによりヤマトグループは新しい付加価値を生み出すデジタルプラットフォームの構築を進めていきます。社内外のデータ分析などを進め、物流オペレーションの変革を目指します。運用データの統合などによりリソースの最適配置、サプライチェーンの合理化、顧客のサービスレベルの向上などを科学的な合理性をもとに実現させていくことになります。

また、ニトリホールディングスも、同社の物流子会社ホームロジスティクスがブロックチェーンを活用し

図3-2 **ロジスティクスDXの効果**

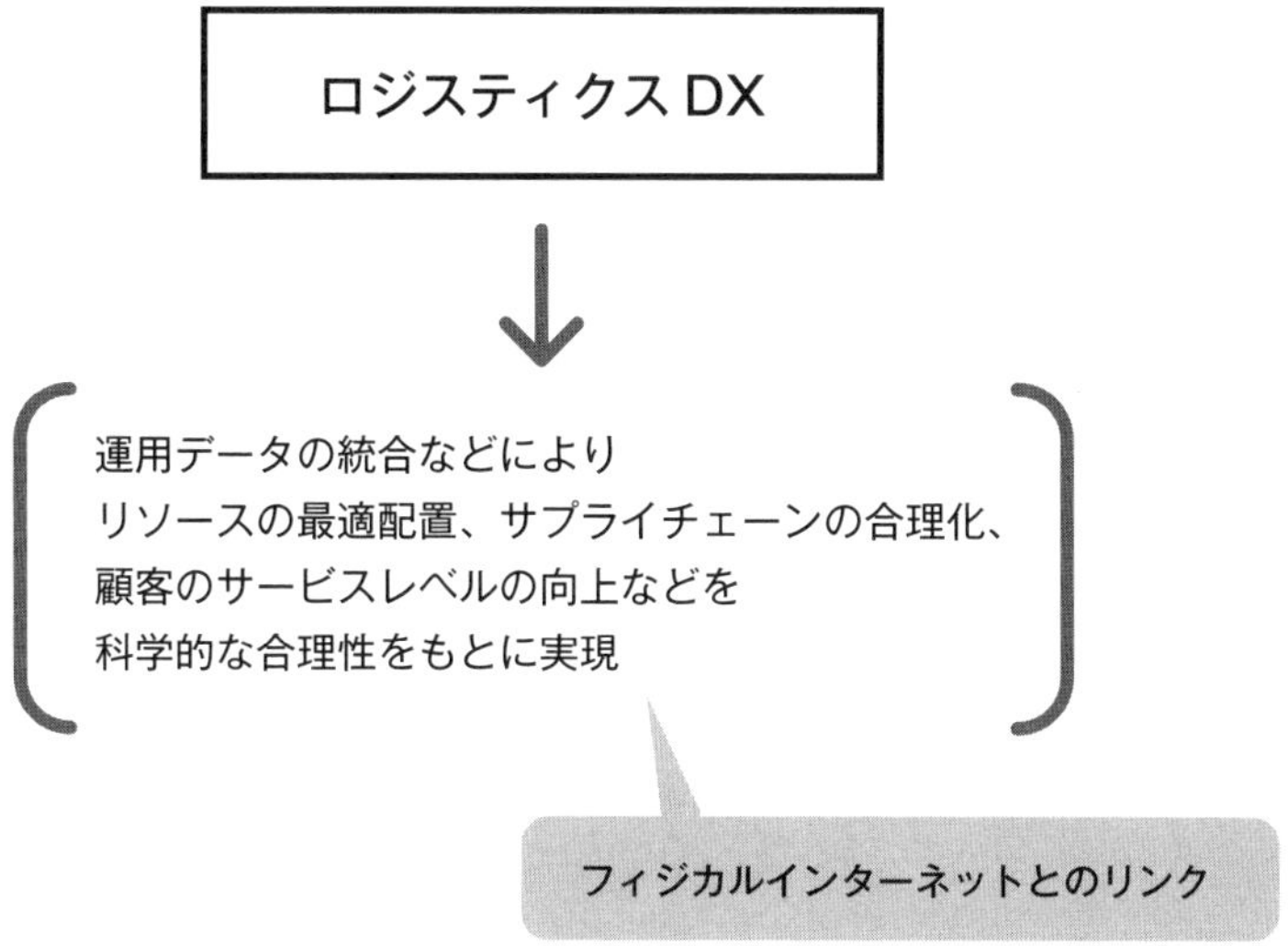

ロジスティクスDX

運用データの統合などにより
リソースの最適配置、サプライチェーンの合理化、
顧客のサービスレベルの向上などを
科学的な合理性をもとに実現

フィジカルインターネットとのリンク

たシステムの稼働を打ち出しており、ＤＸに対応していく方針です。ＤＸの推進により紙伝票を撤廃し、協力会社や下請け企業との配送伝票のやりとりや受発注業務の効率化とミスの防止を実現します。同社が導入を図る分散台帳技術は、大規模な設備投資は不要なためスムーズな導入が期待できます。

ニューノーマル時代の三密防止なども含めて、ＤＸへの流れは今後ますます加速するといえます。

さらにいえばＤＸにフィジカルインターネットをリンクさせていく物流革新の動きもあります。フィジカルインターネットとは物流ネットワークの標準化と共有化を推進することで既存のインターネット（デジタルインターネット）網のような共通の基盤をロジスティクス領域に構築するという考え方です。

Section 3-3

「データ爆発」のニューノーマル時代

ビッグデータとは、インターネットやセンサー技術の急激な進展によりこれらが収集した膨大なデジタルデータのことで、巨大科学、金融、医療、気象予測、その他あらゆる分野に広がります。人類が何万年もかけて生成、蓄積したデータは、短期間に爆発的に増大しているのです。

たとえば2000年に作成・集積されたデータ量だけで、人類がこれまで数千年の長い年月をかけて生成したデータを数年間で超えると推定されています。

その背景はもちろん世界的なインターネットとモバイル技術の普及です。

スマートフォンでやりとりされる日常生活分野では、ウェブや各種データドキュメント、ブログ、電子メール、ツイッターやフェイスブックに代表されるSNS、ユーチューブや各種コンテンツ配信に代表される動画サービス、そしてストリーミング音楽配信などが主流です。

携帯電話ネットワーク、24時間、365日にわたり世界を幅広くカバーしてサービスを提供しているために、これらのデータを統計処理することにより、人の数、すなわち人口統計データとしても利用可能になります。

携帯電話会社の提供する「モバイル空間統計」事業では、携帯電話やスマートフォンを接続する基地局が保有する位置登録情報を活用し、契約者の属性（年齢、性別、住所など）を集計、分析することにより、時間単位での人口の増減や地理的な分布を統計的に推測することが可能となります。

もちろん、契約者のプライバシーを守るために、個々の位置情報や属性情報については、秘匿処理や非識別化処理を施して運用しています。

わが国では1億人以上の携帯電話の加入者がいるた

図3-3 センサーデータの重視

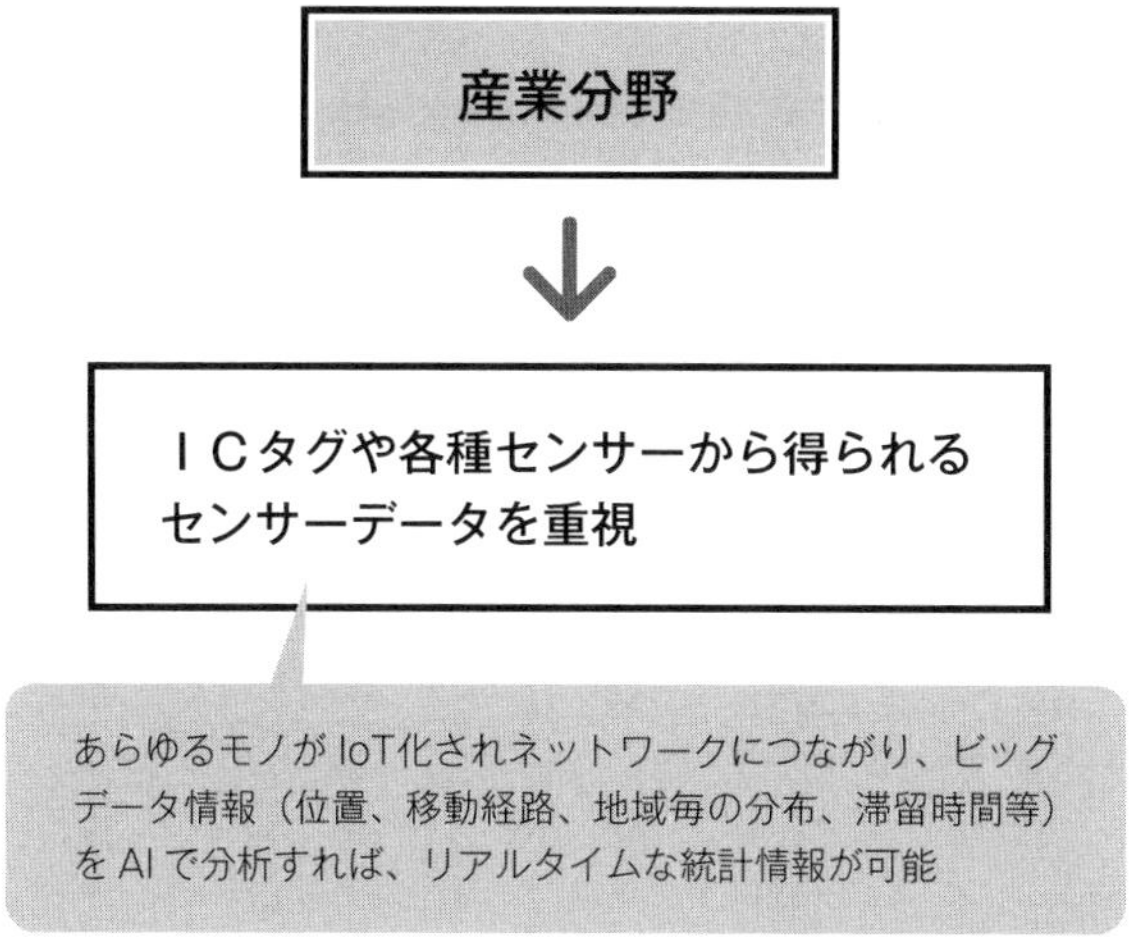

め、こういった統計的な位置情報ビッグデータをうまく活用することにより、官公庁の防災計画の策定や消費者の市場調査、商圏の推定にも活用することが期待されています。訪日外国人の行動分析にも有効です。

一方、モノや機械が主役の産業分野では、センサーデータが主流です。スマートフォンやセンサー、ＩｏＴ機器などの無線デバイスの進化、低価格化が進展し、あらゆるモノがＩｏＴ化されネットワークにつながり、ビッグデータ情報（位置、移動経路、地域ごとの分布、滞留時間など）をＡＩで分析すれば、リアルタイムな統計情報が収集できます。動画サービスが中心になる５Ｇによりデータ爆発はますます加速することになるでしょう。

ただし増え続けるデータの効果的活用については、ＡＩなどのさらなる導入が不可欠となるのはいうまでもありません。

Section 3-4

ビッグデータ活用による交通量の分析と活用

ビッグデータ活用による新しい価値の創出が進んでいます。

たとえば、自動車はビッグデータの生成源の一つとして考えられます。とくに一般車に比べて月間の平均走行距離が1桁以上多いトラックなどの商業車の位置情報をうまくビッグデータとして利用すれば、道路の渋滞情報や駐車場の混雑度も統計値として知ることができます。

実際、トラックの交通量から、荷動き、出荷量、流通在庫量などをリアルタイムに予測することも可能になるでしょう。交通量から可視化されるトラックの物流量を分析することで物流改善やロジスティクスの高度化に新しい視点からの貢献も可能になるのです。

また、大手自動車メーカーが提供している「ビッグデータ交通情報サービス」は、同社のテレマティクス対応車載端末から得られる、車両の位置、速度、加速度などからさまざまな交通関連情報を提供しています。保険会社は、テレマティクス自動車保険も提供しています。これは、自動車の速度、ブレーキ、アクセル操作といった運転挙動データをネットワーク経由でデータベース化して、そのビッグデータを分析した結果に基づき、保険料をきめ細かく調整するというものです。

スコアレンディングの技術にも注目が集まっています。顧客に関するビッグデータをベースに、金利や与信枠を決める融資サービスで、たとえば、大手EC会社は小口事業者向けに提供を始めています。

これらはECサイトに出店する事業者の履歴や在庫状況を与信判断の根拠しています。個人の信用情報や家族構成、携帯電話や銀行のサービス利用状況などをビッグデータとして活用しています。またその反面、必要以上の膨大なデータにより判断がつかなくなると

図3-4 交通量のビッグデータの活用

交通関連のビッグデータ

荷動き、出荷量、流通在庫量などを
リアルタイムで予測可能

交通量から可視化される
トラックの物流量を分析

物流改善やロジスティクスの高度化に
新しい視点からの貢献

いうことも危惧されます。そこでＡＩによる機械学習機能のより一層の向上にも大きな注目が集まっています。ビッグデータをＡＩによる分析を通して、利用者をスコアリングしていきます。

「必要な情報を必要な状況で必要に応じて活用していく」というわけです。

５Ｇにより社会の各方面、各領域がコネクティッドされていきます。その結果、これまで関連性が薄いと考えられていたデータや見損じられてきたデータの重要性も見直されることになるでしょう。多彩なビッグデータを有機的に統合することにより、需要予測などの精度の向上も期待できます。

Section 3-5

ニューノーマルで加速するシェアエコノミーとサービス化の進展

ミニマリストと呼ばれるモノを極力保有しないライフスタイルが浸透しつつあります。その背景にはＩＴ技術の進展と環境問題への配慮があります。先進国ではモノを買うことがかっこいい時代は終わり、むしろかっこ悪いという価値観が生まれつつあります。

自動車についても「個人で所有せずにカーシェアリングを利用する」という傾向が若者などを中心に生まれてきています。

情報と環境が密接に結ばれることにより「シェアエコノミー」は必然的に形成されるともいえます。シェアリングサービスとは、「自動車、自転車、不動産といった物的資産のデジタル化」と言い換えることもできます。アナログ情報をいったんＤＸ化してしまえば、あとはすべてソフトウェアで処理できるので、他の物的資産にも展開できます。自動車に限らず多くの一般消費財が、シェアリングサービスの対象になっているのです。

電気製品や自動車といったモノを売ってきた企業は、これからはサービスを売る「サービサイジング」企業への変化が求められています。モノからコトへの転換が進んできているのです。

また、世界的タイヤメーカーは、すでに走行距離に応じて使用料を払うサブスクサービスを開始しており、エンジン製造業も航空機向けジェットエンジンの販売事業から定期メンテナンスサービス事業にシフトしています。先進的企業は従来の製造業としての成功体験にとらわれず積極的に事業のデジタル化を進めソフトウェア企業へと変身しているのです。

新型コロナウィルスにより多くの都市で外出が制限されたため人々の対面交流は減少し、多くの店舗や飲食店は休業を余儀なくされました。その結果、飲食店と連携した飲食系のフードシェアリングデリバリーサ

図3-5　シェアリングサービス起点の物流ビジネス

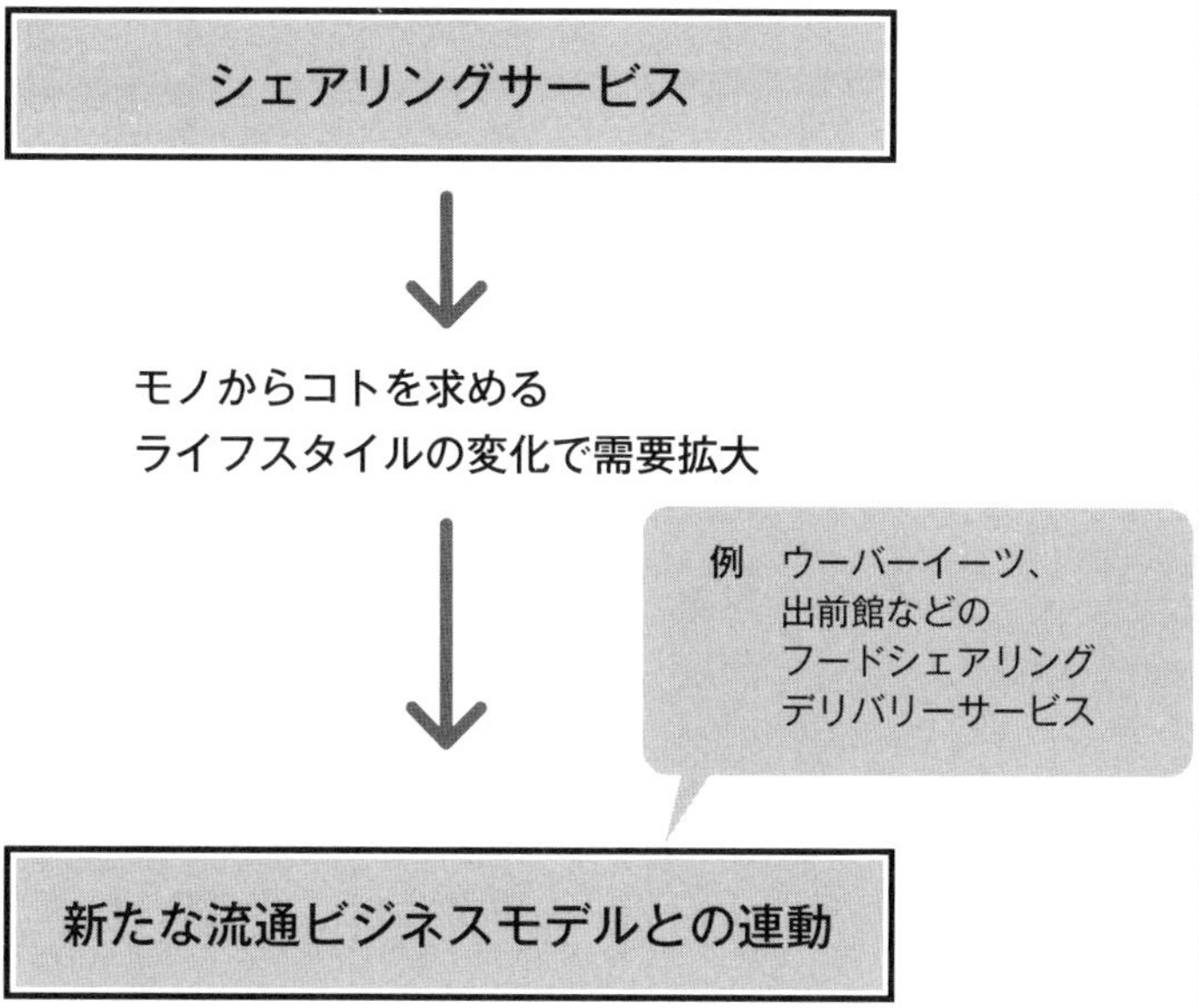

シェアリングサービス

↓

モノからコトを求める
ライフスタイルの変化で需要拡大

↓

例　ウーバーイーツ、
出前館などの
フードシェアリング
デリバリーサービス

新たな流通ビジネスモデルとの連動

ービスが人気を博しました。外出自粛という不自由な環境が、好きなメニューの食事を自宅にいながらにして楽しめる宅配サービスのニーズを高めたのです。

実際、ウーバーイーツや出前館といった企業のビジネスモデルはコロナ禍の状況のなかで、それまで以上のアドバンテージを得たのでした。もちろん、たんにモノを運ぶというだけではなく、ＩＴ化、情報武装を高度に成し遂げたことが成功の要因ともなっています。

また、フードシェアリングサービスにおいても消費者や配達ドライバーの諸情報をはじめ、商流も物流もＤＸ化が進んでいることに注目が集まっています。

Section 3-6

ブロックチェーンの物流領域への活用

商流を劇的に変える革新的な技術としてブロックチェーンにも大きな注目が集まっています。ビットコインなどにより商取引が行われるブロックチェーンの構築による最大のメリットは銀行などを通さず、個人、あるいは企業が送金を行うことができるようになるというものです。また手数料などもほとんどかからず、世界中で単一の通貨での取引が可能になります。ブロックチェーンとは、パソコンなどの多数の小型コンピュータに処理を分散して行うネットワーク（分散型ネットワーク）に、暗号化を行ったうえで商取引情報などのデータを同期化して一連の記録として残す手法です。ブロックチェーンにより商流にかかるビジネス取引の負荷を大きく軽減することで、物流の効率化、高度化も飛躍的に向上すると考えられます。

貿易関連書類を用いての一連の商流の手続きがブロックチェーンで行われることで、年間で数億ドルのコスト削減が実現できるといわれています。国際輸送に際して必要となる多大な書類の処理や管理の手間やコストを大幅に減らすことができるのです。

ブロックチェーンの活用により国際物流における紙媒体のプロセスをＤＸ化することで、サプライチェーン全体にかかる業務上の負荷を低減していくことに期待が集まっています。

なお、貿易、国際物流関連のブロックチェーン技術運用の促進を図る非営利団体として「ブロックチェーン・イン・トランスポート・アライアンス」（ＢｉＴＡ）があります。ＢｉＴＡには米国のグローバルインテグレーター企業など、３００社以上の企業が加入しており、物流・ロジスティクスにおけるブロックチェーン標準化を目指すアライアンスとなっています。ＢｉＴＡに加入することで、税関手続きなどがこれまで以上にスムーズに行えるシステム開発を目指しています。

図3-6 ブロックチェーンのイメージ

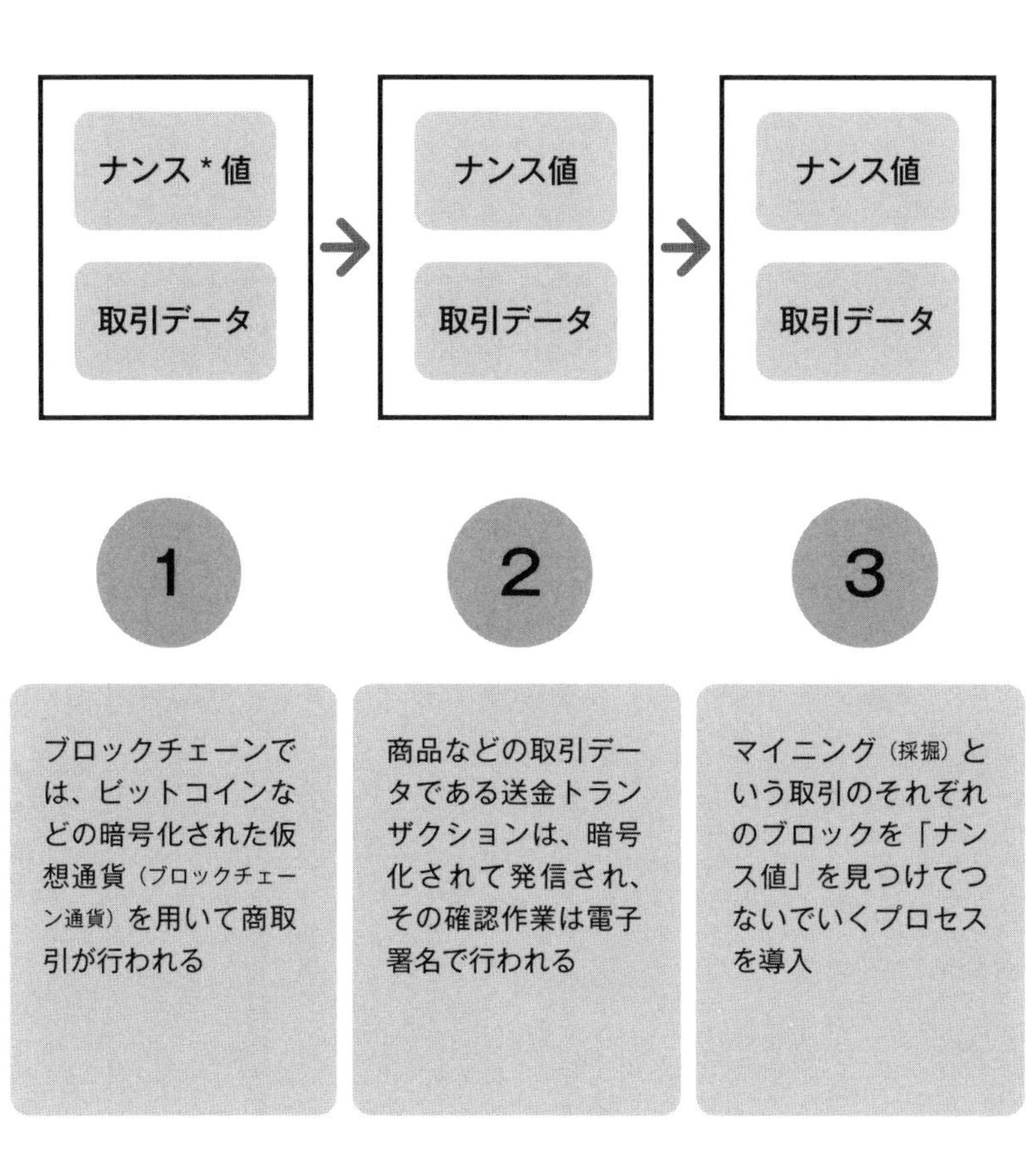

＊ ナンスとは、「一度だけで使い捨てられる数字（Number used once）」の略である。ナンス値を発見できなければデータをブロックチェーンの台帳に書き込むことはできないとされている

Section 3-7

物流ＩｏＴとブロックチェーンの融合

ブロックチェーンの導入は「物流ＩｏＴとのリンク」という視点からも注目されています。ＩｏＴにより、物品と情報を紐づけし、商取引や情報の可視化や共有化を推進することが可能となってきています。

たとえば、ロジスティクスドローンの配送ネットワークとブロックチェーンのリンクです。実際、米国、ドイツ、オーストラリアなどの専門家で構成されている国際非営利組織「ディストリビューション・スカイ」がブロックチェーン技術を活用してのドローン向けの管制システムの構築に乗り出しています。ブロックチェーンによる分散型ネットワークならばシステムの拡張性が高いので、たとえドローンが何百万台に増えたとしても管制システムが混乱を招くことはないといわれています。

また、レンタルパレットに装着するＲＦＩＤタグをブロックチェーンとリンクさせる構想も実現性が高いでしょう。

コンテナ貨物追跡については、デンマークの海運大手がブロックチェーン技術を使用していますが、パレットについてもブロックチェーンソリューションを構築していくことで比較的、円滑に導入が進むと考えられます。

ブロックチェーンのデータベースをパレットやコンテナごとに提供し、輸送行程を段階ごとに記録するというビジネスモデルも構築されています。もちろん、国内輸送についても、ブロックチェーンで取引履歴を押さえつつ、工場からパレット単位で出荷ロットや到着日時などの必要な貨物情報を管理することができるようになります。ブロックチェーン上でこれまで以上に緻密な物流システムを構築することが可能になるというわけです。とはいえ、ブロックチェーン技術に全く欠点がなく、物流領域を含む幅広い分野でなんの問

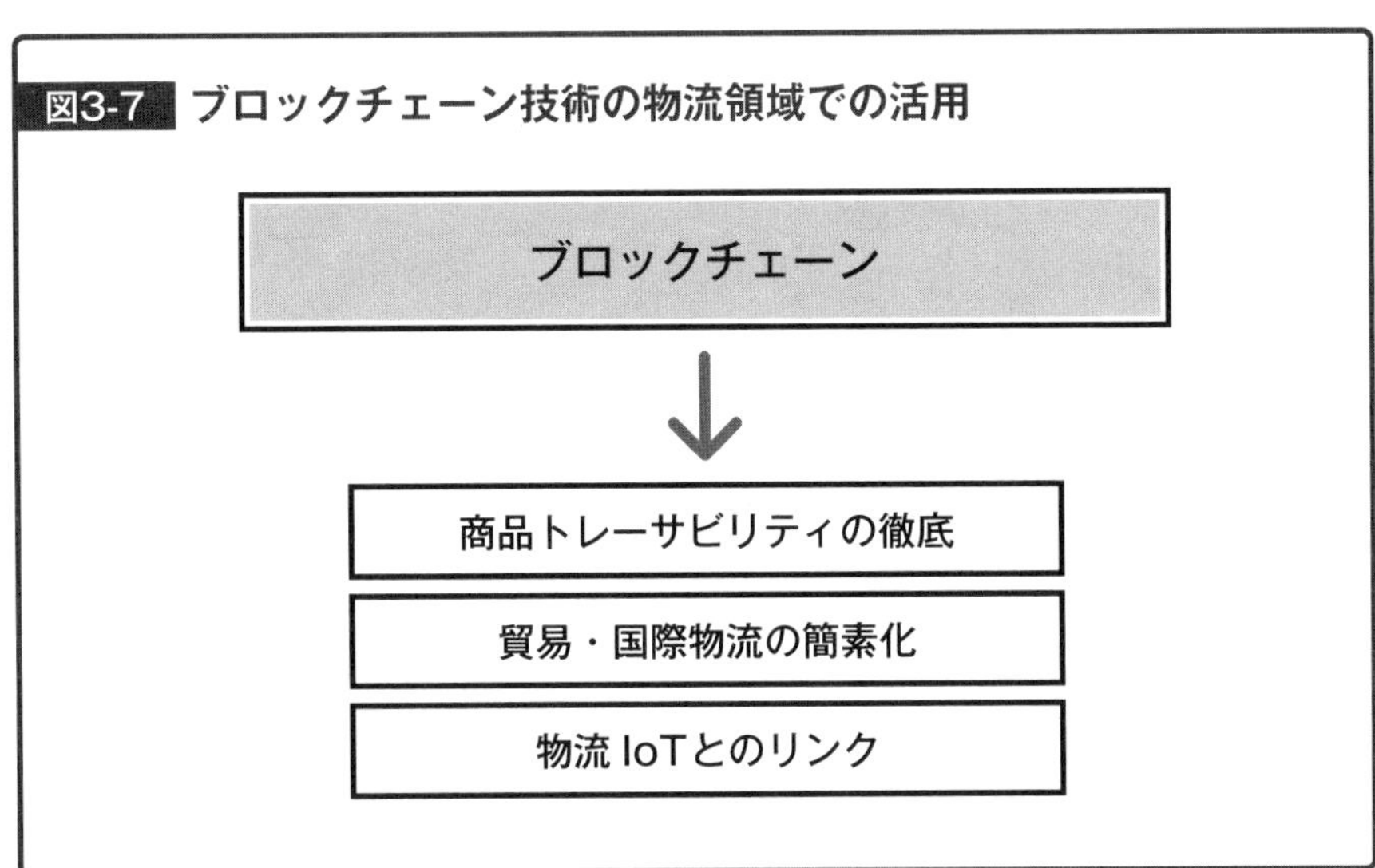

図3-7　ブロックチェーン技術の物流領域での活用

題もなく普及していくかといえば、そうとも言い切れないでしょう。少なくとも本格的に導入、普及されていくには、いくつかの課題をクリアする必要があります。

ブロックチェーンでは大前提として一連の情報が改ざんされたりすることはありえないことになっています。しかしたとえば一連の情報すべてが消失してしまうといったリスクが将来的に絶対生じないという保証はありません。高度で激しいサイバー攻撃を受ける可能性は決して低くはないのです。

ブロックチェーン技術を活用することで、あらゆる商品の取引履歴がわかるようになります。商品がどの工場で作られ、どの物流センターを経由して店舗に配送され、だれが最終的に消費することになったかということが可視化されます。

商流を効率的に処理することで、物流にかかる負荷も低減されることになるのです。

Section 3-8

ＡＩの進化とＲＰＡの普及のリンク

ＡＩについては、必ずしも決まった定義があるわけではありませんが、一般に人間の頭脳の働きをコンピュータで実現したものと言い換えることができます。あらゆる問題に回答できる神様のようなＡＩがあるわけではありません。まだまだ進化の途中と考えられます。

センサーやスマートフォンの劇的な普及により収集、蓄積された膨大なビッグデータはＡＩ技術を駆使することで、新しい価値を創出します。スマートサプライチェーンの時代にはＡＩとビッグデータを活用することにより、物流ＩｏＴが発展することになるわけです。

ＡＩとのリンクでの活用が考えられるのは、ＲＰＡ（ロボティクス・プロセス・オートメーション：事前に決められた手順を自動化するしくみ）です。企業がパソコンなどを用いて行う作業をソフトウェアの活用などによって自動化・省力化することが可能です。

ＲＰＡはＡＩとは異なり、プログラムが自律的に状況に対応するということはありません。機械学習を行い、経験をもとに学習していくこともありません。ただし、人間の作業者などに代わり、定められた作業を自動的に進めていきます。単調で膨大な量に及ぶ作業でも人間に代わって、行えるようになります。単純な入力作業や帳票などの作成など、意思決定を必要としない定型かつ反復作業となるルーチン業務への活用が注目されています。

もちろん、プログラミングやＩＴに関する専門的な知識をもつ技術者でなくても、ＲＰＡを用いて、担当者レベルで低コストでルーチン業務の自動化を実現することができます。「繰り返しの定型業務でありながら作業ミスが発生しやすい」といった場合、導入により大きな効果が期待できます。ただし、大量のルーチ

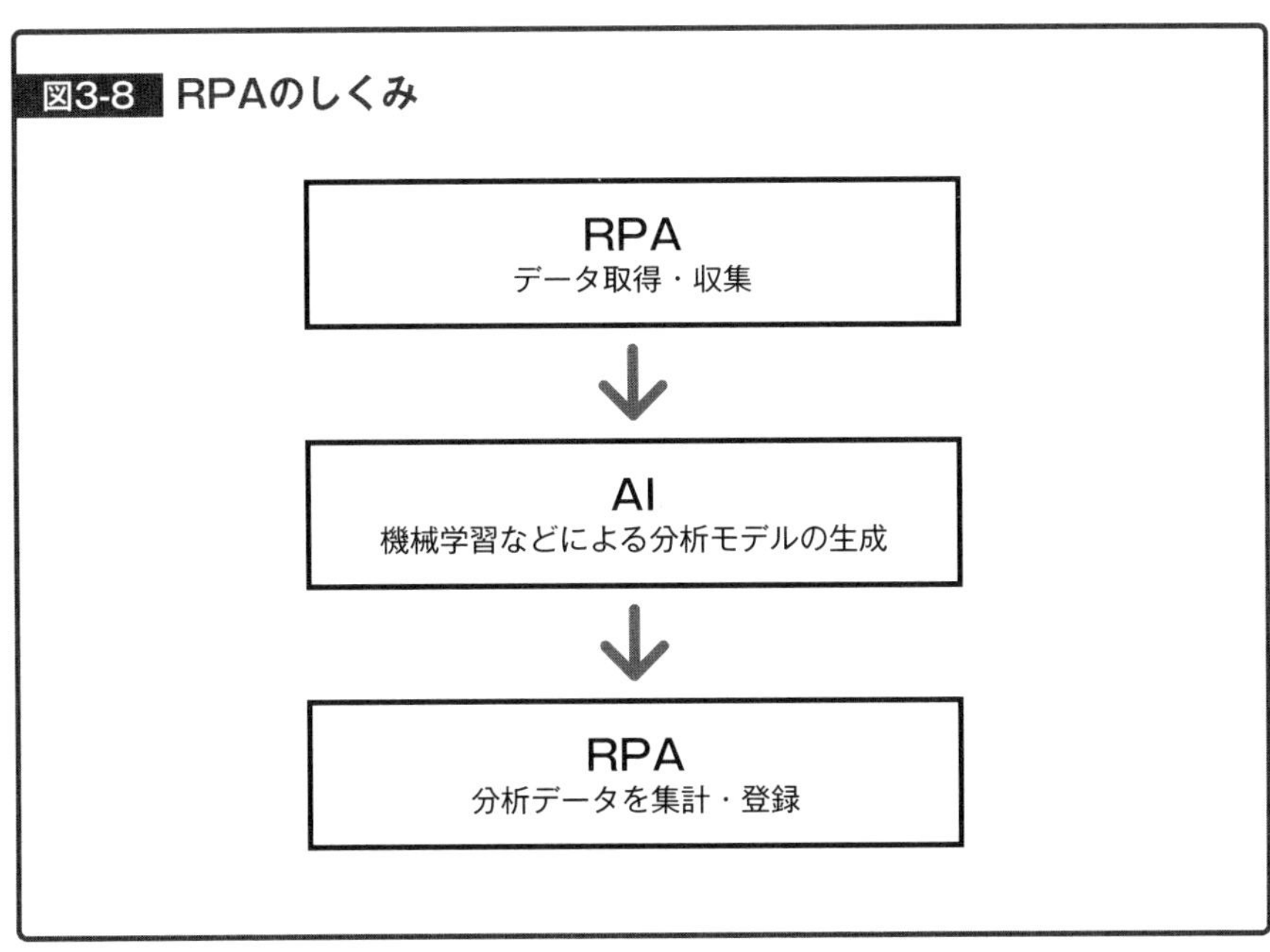

図3-8 RPAのしくみ

ン業務をこなさせるという特性を考えると、業務の標準化は必須の条件ともいえます。事務ベースの業務でいえば、データの検索、集計、加工、登録、報告などへの導入が想定されます。

たとえば、物流センターにおけるピッキングリストの作成をはじめ、一連の受発注業務や商品管理業務などの効率化に威力を発揮します。さらにいえば、人間に代わり、夜間に大量の出荷伝票処理を行うといったことも可能となります。導入されている事例もすでに報告されています。

また、ＲＰＡはＡＩとは別物ですが、「ＡＩ化への入口」とみなす向きもあります。ルーチン業務がＲＰＡにより自動化されている現場環境は、将来的なＡＩ管理を導入するうえでのきわめて好都合な環境とも考えられるからです。すなわち、５Ｇ、さらには６Ｇ時代には、ＡＩが達成までのプロセスを自動生成するようになる可能性もあります。目標達成までの業務プロセスが複雑で相当に長いものであっても、ＡＩがそのプロセスを最適化することが可能になるでしょう。

Section 3-9

ロジスティクスDXへの流れが加速！

音楽の聴き方は時代とともに大きく変化してきました。アナログ音源であった「レコード」から「CD」によりデジタル化し、5G時代にはストリーミングが主流になります。「CD」というモノ売りから定額サブスクモデルの音楽配信サービスやライブ演奏やグッズ販売へとビジネスモデルが変わっています。そのために広報戦略もSNSと連動した集客や情報発信へとシフトしています。このように音楽業界はデジタル技術の導入によりあらゆる意味で変化してしまったのです。そしてこれがDXが進行した業界の先行事例です。DXとはこのようにすべてのライフスタイルをデジタル技術で変革していくことなのです。

多くの企業経営者からは、DX化によるビジネス変革の必要性は理解しているものの、本音をいえば、「なかなか成果が出ない」とか「業務の効率化や生産性の向上には成果があるものの本当の意味でのDXを実現できていない」という声が聞かれます。

その理由はいくつか考えられますが、一つの理由として多くのSIER（エスアイヤー。システムインテグレーターのこと）やITベンダーが、商売のタネとして各社の所有するデジタル技術をDXの名のもとに顧客企業に売り込んでいることがあります。ただし、この場合のDXはあくまで商売上のツールとして使われており、音楽産業のようにデジタル技術の導入によりすべてが劇的に変革するというものではありません。それ以外にも「社内の古い基幹システムを新しいシステムに更新することがDX」と誤解するケースもあります。

そしてロジスティクスDXもキーワードとして浮上しています。次世代のロジスティクス5・0はコネクティッドとDXを基軸に展開することになるはずです。

ロジスティクス企業のアマゾンの場合、ECサイト

図3-9　ロジスティクスDXの推進

ロジスティクス DX

- ブロックチェーン
- AIなどの物流新技術の導入
- 最適ルート作成
- 積載率の向上
- 次世代自動倉庫システムの構築
- 社内情報共有のデジタル化支援など推進

デジタル物流の最先端企業

のアマゾンドットコムはビジネスが拡大するにつれサーバー運営コストが増大し、収支を圧迫し赤字を拡大していました。これを解消したのがアマゾンウェブサービス（ＡＷＳ）です。社内で蓄積したクラウド技術をベースにＡＰＩ（アプリケーションインターフェース）を用意し、自社以外の外部企業も利用できる環境を提供しました。クラウドの先駆けとなり大成功を収めました。そしてＡＷＳを最先端の物流センターとリンクさせることで、ロジスティクスＤＸを推進しています。

　わが国でも、たとえばニトリホールディングスとその物流を受け請うホームロジスティクスは、ブロックチェーンやＡＩなどの新技術の導入に前向きで、最適ルート作成、積載率の向上、独自の自動倉庫システムの構築やデジタル化支援などにより、デジタル活用を重視した高度な物流システムの構築を目指しています。社内で蓄積したノウハウを社外に展開することにより、さらなる可能性を追求しています。ロジスティクスＤＸを視野に入れた戦略といえるでしょう。

第 4 章
ニューノーマル時代の物流・ロジスティクスの進化

Section 4-1

情報管理も含めた「物流の6大機能」

物流の基本的な機能としては、輸配送、保管、荷役、流通加工、包装があげられます。

「輸送」は物流のもっとも骨格となる基本部分となります。一般に物流コストの55パーセント以上は輸送費といわれています。さらにいえば、トラック輸送費などの半分近くはトラックドライバーの人件費ということになります。輸送のなかでも短距離小口の端末輸送のことを「配送」といいます。また物流センター内の移動などは「運搬」と呼んでいます。

「保管」もまた、物流の重要な機能になります。保管には生産と消費の時間差を埋めて、商品の供給を調整する機能があります。

さらに輸送と保管を結ぶ一連の作業のことを「荷役(にやく)」といいます。荷役の具体的な作業には、「仕分け」「積込み」「積卸し」「ピッキング」などがあります。

「流通加工」とは、値札づけなど商品の加工を物流センターなどで行うことです。生産者から消費者までのリードタイムを短くすることが主たる目的です。

「包装」は、保管や荷役をムリ、ムダなく行うために必要です。包装を行うことによって、商品の保護が容易になり、区分けもしやすくなります。ただし、環境との関係で包装は必要最低限に抑える必要が出てきています。またリサイクルしやすい素材を使った包装も求められます。

さらにこれら物流の5大機能に「情報管理」を入れて、「物流の6大機能」とすることもあります。確かにコネクティッド化されるロジスティクス5・0、物流DXの時代にはまさに情報管理も物流機能の一つと位置付けてもよいでしょう。

ちなみに「物流」という言葉は一般に「物的流通」の略といわれています(「貨物流通」の略という説もあります)。輸配送、保管、荷役、流通加工、包装の5つ

図4-1 物流の6大機能

物流の６大機能

1. 輸配送（輸送ネットワークなど）
2. 保管（物流施設など）
3. 荷役（物流センター内の作業など）
4. 流通加工（値札付けなど）
5. 包装（物流容器、パレット、段ボール箱、コンテナなど）
6. 情報管理（物流IoT、ロジスティクスDXなど）

の機能をひっくるめて一つの概念にしたものが「物流」です。したがって5つの基本的な機能を相互に関連させて理解することがきわめて重要になります。物流ネットワークのなかでそれぞれの機能が大きな意味をもっているのです。

輸配送ではトラック、船舶、航空機などが、保管では倉庫が、そして荷役・流通加工では、作業者やマテハン（物流関連）機器が主役となります。

さらに言えば、それぞれの機能を縦割りで考えるのではなく、横断的、あるいは有機的な体系としてとらえる姿勢も重要になります。

Section 4-2

コネクティッドロジスティクスの進展

物流現場では勘と経験、労働集約的な作業体制に依存してきましたが、現代ビジネスの中核業務となってきていることで、情報武装下での効率化が求められるようになってきました。

もちろん、簡単に情報化できるほど物流業務は単純ではありませんが、まずはモノにデバイスを装着することで可視化を進めるという考え方が生じてきました。モノの流れをつなぐ（コネクティッド）ことでまずは物流の見える化を徹底していこうという考え方です。そしてそのうえで現場作業の無人化や完全自動化への舵をとっていきます。

コネクティッドロジスティクスではＩｏＴ技術が中心的な役割を果たします。さらにこのＩｏＴ技術と自動運転車、物流用ロボット、ロジスティクスドローン、ＡＧＶ（無人搬送機）などが有機的に連携しサプライチェーンの高度化、省人化、自動化が進み、ロジスティクスＤＸの流れのなかでスマートサプライチェーンに進化していきます。

コネクティッドロジスティクスでは、これまではどちらかというと独立で進化してきた在庫管理、ロケーション管理、入出力管理などの機能が、５Ｇネットワークにコネクトされたによる有機的に結びつきます。

また、作業する人の労働生産性の向上につながるとして注目されているアシストスーツ（作業強化服：補助動力などがある作業着）なども、コネクティッドロジスティクスにおける重要な取り組みです。

出荷、入荷の動きをリアルタイムに把握したり、貨物追跡を可能にしたりするセンサーや位置情報測位技術も大きく注目されています。

さらにいえば物流センターなどでは、作業者やフォークリフトによる作業の安全性向上のためのドライブ

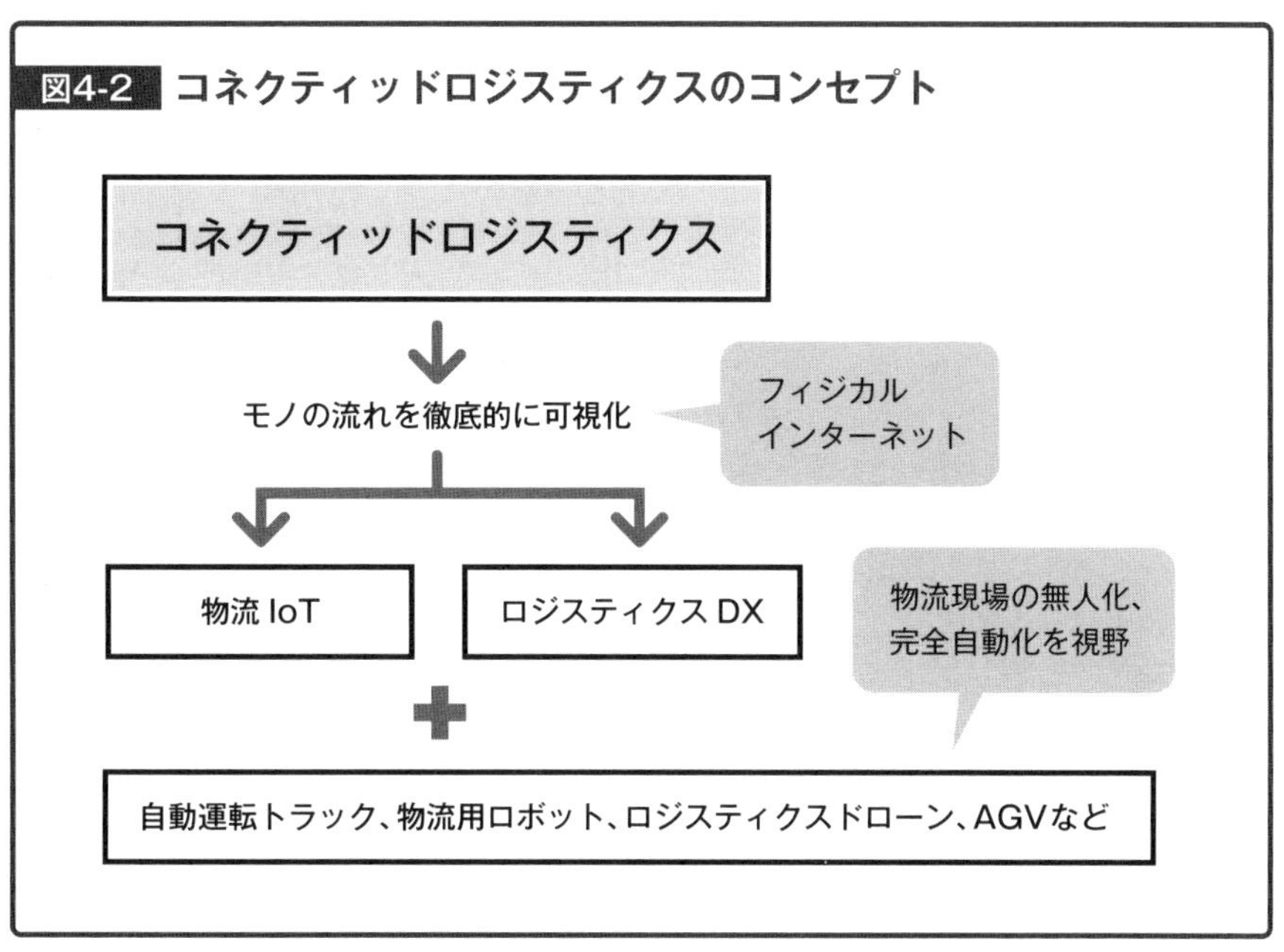

レコーダー、省力化のための自動搬送装置の導入も進んできています。

工場で生産された部品、製品などは、トラック、鉄道、船舶、航空機などで、目的地まで輸送されますが、サプライチェーンにおける一連のプロセスでの貨物の位置や状態をリアルタイムにモニターするニーズも大きくなっています。

たとえば、輸送中になんらかの理由で破損や遅延があった場合は、すぐにその原因や位置が特定できるため、納期の短縮や移動中の品質の維持に役立つことにもなります。

もちろん、モノの流れは国内に留まらないため、５Ｇや衛星通信システムなどの利用により、グローバルレベルでの状態監視サービスの運用が可能になるのです。

モノの流れを可視化し、さらにデジタル化することにより、フィジカルインターネットへの進化もふまえたロジスティクスの高度化を実現させていくのです。

Section 4-3

物流クライシスの解決策となるホワイト物流の推進

少子高齢化の加速により、トラックドライバー不足が深刻になっており、「物流クライシス」と呼ばれるようになっています。

トラックドライバーというと、長距離・長時間運転や荷物の荷積み、荷卸しの長時間労働など、労働環境の改善が課題視されてきました。

しかし、トラックドライバーの労働環境の改善は、トラック運送会社などの物流企業の努力だけではどうしようもない点も多いといわれています。

「トラックドライバーに無理はさせたくないが荷主から緊急納品を要求されている」「これ以上、運行頻度を上げると過密運行となり、ドライバーに無理をさせることになってしまう」「必要以上の荷を積むことは道路交通法でも禁止されているが荷主から頼まれると断れない」といったケースも少なからず出てきています。

トラックドライバー不足を解消するためには、トラックドライバーが日本の物流の中核を担う重要な仕事であるとの認識にたって、誇りをもって仕事ができるような労働環境を構築する必要があるといえます。

ただし、そのためには荷主企業や消費者の理解も不可欠なのです。そこで、そうした現状への危機感から政府を中心に、荷主企業に運び方の改革を迫る「ホワイト物流推進運動」が始まりました。

「ホワイト物流」とは、国土交通省、経済産業省、農林水産省が推進している物流課題に対応するため、荷主企業が物流事業者と協力して法令遵守、改善・改革活動を実施し、持続可能な物流体制を構築するものです。

具体的な取組みとしては、たとえば、荷主企業がトラックドライバーに文書契約のされていない納品先での作業（庭先作業）を強いたり、長時間の荷待ちや手

図4-3 ホワイト物流の推進と物流IoTの戦略的な導入・活用

トラックドライバーの確保

ホワイト物流の推進

物流 IoTの戦略的な導入・活用

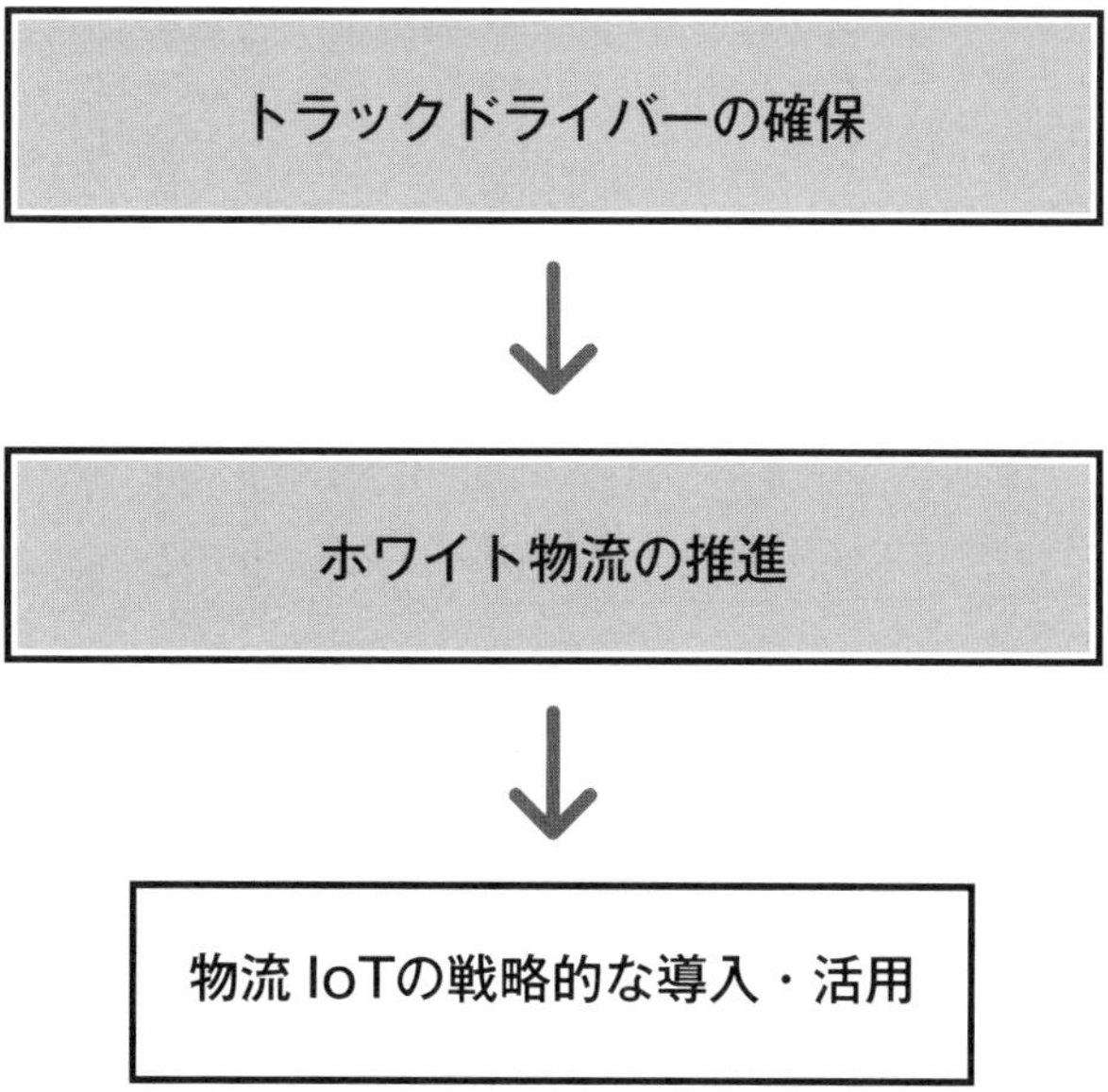

待ちをさせたりしないような対策を講じるといったことがあげられます。そして、そうした改善の取組みに物流ＩｏＴを活用することも有効な対策となってきているのです。たとえば、ＲＦＩＤタグを装着したスマートパレットならば荷積みや荷卸し、検品作業の手間が大幅に削減でき、ドライバーの負担も大きく軽減されます。

なお、ホワイト物流の推進にあたっては、「ブラック荷主」の追放も求められることになります。荷主企業の物流担当者は、物流効率のみを追い求めるのではなく、物流事業者との間にＷｉｎ－Ｗｉｎの関係を築いていく姿勢を忘れてはならないのです。

Section 4-4

物流現場の作業改善を促進するアシストスーツ

物流現場の運搬などの荷役作業には大きな負荷がかかります。そこで荷役効率化の視点からパレット、カゴ車、台車などの導入がこれまで進められてきました。しかし運搬した荷物をトラックに積み下ろしたりマテハン機器（マテリアルハンドリング機器）、パレットから台車などへ段ボールの積み替え作業を行う際などにはどうしても手作業や手荷役に頼ることになってきました。

しかしながら、手作業や手荷役にかかる作業負荷の解消を進めるための実践的なツールは、長年にわたり開発されてきませんでした。

ところが、アシストスーツ（作業強化服）の開発により手荷役について従来とは比較にならない負荷低減が可能となってきました。

アシストスーツは補助的な動力をもつパワーアシストスーツ（パワードスーツ）と動力源を必要としないサポートジャケットに大別できます。

動力源を必要としないサポートジャケットについても機能やデザインの改善が進み、軽作業の負荷低減に大きく寄与する可能性が高いことが物流業界関係者から注目されています。

パワーアシストスーツは2000年代前半にベンチャー企業が開発に乗り出しましたが、当初は医療機器としての活用に注目が集まっていました。それが作業などへの導入に向かい始めたのは2010年代に入ってからのことです。

一方、物流現場の運搬作業などへの活用についてもマーケットリサーチが進み、国際物流総合展などにも物流現場向けのパワーアシストスーツが出品、展示され大きな注目を集めました。

物流関連企業としてはパレットレンタル大手のユーピーアールが開発、導入に積極的です。標準的なパワ

図4-4　サポートジャケットのしくみ

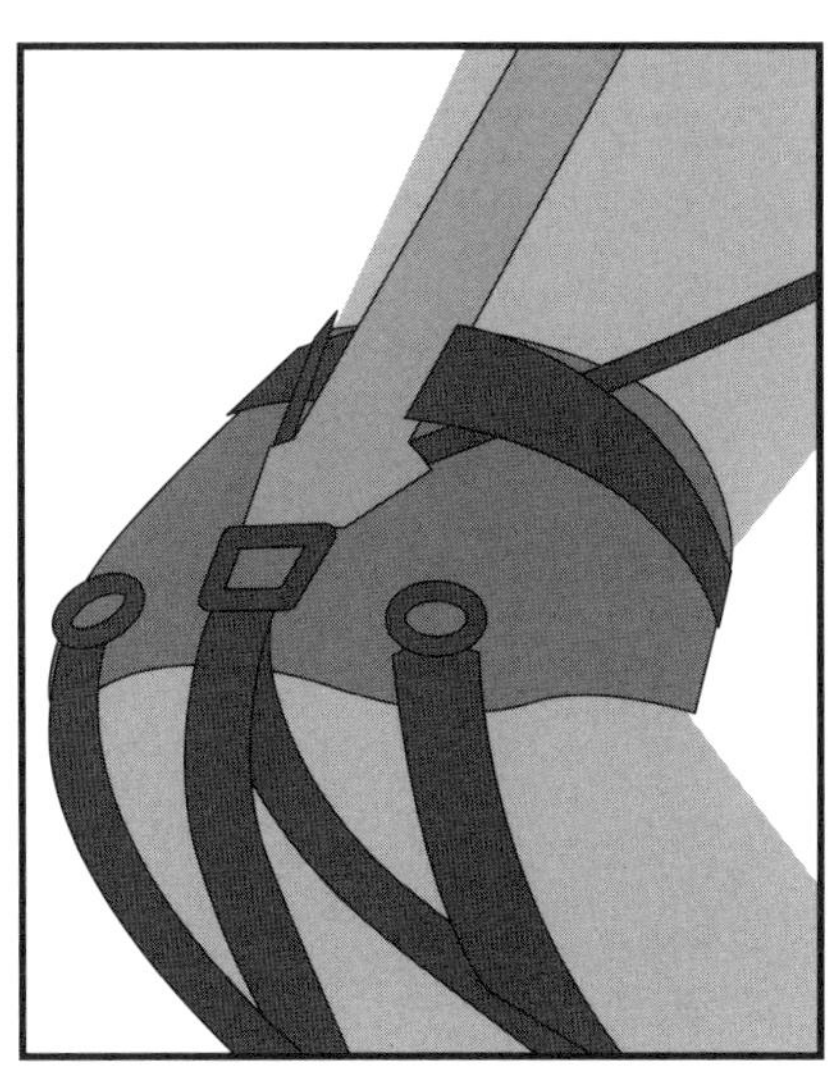

作業着の上からそのまま装着できる。

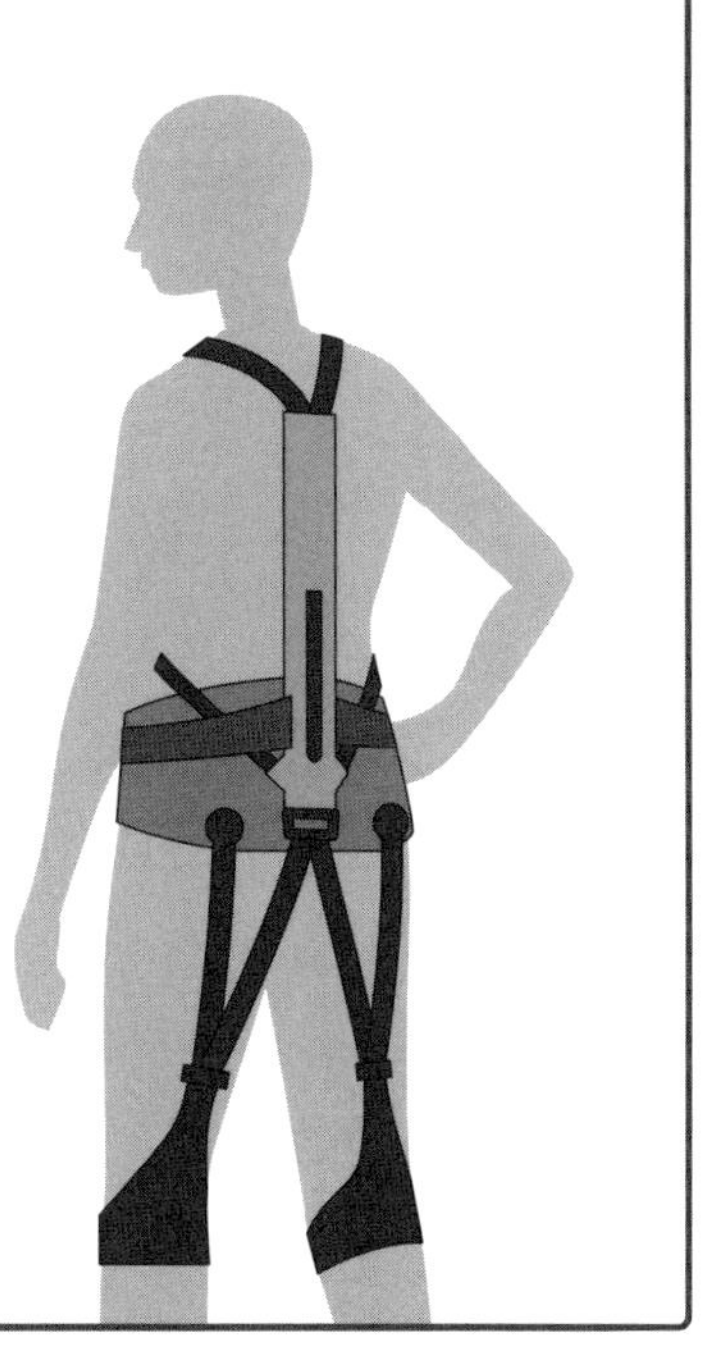

ーアシストスーツはバッテリーで人体の腰部の負担を軽減します。物品などを持ち上げたり、腰をかがめたりする屈伸運動に合わせてバッテリーにより稼働するモーターが腰椎、椎間板などに負担がかからないように人体の動きをサポートします。

物流現場では作業者不足、高齢化が大きな問題となっています。少子高齢化の影響で物流クライシスが発生し、作業者確保が難しくなってきています。アシストスーツを導入することで一般の作業者の作業負荷を大きく軽減できることに加えて、高齢者、女性が負担なく重量物を運搬できる環境を構築できることにもなるのです。

ニューノーマル時代を見据えてソーシャルディスタンスを保ったかたちで作業環境を整備するうえでも、アシストスーツの導入を積極的に進めていくメリットは決して小さいとはいえません。

Section 4-5

高度化・効率化される物流センター運営

従来、倉庫の役割は保管機能が中心でした。

しかしロジスティクス、サプライチェーンマネジメント（SCM）の進化の過程において倉庫と物流センターの概念とその機能も大きく変化してきました。

高度なロジスティクスの実践において、物流センターを「たんなる保管場所」とはみなさないという流れが大きくなってきたのです。すなわち、現代型物流センターを起点とした企業の物流システムの全体最適化を図る際には、物流の6大機能（輸配送、保管、荷役、流通加工、包装、情報管理）のうち「輸配送」以外の5機能の効率化、高度化が不可欠になります。物流センター業務は、これら5機能と深く関連しています。そして物流IoT、AIとのリンクで、物流センターの5機能はますます洗練化され、緻密になってきています。

とくに保管機能を補うかたちで荷役（にやく）機能に高いウエイトが置かれるようになってきました。荷役の具体的な作業には、「仕分け」、「ピッキング」、「庫内運搬」などがあります。入出庫業務やそれにかかわる検品業務なども同じ範ちゅうに入れて考えることができます。

保管機能がきわめて低い通過型のトランスファーセンター（TC）におけるクロスドッキングなども、この機能に内包されます。そして荷役機能は自動搬送機や無人フォークリフトなどのコネクティッド化されたマテハン機器の進歩に支えられ、さらに効率的に行われる可能性が高くなっています。

さらに流通加工も物流センター運営で重要な役割を担います。

さらに流通加工も物流センター運営でこれまで以上に重要な役割を担うようになってきました。近年は従来の値札付けなどに加え、ネット通販向けのウェブサイトにアップされる商品の写真撮影なども行われます

図4-5　物流センターにおける荷役作業の流れ

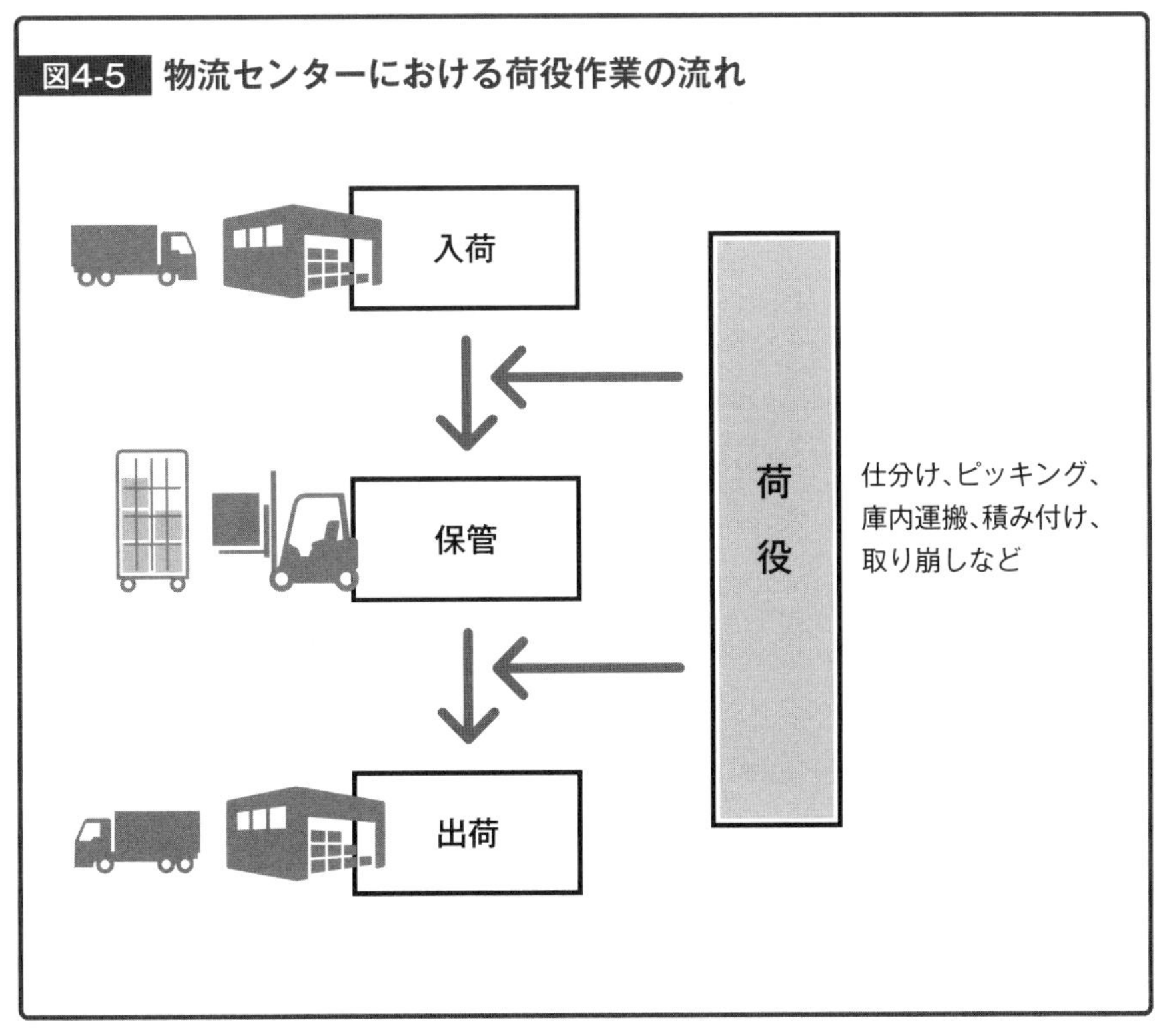

が、これも流通加工の一種と考えられます。

繰り返しますが、倉庫から進化した物流センターは、たんなる保管場所ではありません。入荷から保管、そして出荷に至る一連のプロセスのなかで輸配送以外の物流の５機能が体系的かつ有機的にリンクしていく必要があるのです。

さらにいえばその一連のプロセスにＡＩやＩｏＴが介入することで、物流センターがそれ自体が自律的に思考する「考える物流センター」へと進化していくことになるのです。

Section
4-6

現代物流センターの主流となるスルー型施設

現代型の物流センターのしくみを理解するうえで、「物流センターが保管（ストック）型ではなく流通（スルー）型である」ということをしっかり認識しておく必要があります。

たとえるならば現代物流センターは「テセウスの船」のようなものです。

「テセウスの船」とは、同名のテレビドラマもありましたが、もとは古代ギリシャの伝説です。古代ギリシャでテセウスがクレタ島から戻る際、船の朽ちた部分を新しい材木に適時、取り替えていきました。その結果、帰還時には船のオリジナルの木材はなくなってしまったという話です。転じて、ある物体のすべての構成要素が入れ替わったときに「同じ物質」といえるかどうかという問いになります。

物流関係者ならば、このテセウスの船の話から、どこか「流通型倉庫」とも呼ばれる現代物流センターを連想するはずです。実際、最先端の物流センターのしくみは「テセウスの船」にとてもよく似ています。

スーパーマーケットやコンビニエンスストアの食品などの物流センターで格納・保管されている物品は一見、いつも同じに見えます。しかし、ほとんどの物品は24時間以上、留まっていることはありません。常にセンター内の物品は流動しているのです。

ただし作業者の目に映る庫内の光景や作業工程には変化は発生しません。保管エリア、作業エリアで扱われる物品は同一の場所から同一の物品が取り出され、仕分けされていくのです。流れる水のように日々、取り扱う個々の物品は変わりますが、それを意識することは通常ではないのです。

なお、荷捌き（さば）きが中心で在庫の滞在期間の短い流通型センターを「トランスファーセンター（TC）」、比較的、在庫期間が長いセンターを「ディストリビューションセンター（DC）」と呼ぶのが一般的です。

図4-6　現代物流センターの進化

伝統的な従来型の倉庫

保管（ストック）型

流通（スルー）型

ディストリビューションセンター（DC）

配送センターともいう。保管、流通加工、仕分け、小分け、検品などの機能をもつ。

トランスファーセンター（TC）

仕分け機能を中心に据え、原則として無在庫で即日納品を行う流通小売チェーンなどの物流センター。クロスドッキング機能などが強化されている。

流通型物流センターのDCとTCは
小売業の物流センターなどとして急速に発達！

Section 4-7

コネクティッドロジスティクス時代のカギを握るＴＭＳの進化

トラック運送を効率化する情報システムとしては、輸配送管理システム（ＴＭＳ）が代表的です。ＴＭＳは積み付け計画、ルート計画、トラック位置情報システム、貨物追跡、配送コスト・実績の分析などの機能を備えています。

ＴＭＳでは配送量計画システムにより、毎日の必要配送量の計算や配送区分別の仕分けをサポートします。

また積み込み・ルート計画システム、運行計画システム、運行実績管理システムなどによる毎日の運行スケジュールの管理も可能です。車両管理システム、運賃計算システムなどによる運送についてのシステム的なサポートも実現できます。トラックの実車率や稼働率、積み合わせ、帰り荷の獲得などに加えて、安全管理、労務管理、温度管理なども可能になります。

各拠点での一連の作業の開始から終了までの状況を運行管理者に知らせてくれるシステムを備えているものもあります。全車両の管理、輸配送の進ちょく状況管理、運転日報の作成、アイドリング時間の累計などを管理することもできるようになっています。

ちなみに医薬品や食品などでは鮮度をはじめ、さまざまな品質管理を厳正に行う必要があり、それゆえＴＭＳのなかに装備されているインターネットとリンクしたリアルタイムでの監視機能が必要不可欠となっています。

またＴＭＳを活用することで「納品遅れ」も回避できます。納品遅れの主な理由としては「輸配送ルートが的確でない」「貨物状況が把握できない」「トラック車両のアイドリング時間が長い」などが考えられます。それゆえＴＭＳの活用で「輸配送リードタイムを短縮し、必要なときに必要なモノをムダ、ムリ、ムラなく納入する」ということが重要になります。

図4-7　輸配送管理システムの高度化

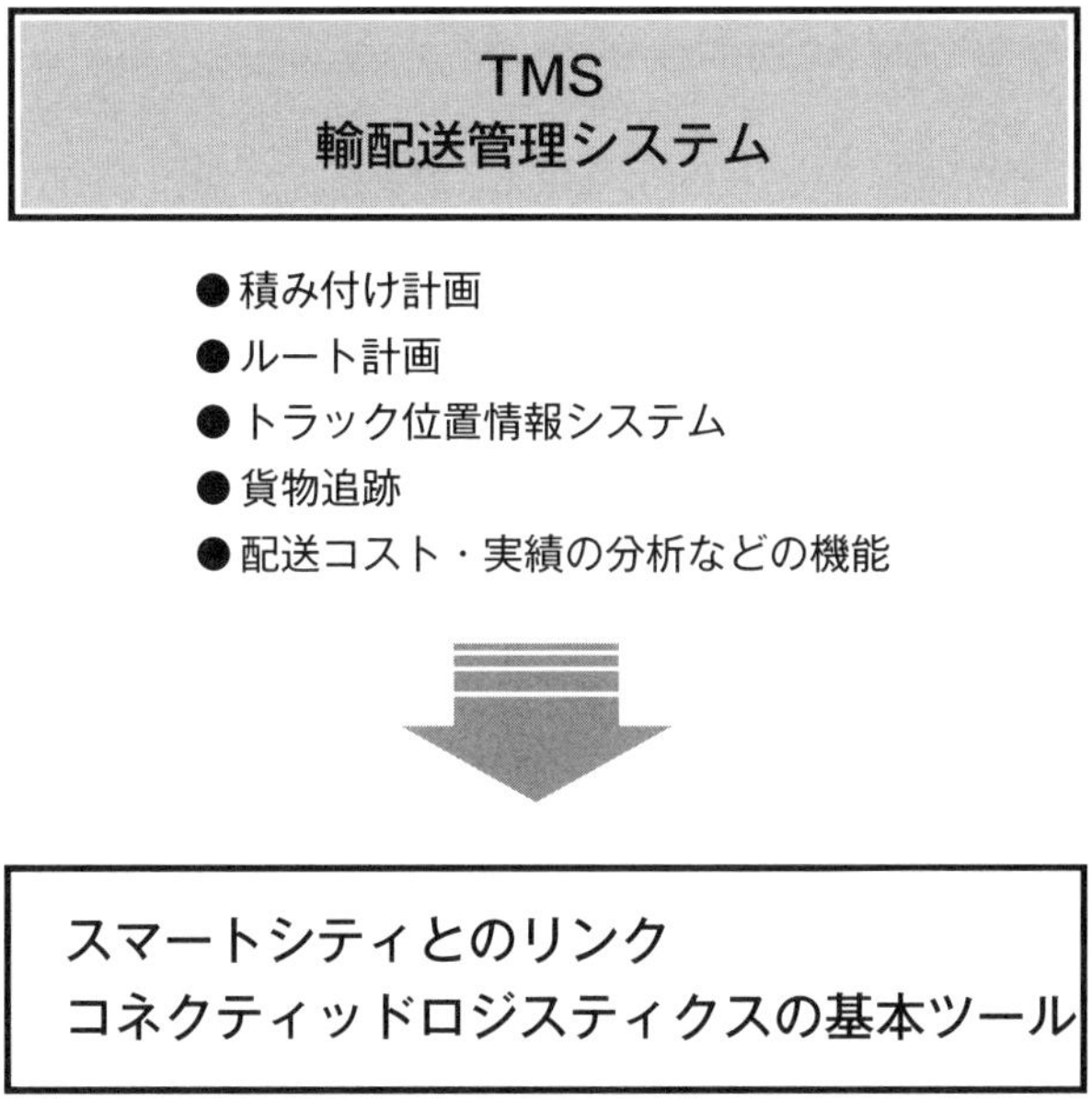

TMS
輸配送管理システム

- 積み付け計画
- ルート計画
- トラック位置情報システム
- 貨物追跡
- 配送コスト・実績の分析などの機能

スマートシティとのリンク
コネクティッドロジスティクスの基本ツール

ただし、ＴＭＳの導入にあたっては、納品ルート、ロット数、荷姿などが適切かどうかもチェックしておく必要があります。また、荷姿についても包装や結束を一つずつ解いたり、切断したりする手間がかかることがあります。

これまで人間の判断が必要とされていたこうした分野についても、今後はＡＩによる機械学習が導入されていくことになります。

輸配送経路の最適化やトラックドライバーのスケジュール管理、物流センターの入出荷バースの予約システムなど、物流・ロジスティクス領域におけるＡＩの活用の可能性は幅広く見受けられます。

Section 4-8

ＲＦＩＤタグ装着タイプのパレットの導入

　レンタルパレットにＲＦＩＤタグを装着することで貨物履歴、出荷情報、在庫情報などを把握し、サプライチェーン全体の可視化を促進し、ロジスティクスプロセスを大きく改善することが期待されています。

　パレットにＲＦＩＤタグを装着させることで情報を一元管理し、セキュリティの充実を図ることが可能になると考えられることから、パレットのレンタル化をさらに進めていくことが今後の物流業界にとっては必要不可欠です。

　物流センターにおけるパレットの役割は、今後のＡＩ化、無人化、自動化などの流れが加速すればするほど、その重要性を高めていくことになります。「ロジスティクス５・０」においても中核的な役割を担うことにもなるでしょう。

　実際、段ボール箱をパレット上に積んで、物流センターの保管やトラックへの積載に活用することで荷役効率を大幅に向上できます。

　工場でバラ検品を行ったあとに段ボールなどに梱包し、パレット単位で出荷すれば、段ボールを開梱しないかぎり、フォークリフト荷役を行い、検品レスで物流センターから小売店舗まで配送することが可能になります。しかもパレット単位で出荷ロットや到着日時などの必要情報が管理できるわけです。そうして得られるビッグデータをＡＩ技術で分析することでより緻密な物流システムを構築できます。

　また、レンタルパレット大手のユーピーアールがＮＴＴと共同で開発したスマートパレット®ではＲＦＩＤタグをパレットに装着し、パレット等の物流機材がどこの拠点に何台あるかをリアルタイムに自動的に確認したり、拠点からの出庫時間、拠点への入庫時間が確認したりできるシステムが構築されています。

　導入企業はパレットの管理を行うことができず、毎

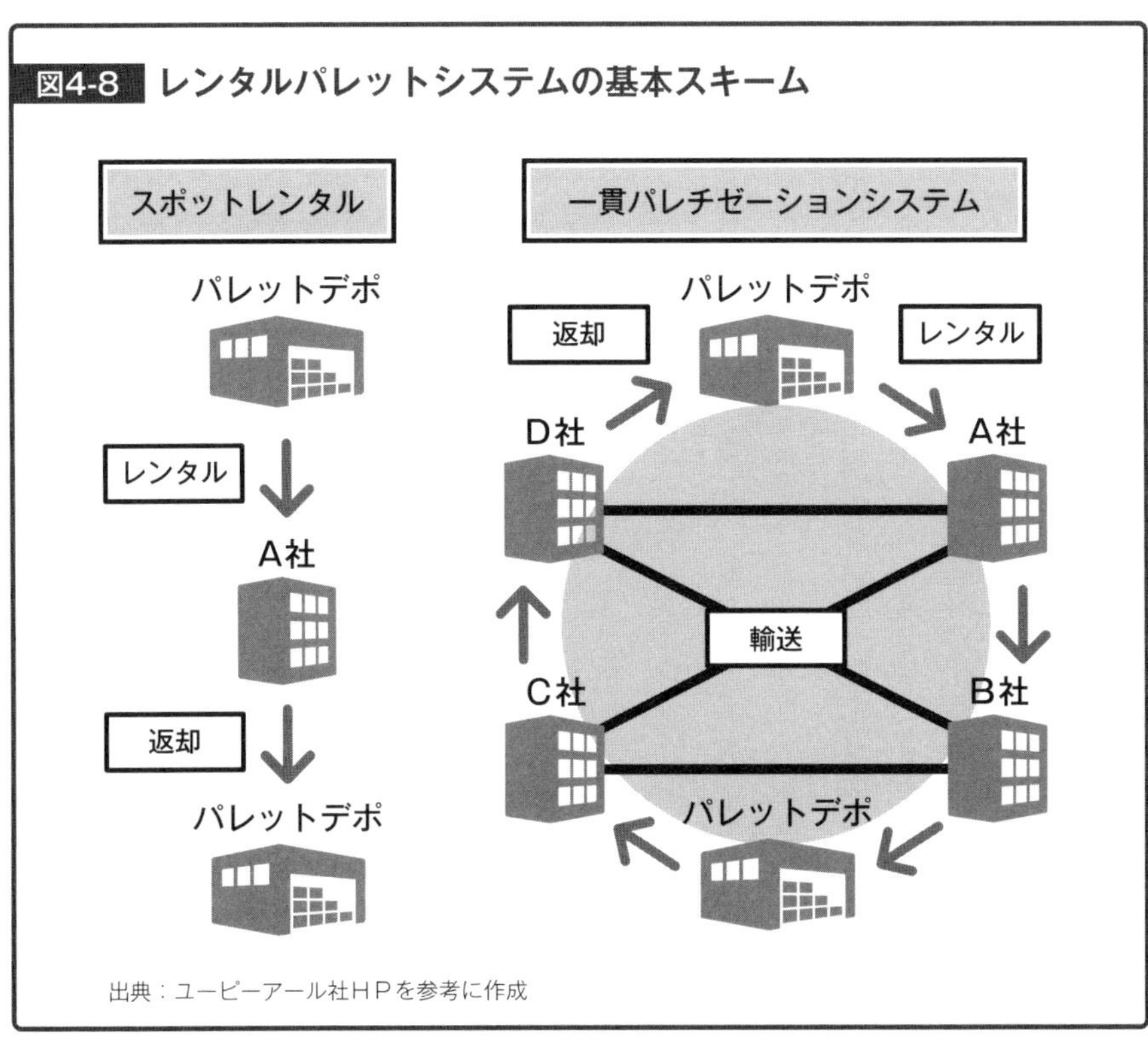

年数パーセントのパレットが不足しているため、流出しているものと考えられていました。対策として配送先に管理の徹底をしましたが、人手も少ないため、長らく管理ができていませんでした。しかしアクティブタグを装着したレンタルパレットシステムの導入により、配送先でのパレット管理が自動受け払いになり、すべての拠点在庫が可視化されました。

空パレットの把握ができやすくなり、早期回収によりレンタル費用の削減やパレットの紛失リスクの軽減につながりました。また冷凍倉庫内での悪環境での作業時間（パレット管理）の改善にもつながりました。

実際は、パレットにＲＦＩＤタグを装着することで物流工程全体の可視化を実現できるメリットは計り知れません。拠点在庫のみならず流通在庫についても、リアルタイムでステイタス（状況）を把握できることで、サプライチェーン全体の最適化が実現できるわけです。

Section 4-9

コネクティッド化する先進的マテハン機器「DPS」

マテハン（マテリアルハンドリング）機器は物流センター内の荷役生産性、荷役効率を向上させるためにも活用されています。デジタルピッキングシステム（DPS）、デジタルアソートシステム（DAS）は、その代表的なものです。手押し台車などに情報端末を搭載し作業を行うピッキングカートなども適時、導入されています。

マテハン機器は一連のロジスティクス業務支援システムと緊密に連動しているため、必然的にスマート化の影響も受けることになります。

たとえば物流センターのオペレーションにおけるピッキングの占める割合は高く、ピッキングは物流センター業務のなかで、もっとも労働集約的な機能です。

そこでピッキング効率を上げることで物流センター全体の運営効率の向上も実現できることから、ストック型のディストリビューションセンター（DC）向けなどにはオーダーピッキング（摘み取り式）対応のデジタルピッキングシステム（DPS）が進んでいます。そして今後、DPSのAI化も進んでいくことが十分考えられます。

DPSでは、バーコード管理などを行っている貨物の保管されている棚にデジタル表示のランプが設置され、ピッキングに際しては、点滅などで指示が出されます。作業者は、ランプ指示にしたがい、貨物と数量をピッキングします。

DPSの導入は誤出荷の発生を抑える効果もあります。誤出荷の主要因として、ピッキングミスや不正確な庫内作業、人手不足、作業時間不足などが考えられますが、DPSの導入によって、これらを総合的、包括的に回避することが可能になります。

DPSを導入しないでピッキング作業を行う場合、ピッキングリストを発行し、作業者がそのリストを見

図4-9 ピッキングの種類

ピッキング方式	定義	利点・注意点
摘み取り式	出荷先ごとに商品を保管場所から集めるオーダーピッキング方式	少品種多量から多品種少量まで幅広い用途に対応したシステムの構築が可能 オーダーごとに出荷処理を完結できるピッキング歩行距離は可能なかぎり短く設定する必要がある
種まき式	複数の種類の商品をまとめてピッキングして後で配送先ごとに仕分けを行うバッチピッキング方式	出荷数が少なく二重チェックが必要な在庫管理などにおいて優れている

出典：諸資料をもとに作成

ながらピッキング作業を行うことになります。そのため、繁忙期など、多くの作業者と、長い作業時間がかかる繁忙期などに、熟練作業者が不足するなどすれば、ピッキングリストの読み取りミスが発生するリスクが高まります。

しかしＤＰＳを導入すれば、こうしたリスクを最小限に抑えることができます。ランプの点滅により指示が出るので、不正確なピッキングを可能なかぎり回避できるのです。

そしてＤＰＳについても、ＡＩによる機械学習能力などを活用させて、ピッキングを行うロボットピースピッキングシステムなどが登場しています。学習済みのモデルを実装し、自律型のピッキングを行い、誤ピッキングを可能なかぎり抑えるシステムなどが開発されているのです。

さらにいえばＡＩで分析・処理した情報をＤＸ化することにより作業環境改善の方向性も見えてきます。

Section 4-10

コネクティッド化する先進的マテハン機器「DAS」

仕分け（アソート）機能の強化も物流センターの大型化とともに進んでいます。ある程度以上の規模の物流センターでは、仕分けにあたってはマテハン（マテリアルハンドリング）機器のデジタルアソートシステム（DAS）が使われています。多頻度小口型の物流、ピーク時の物流量が膨大な物流などには高速のDASが使われます。

DASは出荷先ごとの仕分け作業を細かく行う場合などに多く使われます。仕分け棚の表示器が点灯したパネルに作業者は表示された個数の貨物を仕分けします。仕分け作業に際して仕分けリストをいちいち確認する手間を省くことができます。

DASの導入数の増加には近年の物流事情が大きく関係しています。

まず相次ぐ大型物流センターの建設が理由としてあげられます。天井高5・5m前後が標準スペックに設定され、極端に天井の高い物流センターが減少傾向にあります。しかも天井高はさらに低くなる傾向もあります。

そのため高層化された自動倉庫を導入し、その仕分け機能を活用するよりも、平均的な天井高で作業がしやすいDASが好まれるようになりました。自動倉庫よりも小回りが利くので多頻度小口の物流に柔軟に対応することも可能になります。

また大都市近郊などの大きな消費地を後背地とするロケーションには小売業関連の通過型物流センターが多く建てられ、その結果、多頻度小口の貨物を迅速に仕分け、荷合わせして出荷する体制の構築が求められるようになりました。すなわち、DASの仕分け機能がこうしたトレンドに合致しているというわけです。

さらにいえばDASを導入することで熟練作業者でなくとも仕分け作業に従事することができ、しかも以

図4-10 主なソーターの種類

種類	解説
ベルトソーター	トラックターミナル、流通型倉庫などで 一般的に使われる。 重量品などの迅速な仕分けにも効果を発揮する
チルド対応型ソーター	冷凍・冷蔵食品などの仕分けに用いられる。 低温の過酷な環境に耐えられる設計 「冷凍ソーター」ともいう
スライドシューソーター	オートソーターとの連動で 搬送品を迅速かつ円滑に押し出し仕分けする

出典：諸資料をもとに作成

前より少ない人数で行うことができるようになります。誤仕分けなどのリスクも可能なかぎり低減できるのです。

なお、生産工程では、たとえばある食品会社は、原料検査装置にＡＩを活用して、変色などの不良品を発見し、振り分けるというシステムを導入しています。良品から不良品をはじくという考え方で、１００万個以上の原料を学習させて自動判別を可能にしました。

もちろん、物流工程の仕分け作業についてもＡＩを導入することは可能で、今後、そうした需要も伸びてくることは十分考えられます。

マテハン機器をＡＩ武装することで、これまで物流現場で可視化されなかったさまざまなＫＰＩ（重要業績評価指標）の活用も可能になってくるはずです。

Section 4-11

コネクティッド化する先進的マテハン機器「自動倉庫」

自動倉庫のもっとも標準的なタイプは「スタッカークレーン式自動倉庫」と呼ばれるタイプです。スタッカークレーンを用いて入出庫口、保管ラックにアクセスするタイプの自動倉庫で広く一般に使われています。

棚数、取扱量などを用途に合わせて設定することができ、パレット単位をはじめ、段ボール箱（ケース）単位、オリコン単位（折たたみコンテナ）などでの対応が可能となっています。どのようなサイズにも柔軟に対応できるフリーサイズ対応型もあります。

冷凍・冷蔵対応型の自動倉庫もあります。低温環境での迅速な入出庫に対応し、温度制御、湿度制御を行い、結露、発霜などの発生を防ぐことができます。

マテハン機器の導入に際しては、保管効率、荷役効率などをいかに向上させて物流コストを低減させていくかという視点が重視されます。

すなわち複数拠点の集約を効果的に進める過程で、効率化を推進できるマテハン機器を導入すると考えることが多くなり、それまでの複数の中小規模拠点を大規模拠点に集約していくのです。そして自動倉庫などのマテハン機器を導入することで処理能力や保管能力の向上を進めます。稼働時間も短縮していきます。それによってセンター全体での作業効率を改善し、コスト削減につなげる方策がとられることが多くなっているのです。そうすればトータル在庫量の適正、物流コスト削減なども期待でき、在庫管理も容易になります。

さらにいえば、物流センターのシステム稼働にあたってピッキング時間を短縮する通路指示や、スタッカークレーンの負荷を均等化する棚引き当てなどの作業効率を向上させるしくみを導入することで、エネルギーロスの小さい、環境にやさしいシステムを構築することも可能になります。

図4-11 自動倉庫の長所と短所

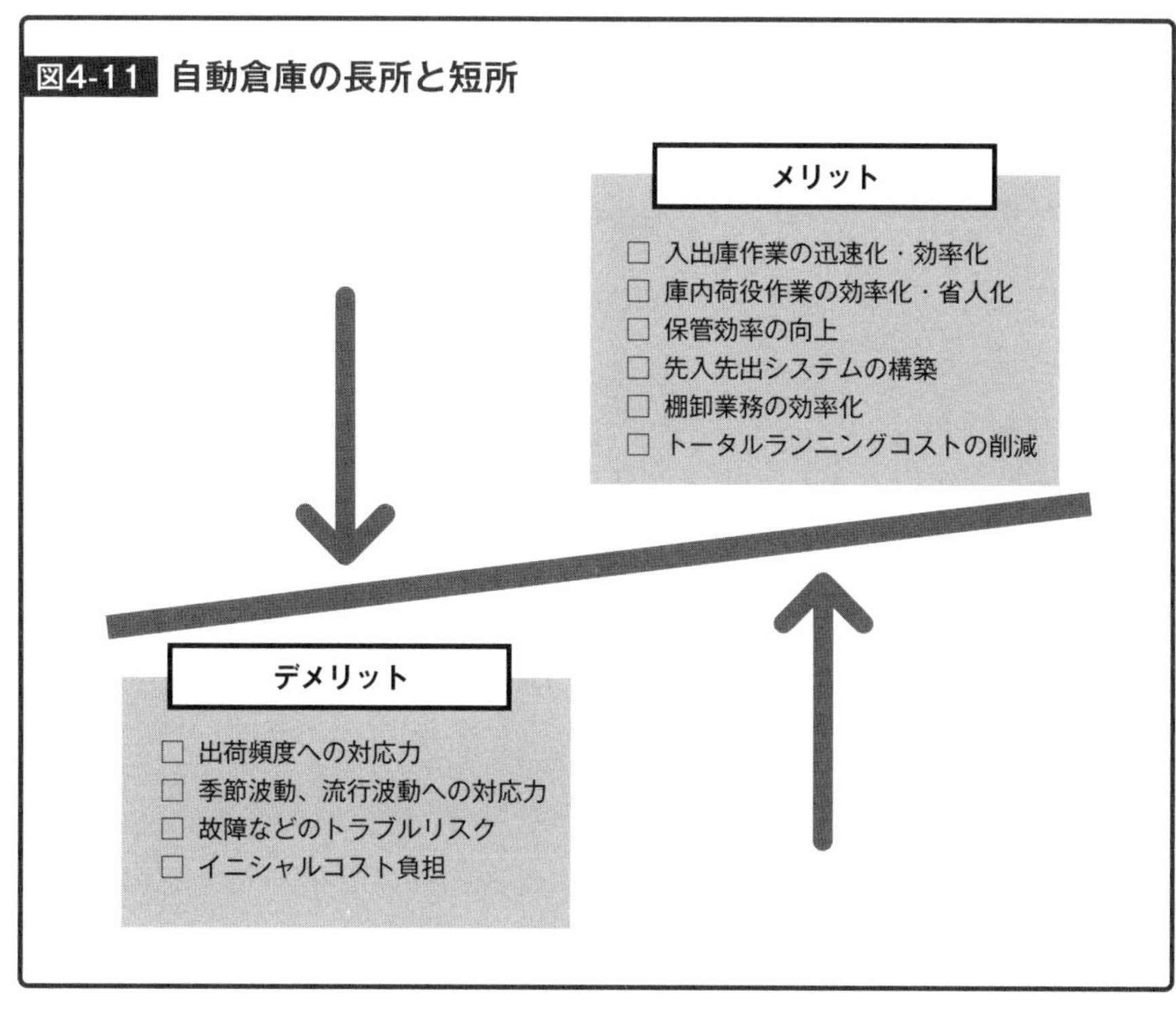

自動倉庫の導入で物流センター内の作業を高速化することにより、当日出荷の受け入れのタイムリミットをこれまで以上に延長することも可能になります。

もちろん、当日出荷率が向上すれば庫内の滞留在庫量を削減できます。しかも同時に適正なかたちでの出荷量の増加の効果でトラックの積載率も上がることになります。自動倉庫の導入で保管効率の向上と高速で効率的な入出庫作業の推進が可能になるのです。

なお、パレットについては自動倉庫への保管に際して発生するたわみを考慮した自動倉庫向けのパレットの使用を検討する必要もあります。

第5章
可視化の進む
コネクティッド時代の
物流ＤＸネットワーク

Section 5-1

物流プロセスのさらなる可視化を推進

「物流は最後の暗黒大陸」といったのは〝経営の神様〟といわれたピーター・ドラッカーですが、実際、長い間、物流実務はブラックボックスといわれてきました。「物流実務は、現場の裁量で行われ、どれくらいの時間とコストがかかるのか、ホワイトカラーの管理者にはたいへんわかりにくいため、コストも思いのほか割高になっている」というのです。

そのため、21世紀になってからも「物流プロセスの可視化」ということが、キーワードとしてしきりに取り上げられました。実際、ドラッカーも「物流が暗黒大陸から脱却するのは21世紀だ」と予言してこの世を去りました。

しかしそれではどうして物流実務はブラックボックスとみなされたのでしょうか。それは物流実務のノウハウは「オーラルセオリー」(言葉だけの理論)の側面がたいへん強かったからです。

入荷業務にしても積み込み業務にしても「どれくらいの量を、どれくらいの作業者が、どれくらいの時間をかけて行えばよいか」といったことは作業者の経験やセンスで異なってくると考えられました。作業の標準量や標準コスト、トータル人件費などが綿密に計算されてこなかったのです。たとえていえば、老舗寿司店で「中トロ」を頼んでも、お代がいくらになるのかは職人さんでないとわからないのと少し似たニュアンスです。

「しかしそれではダメだ。貨物量に見合った標準作業量やコストなどを的確に専門家が見れば、だれもがわかるようにしよう」ということで近年、物流コストや物流プロセスの可視化が積極的に進められるようになってきました。

具体的に可視化を実現するためには、すでに本書でも述べてきたようにＲＦＩＤタグなどを貨物、あるい

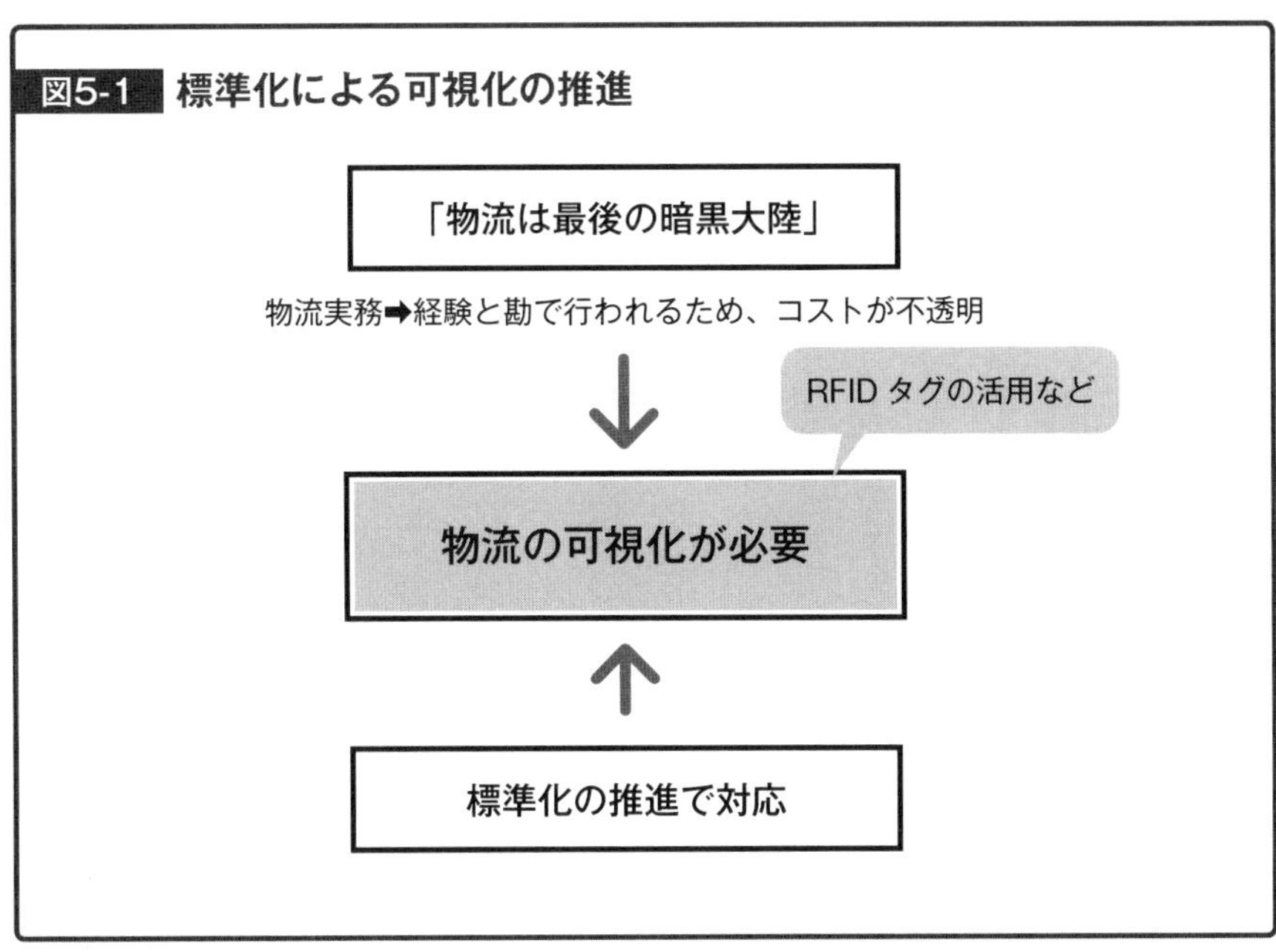

はパレット、段ボール箱などにつけて履歴をとったり、データ収集を行ったりすることになるわけですが、いきなりＲＦＩＤタグシステムなどを導入すると、逆に現場が混乱するリスクも出てきます。これは物流プロセスの一連の手順が標準化されていなかったり、効率化されていなかったりするためです。

いきなり情報システムなどを導入するのではなく、まずは物流現場の一連の手順を手順書でそろえ、標準作業時間を設定し、標準作業コストを明らかにする必要があるのです。どのような手順でどれくらいの時間をかけてどれくらいのコストで行うのかを明らかにすることで貨物情報の可視化も威力を増してくるといえるでしょう。

したがって、可視化をスムーズに実現するためにはまずは標準化が必要ということになるのです。もちろんＤＸを推進するためにも一連の作業の標準化が大前提となることは否定できません。ＤＸ時代においても、まずは標準化を実現することにより、現場作業のムダ、ムラ、ムリを解消し、平準化を実現していくことが求められているのです。

Section 5-2

物流作業手順の可視化・標準化の必要性

標準化を推進することで、作業プロセスの品質を一定以上に保つことが可能になります。しかし、出荷、検品、ピッキングなどの物流工程は、生産工程とは異なり、工場にとっては副次的な位置付けのためその重要性は十分に認識されてきませんでした。

しかし近年、外国人労働者、高齢者、女性などの作業者の背景の多様化が進んだことで、より一層の標準化を進める必要が出てきました。

検品やピッキングなどを作業手順に基づいて行い、「作業者によって時間や手順が異なる」といった仕事量のバラツキをなくし、均一的な物流品質を高いレベルで保つことが重視され始めているのです。標準化・平準化はさまざまな分野で行われていますが、工場における物流工程についても各作業者間で発生するバラツキを最小限に抑えることが可能になります。標準化を進めることで工場における入荷、ピッキング、仕分け、梱包、出荷といった一連の物流工程の平準化が可能になるのです。

物流工程が標準化されていない現場を作業プロセスの一日の流れを追って考えると、次のようになるでしょう。

「まずトラックが入荷バースで荷卸しをするのに時間がかかります。トラックドライバーが荷卸しをするのか工場・倉庫側の作業者が荷卸しするのか、あるいは双方の作業者が協力して行うのか、状況によって異なっているからです。そのため、トラック1台あたりの入荷に時間がかかり、入荷待ちのトラックが列を作ってしまいます。

入荷された物品は、入荷検品を行うことになりますが、入荷ロットがバラバラなので時間がかかってしまうのです。また作業者の検品の手順も技量も異なり、ミスのない作業者もいれば、ミスの多い作業者もいる

図5-2　標準されるべき物流プロセス

入荷業務	サプライヤー（供給業者）などからの部品、資材、食材などの調達に際して、納品トラックにより、貨物が到着し、荷卸しを経て行われる一連の作業

入荷・入庫	在庫・保管	出庫・出荷
実績管理／進捗管理 入庫作業・入荷検品、出庫作業（ピッキング、仕分け）出荷検品など		
入荷予定情報 入荷検品 格納・ロケーション （指示・登録）	在庫ロケーション （登録・変更など） 在庫・保管 格納・ロケーション （指示・登録）	出荷（指示・登録） 在庫引当・解除 ピッキング指示 出荷検品

明細書作成機能	運賃明細書、入荷／出荷明細報告書、運賃明細報告書、保管料・荷役料明細請求書などの作成
出荷業務	出荷依頼を受けて、生産ラインから直接、あるいは在庫・保管エリアからピッキング作業を経て、出荷エリアで方面別、納品先別などに仕分けされ、トラックに荷積みされ、出荷バースから出荷される一連の作業

という状況です。

保管に際しては、「どこに何が、どれくらい保管されているのかわからない」「コンピュータ在庫と実在庫が異なる」「ロケーション通りに保管されていない」といった問題が発生しています。

ピッキングの効率も悪く、通路で作業者同士が鉢合わせしたり、通路渋滞が発生し、手待ち、荷待ちの時間が長くなり、作業がなかなか終わりません。そのために出荷遅れ、仕分け遅れなども発生してしまいます。

出荷検品のやり方も作業者ごとにバラバラでミスも多く、誤出荷の大きな要因となっています」

多かれ少なかれ、物流工程がこのような状態になっているのであれば、一刻も早い標準化による現場改善が必要になっているといえるでしょう。標準化することで現場の作業進ちょくの平準化を進めていくのです。

Section 5-3

5G時代に注目される物流コストの体系

物流コストの可視化が難しいといわれてきたのは、その体系が複雑で、さまざまなコストが物流コストのなかに含まれているからです。物流効率化には「見える物流コスト」と「見えない物流コスト」の双方を把握する必要もあります。

まず物流コストは、「動脈物流コスト」と「静脈物流コスト」に大きく分けられます。動脈物流コストとは、原材料、半商品、完成品とそれらに関連する情報を生産地から消費地まで移動、保管させる際にかかる一連のコストをいいます。ちなみに輸送は物流のもっとも骨格となる基本部分となります。

さらに「ミクロの物流コスト」と「マクロの物流コスト」に分類できます。ミクロの物流コストは荷主企業の物流コスト、物流企業の物流コスト、取引企業間の物流コストが含まれます。そして企業の物流活動にとって重要なのは、このミクロの物流コストです。ミクロの物流コストをその機能別に掌握していくことで、物流コストの可視化を推進することができます。

荷主企業の場合、物流コストは領域別に「動脈物流費(調達物流費、販売物流費、社内物流費)」、「静脈物流費」に分けられます。「調達物流費」には輸送費、保管費、荷役費などがあります。

「販売物流費」とは販売確定後、消費者に出荷し、受け渡すプロセスでかかる物流コストのことです。社内物流費とは、輸送包装した完成品が消費者に販売されるまでにかかる物流コストのことです。

「静脈物流コスト」には返品・返送物流費、回収物流費、リサイクル物流費、廃棄物流費などがあります。

返品・返送物流費とは、商品を出荷先から返品・返送する際にかかる物流コストです。回収物流費はパレットやコンテナを再利用するために、出荷先から回収する際にかかるコストです。

図5-3 物流コストの大枠・物流コスト削減から物流効率化へ

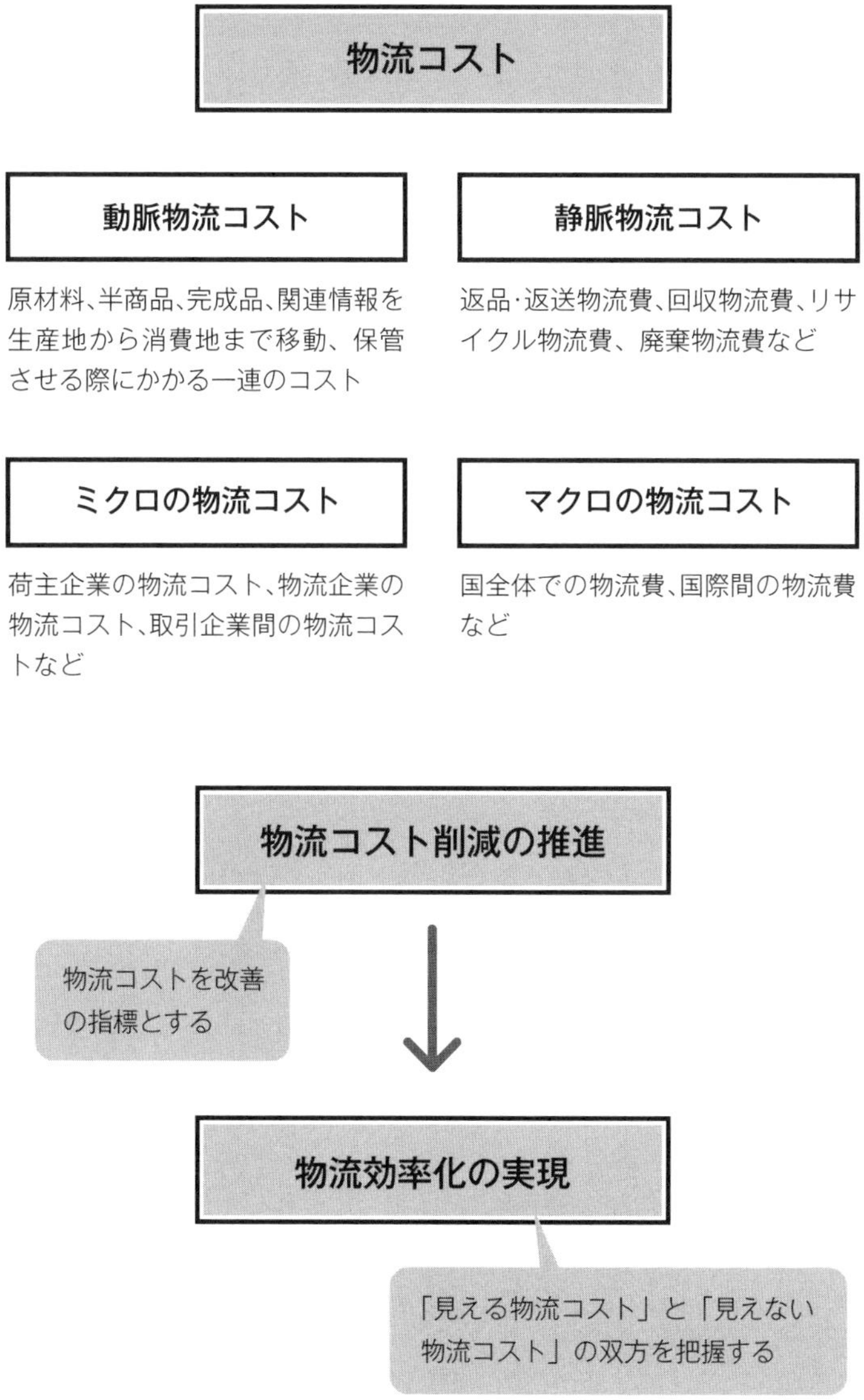

物流コスト

動脈物流コスト

原材料、半商品、完成品、関連情報を生産地から消費地まで移動、保管させる際にかかる一連のコスト

静脈物流コスト

返品・返送物流費、回収物流費、リサイクル物流費、廃棄物流費など

ミクロの物流コスト

荷主企業の物流コスト、物流企業の物流コスト、取引企業間の物流コストなど

マクロの物流コスト

国全体での物流費、国際間の物流費など

物流コスト削減の推進

物流コストを改善の指標とする

物流効率化の実現

「見える物流コスト」と「見えない物流コスト」の双方を把握する

Section 5-4

物流ＫＰＩの導入による効率性の可視化

「物流現場の可視化が実現できた」「物流現場を改善した」「物流の効率化が図れた」というだけでは、その改善、効率化などがどの程度のものなのかを把握することはできません。

確かに「作業効率が改善されたとなんとなく感じる」といったことはあるでしょう。しかしだれもが客観的に理解できる尺度によって、物流改善の程度が把握できるほうがよいでしょう。また、目標とするデータ、数値などがなければ、改善、効率化などを進めるにあたってもその達成目標レベルも見えてこないことが少なくありません。

したがってロジスティクスの高度化、物流改善などを適切に進めるためには課題・問題点を定量的なデータで把握し、その数値改善を図っていく必要があります。

そこで有力な選択肢として近年、脚光を浴び始めているのが物流ＫＰＩ（重要業績評価指標）です。物流ＫＰＩの導入で客観的に自社の物流のレベルを把握できます。

荷主側の視点から考えると、物流ＫＰＩを導入することによって、自社の物流コストや物流効率のレベルを同業他社と比較しながら行うことが可能になります。物流改善の基準が設定できるのです。

物流事業者の視点から考えると、３ＰＬなどの企画立案・提案の際の基本資料、営業資料となり、同業他社との比較優位を示す際の有力なツールともなります。自社の物流改善能力の証明も容易になります。さらにいえば、３ＰＬ契約書などに数値を盛り込み、目標設定を明確化することも可能になるのです。

図５－４に物流ＫＰＩの体系と物流改善に向けての手順をまとめました。すべてのＫＰＩを同レベルで検証するのではなく、貨物特性や物流特性を考えながら活用していくのが望ましいでしょう。

図5-4　物流KPIの体系・物流改善に向けての手順

物流 KPI の体系

輸配送 KPI

積載率
実車率
トラック実働率(稼働率)
運行効率
配送効率(単位配送時間)
配送頻度
配送先数
最小配送ロット
誤配送率(誤配率)
日次収支(トラック運送)
納期順守率
遅延・時間指定違反率
納品先待機時間
庭先作業実施率
庭先作業時間

在庫・保管 KPI

在庫日数と在庫負担コスト
在庫回転率
棚卸差異率
欠品率
保管効率
倉庫賃料
在庫拠点数
保管コスト（単価）
保管量
SKU 数
欠品率
滞留在庫比率
梱包空間率
保管効率
スペースロス率

物流センター業務
（荷役・流通加工・包装）

誤検品率
誤ピッキング率
誤出荷率
フォークリフト実稼働率
かご車紛失率
出荷定刻内処理率
クレーム発生率
人時生産性
（人時粗利益、労働生産性）
庫内貨物破損率
緊急出荷率
汚破損率
出荷ロット（出荷数量）
出荷指示遅延件数
ピッキング効率
物流センターコスト比率

静脈物流・グリーン物流

リサイクル率　リユース率
返品率　収集運搬平均積載率
トラック輸送 CO_2排出量

物流改善について、具体的な目標数値を設け、その数値と現状がどれくらいかけ離れているか、そして目標とする数値に到達するのはどうしたらよいのかといった方策を決める際に活用。経験や勘だけに頼る物流改善ではなく、科学的な改善を実現することが可能になる。

＊『物流コストの計数管理／KPI 管理ポケットブック』（鈴木邦成、日刊工業新聞社）、『物流　管理指標の総合体系』（唐澤豊、日本物的流通協会）などを参考に独自に作成
＊個々の物流 KPI の設定については各企業の特性等を考慮して柔軟に設定することが望ましい

物流改善に向けての手順

物流コストと物流KPIの２本立てによる分析

現状を分析

部門別の物流コストの把握
部門別の物流 KPI の把握

コスト算定を行い、KPI を設定して、目標値を達成

現状値、理論値、目標値を設定

課題を整理

（例）
誤ピッキング率が高い
➡ピッキング作業等の改善が必要

目標値の達成
理論値への到達を目指す

改善策を実施

（例）
ピッキングエリアのレイアウトの改善
➡誤ピッキング率の低下

Section 5-5

ホワイト物流による労働環境の可視化

少子高齢化の影響をまともに受けて、物流クライシスによる深刻な人手不足に直面している物流業界ですが、要因は単純な労働人口の減少だけとはいえません。「若者が物流現場での仕事を3Kと考え、就職のチャンスがあっても、敬遠するからだ」ということも指摘されています。現代物流におけるトラックドライバーはしっかりとした積込み、積卸し、荷捌きのノウハウ、熟練がなければ、荷主の要望に応えられないという難しさや職業としての面白さもあるのですが、どうしてもそうした職業的な専門性よりも3Kのほうに注目が集まり、敬遠されることも少なくありません。

そこで物流業界全体の労働環境を整備して、働きやすくするコンセプトが、国土交通省が力を入れる「ホワイト物流推進運動」です。荷主企業と物流事業者が相互に協力して物流を改善していく運動です。

これまでの物流業界で遵守されてこなかった法規をしっかり守ったり、口約束やとくに取り決めなく、なんとなく行っていた仕事の契約を明確化・遵守するようにしたりすることを目指します。

ホワイト物流の推進により、不合理だった商慣行や業務プロセスを改善することで業務効率が大きく改善されることなどが期待できます。

国交省の資料などによると、ホワイト物流の推進運動の推奨項目は、①運送内容の見直し、②運送契約の方法、③運送契約の相手方の選定、④安全の確保、⑤その他、⑥独自の取組、から成っています。

①の運送内容の見直しでは、荷待ち時間や運転者の手作業での荷卸しの削減、附帯作業の合理化などについて要請があった場合は、真摯にその課題に向き合い、協議するようにします。また、物流センターにおけるトラックの予約受付システムを導入したり、パレット、カゴ台車、折りたたみコンテナ、通い箱などを

図5-5 ホワイト物流の項目

① 運送内容の見直し	荷待ち時間や運転者の手作業での荷卸しの削減、附帯作業の合理化などについて要請があった場合は、真摯にその課題に向き合い、協議する。また。物流センターにおけるトラックの予約受付システムを導入したり、パレット、カゴ台車、折りたたみコンテナ、通い箱などを活用し、荷役時間の削減を目指す
② 運送契約の方法	運送契約を書面化し、加えて、運賃（運送の対価）と料金（運送以外の役務などの対価を別建てで契約し､併せて燃料サーチャージも申請について真摯に協議する｡下請けについても同じ条件で対応
③ 運送契約の相手方の選定	契約する物流事業者を選定する際には､関係法令の遵守状況を考慮し、働き方改革や輸送の安全性の向上等に取り組む物流事業者を積極的に活用
④ 安全の確保	現場作業者やトラックドライバーなどに危険な行為を課さない。たとえば災害発生時などの危険を伴う状況下で「どうしても今日中に運んでほしい」といった無理な要請はしてはいけない
⑤ その他	宅配便の再配達を削減したり、引っ越しの時期を分散させたりするなど、物流にかかる負荷を削減していく試み
⑥ 各社の独自の取組	

出典：国土交通省資料

活用し、荷役時間を削減したりすることです。

②の運送契約の方法では、運送契約を書面化し、加えて、運賃（運送の対価）と料金（運送以外の役務などの対価を別立てで契約し、あわせて燃料サーチャージも申請について真摯に協議したりします。また下請けについても同じ条件で対応します。

③の運送契約の相手方の選定では、契約する物流事業者を選定する際には、関係法令の遵守状況を考慮し、働き方改革や輸送の安全性の向上などに取り組む物流事業者を積極的に活用していきます。

④の安全の確保では、現場作業者やトラックドライバーなどに危険な行為を課さないこととします。たとえば大型台風で大きな被害が出そうな状況で「どうしても今日中に運んでほしい」といった無理な要請はしてはいけないこととします。

また、⑤のその他では宅配便の再配達を削減したり、引っ越しの時期を分散させたりするなど、物流にかかる負荷を削減していく試みがあげられます。

さらに⑥の各社の独自の取り組みも項目に加えられるとされています。

Section 5-6

荷主の配慮義務の影響で変わる物流オペレーション

ホワイト物流推進に先立って、平成30年（2018年）に貨物自動車運送事業法の一部が改正されました。改正は規制の適正化、荷主対策の深度化、物流事業者が遵守すべき事項の明確化、標準的な運賃の告示制度の導入といういずれも重要なものでした。ホワイト物流との関係からは、荷主対策の深度化に関する項目の一つとして、「荷主の配慮義務の新設」に注目が集まりました。

最大積載可能量を無視して積み込む過積載やトラックドライバーの休憩時間や休息期間を無視して運行本数を増やすような過密運行は道交法で禁止されていますが、それを無視して、トラックドライバーに「どうしても今日中に納品してほしいから、過積載や過密運行には目をつぶってくれないか」といってくるような荷主は、配慮義務を果たしていないことになります。

また道路交通法違反という認識がなく、「これもついでに運んでよ。重くないから大丈夫でしょう」といった感じで気軽に頼んでも、重量検問などで引っかかってしまいます。その場合、「荷主からの強制」ということになれば、荷主の配慮義務違反となるわけです。

また適切な運行を行っても目的地には着けない条件で到着時間を指定することもできません。トラック運送事業者に「常時、時速120kmで走ってもらえば、ギリギリ間に合い、納品できる」というような条件で依頼するのも、荷主の配慮義務違反となります。

こうした荷主の行為は、「違反原因行為」といわれます。国土交通大臣は関係省庁と連携して、トラック運送事業者が自社のコンプライアンスを確保できるように、荷主が違法原因行為をしないように働きかけを行います。そして荷主が違反原因行為をしているようならば要請や勧告・公表を行います。荷主の行為が独占禁止法に違反している疑いがある場合には公正取引

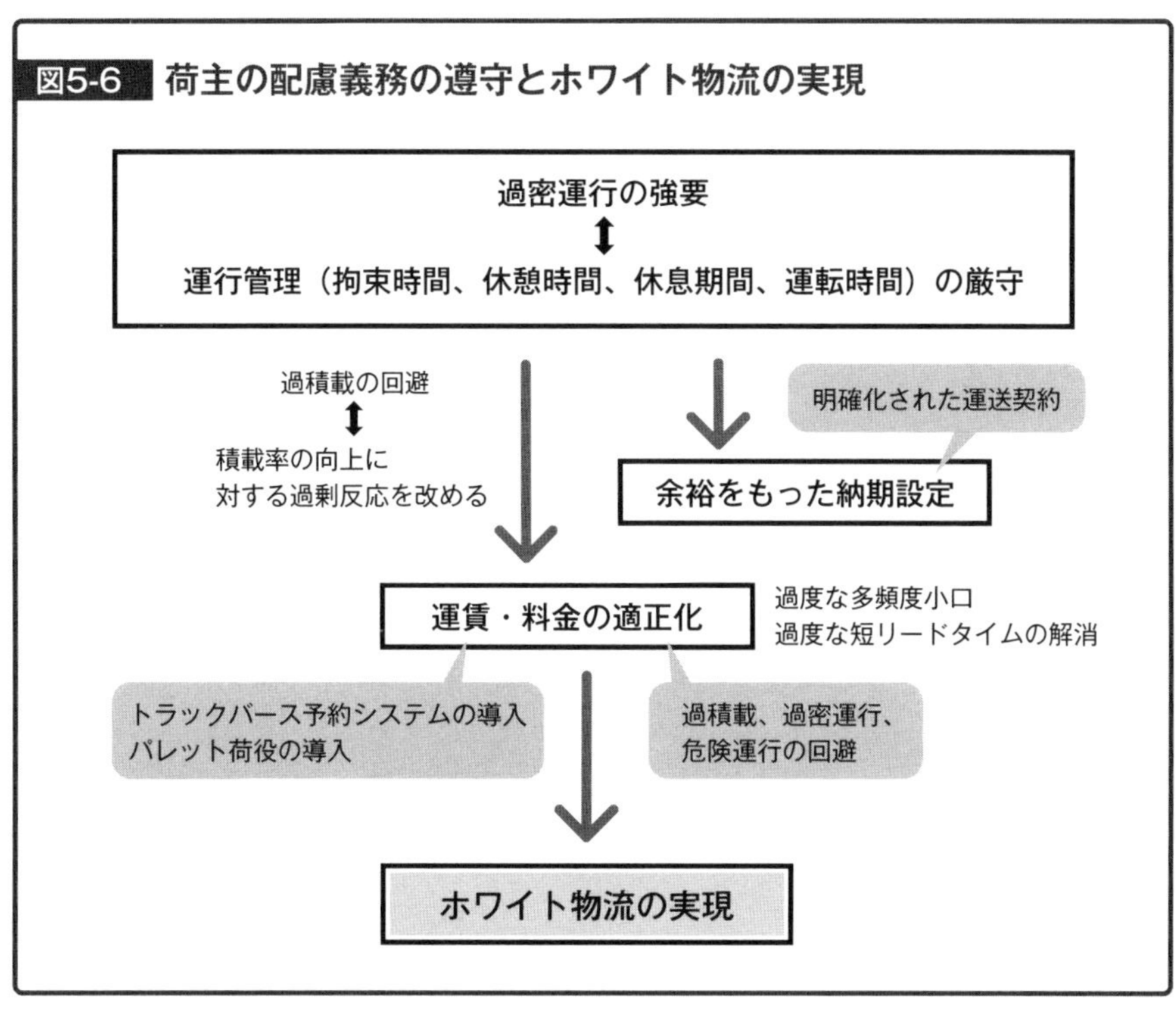

委員会に通知します。

積載率を上げるためにトラックの荷台いっぱいに貨物を積み込めば、確かに積載率は１００％近くになるかもしれません。しかし、過積載となっている可能性もあります。またそれだけの荷物を４トントラックや10トントラックにフォークリフト、パワーゲート、パレット、カゴ台車などを使わず、手荷役でバラ積み貨物を積み込めば、荷捌きだけで数時間かかります。トラックドライバーにはその対価（料金）はきちんと払わなければなりませんし、１日の最大拘束時間16時間以内ですべての労働を完了させるようにしなければ、法律に違反することになるのです。

このように「輸配送はトラックドライバー任せにしておけばよい」という時代ではなくなりました。

ホワイト物流の推進には荷主や社会の協力が重要になってきているのです。

Section 5-7

加速する物流と商流のリンク

可視化される物流情報はブロックチェーンなどを通して商流との密接なリンクも推進されます。ブロックチェーンで可視化された商流に、可視化された物流情報がリンクすることになるのです。ＩｏＴによって物品と情報を紐付けし、商取引や情報の可視化や共有化を推進することが可能になってきているというわけです。

たとえば、ロジスティクスドローンの配送ネットワークとブロックチェーンのリンクが推進されています。実際、米国、ドイツ、オーストラリアなどの専門家で構成されている国際非営利組織「ディストリビューション・スカイ」がブロックチェーン技術を活用して、ドローン向けの管制システムの構築に乗り出しています。

ブロックチェーンによる分散型ネットワークならばシステムの拡張性が高いので、たとえドローンが何百万台に増えたとしても、管制システムが混乱を招くことはないようです。また、スマートフォンを活用したドローン配送のソフトウェアの開発も進められています。

実際、ドローン配送の本格導入については、すでに諸外国において相次いでいます。アマゾンドットコムのドローン配送である「Amazon Prime Air」では、従来型システムに比べて配送コストで87・5％減、配送時間で50～75％減が実現できるという報告がなされています。わが国においても内閣府国家戦略特区に千葉市が指定され、「ドローン宅配等分科会」の本格導入に向けて検討を行ってきました。

また、レンタルパレットに装着するＲＦＩＤタグをブロックチェーンとリンクさせる構想も、実現性が高くなっています。コンテナ貨物追跡については、デンマークの海運大手のマースクが、ＩＢＭが提供するブ

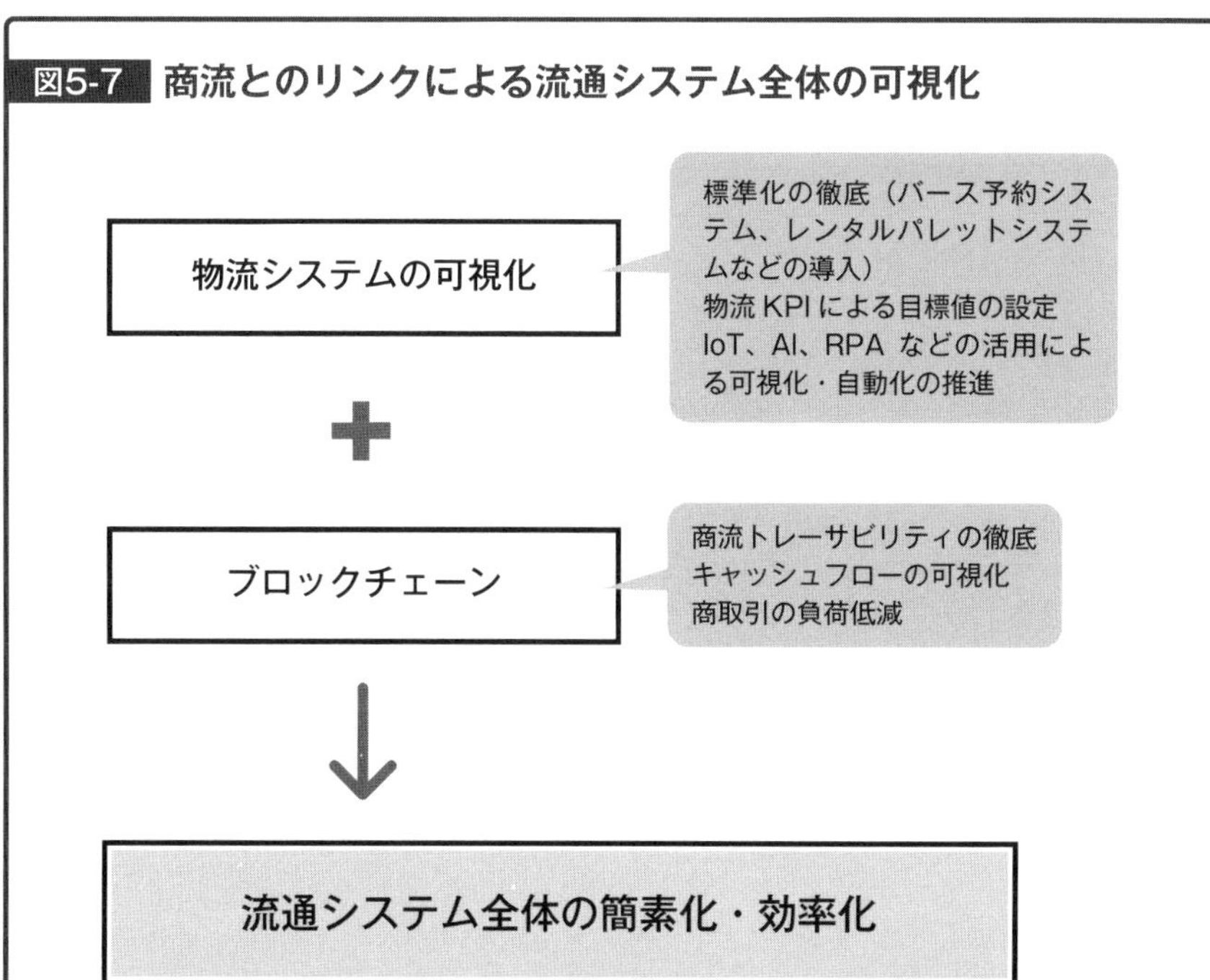

ロックチェーン技術を使用していますが、パレットについてもブロックチェーンソリューションを構築していくことで、比較的、円滑に導入が進むと考えられています。

たとえば、イスラエルのカルタセンス社ではブロックチェーンのデータベースをパレットやコンテナごとに提供して輸送行程を段階ごとに記録するというビジネスモデルを構築しています。

もちろん、国内輸送についても、ブロックチェーンで取引履歴を押さえつつ、工場からパレット単位で出荷ロットや到着日時などの必要な貨物情報を管理することが可能です。ブロックチェーン上でこれまで以上に緻密な物流システムを構築することが可能になるというわけです。

物流と商流をリンクさせることでサプライチェーン全体の高度化が実現されるのです。

第6章
コネクティッド化する
ロジスティクス

Section 6-1

コネクティッドロジスティクスの設計

これまでも述べてきましたが、物流・ロジスティクスは、ここにきてＡＩやＩｏＴとの融合によりコネクティッドロジスティクスへと昇華しつつあります。

コネクティッドロジスティクスでは、クラウドを通して得られるビッグデータにより制御された、モノの流れと情報の流れ、さらにはキャッシュフローがＡＩ、ＩｏＴとのリアルタイムリンクのもとに迅速にムダなく、かつ戦略的にＤＸ化され管理、活用されていくことになります。

ＩＴベンダー企業が中心となり、物流情報システムを導入する場合、システム設計・開発だけに留まらず、超上流工程においてもＩＴベンダー企業に任せきりとなるケースが多いようです。しかし、ＩＴベンダー企業は個々の企業の物流特性について十分な知識がないことも少なくなく、それが物流情報システムの構築にあたり、大きなネックとなることもあります。

このような慣れない環境でのシステム設計で重要なことは、要件定義とＲＦＰ（リクエストフォープロポーザル）の目的と狙いを理解することです。

要件定義とは、システム開発において、機能や性能を明確にする一連の工程のことで、通常はユーザーと開発サイドが双方で合意した内容を、要件定義書として確認することです。

具体的には制作の背景、目的、システム全体の概念図、開発体制、スケジュール等をきちんと納得がいくまで詰めてドキュメント化することが大切です。また、言葉の定義についてもきちんと意識を合わせる必要があります。

ＲＦＰとはユーザー（発注側）が作成する提案依頼書のことで、技術的な仕様はもちろんですが、通常は複数の開発会社に提示するので、納期や調達条件なども記載する必要があります。

図6-1 RFPと要件定義書

RFP
（リクエストプロポーザル）
提案依頼書

情報システムの導入や業務委託などに
際しての具体的な提案依頼書

目的、概要、納期、調達条件などを記載

要件定義書

要件定義	システム開発において、機能や性能を明確にする一連の工程
要件定義書	ユーザーと開発サイドが双方で合意した内容を確認

なお、開発を成功させるためには、これらのドキュメントをきちんと完成させることが重要なことはいうまでもないですが、そのためには、両者がしっかりとコミュニケーションをとる必要もあります。

Section 6-2

コネクティッドロジスティクスの設計における人材不足

物流・ロジスティクス領域はAI、IoT、DXをオペレーション効率化のバックボーンとすることで、サプライチェーンのさまざまなプレーヤーから高い注目度を獲得しています。しかしながら、ここにきて大きな課題となっているのはロジスティクスシステムエンジニアの不足です。エンジニアの不足は、もちろん、あらゆる分野にまたがる深刻な課題ですが、システム設計においてはロジスティクスの現場の理解が必須なため、いわゆるソフトスキル（ここでいうソフトスキルとはたんなるプログラミング能力ではなく、コミュニケーション力、交渉力、問題解決力といった広い意味でのスキルを指します）の高い人材が必要とされます。ロジスティクス情報支援システムの構築においては緻密な要件定義のもとに実践的なプログラムを実装できる優秀なプログラマー、SEを多数必要とします。

しかしながら、物流・ロジスティクス領域に精通したプログラマーやSEが不足がちになる状況をなかなか払しょくできないのが現状です。

たとえば、物流ITシステムの企画、開発について考えてみると、物流事業者、荷主企業、物流現場の思惑など、物流実務の複雑な利害関係者の抱える問題や目標について、物流ITベンダーなどのシステムエンジニアなどが十分に状況を理解できないために、システムが使いにくかったり、不十分であったりする事例もあります。

物流・ロジスティクス領域におけるビジネス分析も重要です。より良い開発を進めるには、組織の構造、方針、オペレーションを理解し、どのようなゴールが達成可能な目標地点となるか、解決策を導き出すために利害関係者が協力して取り組む必要があります。すなわち、その組織が達成すべき目標を設置し、製品やサービスを提供するのに必要な能力などを定義してい

図6-2　要求分析とは

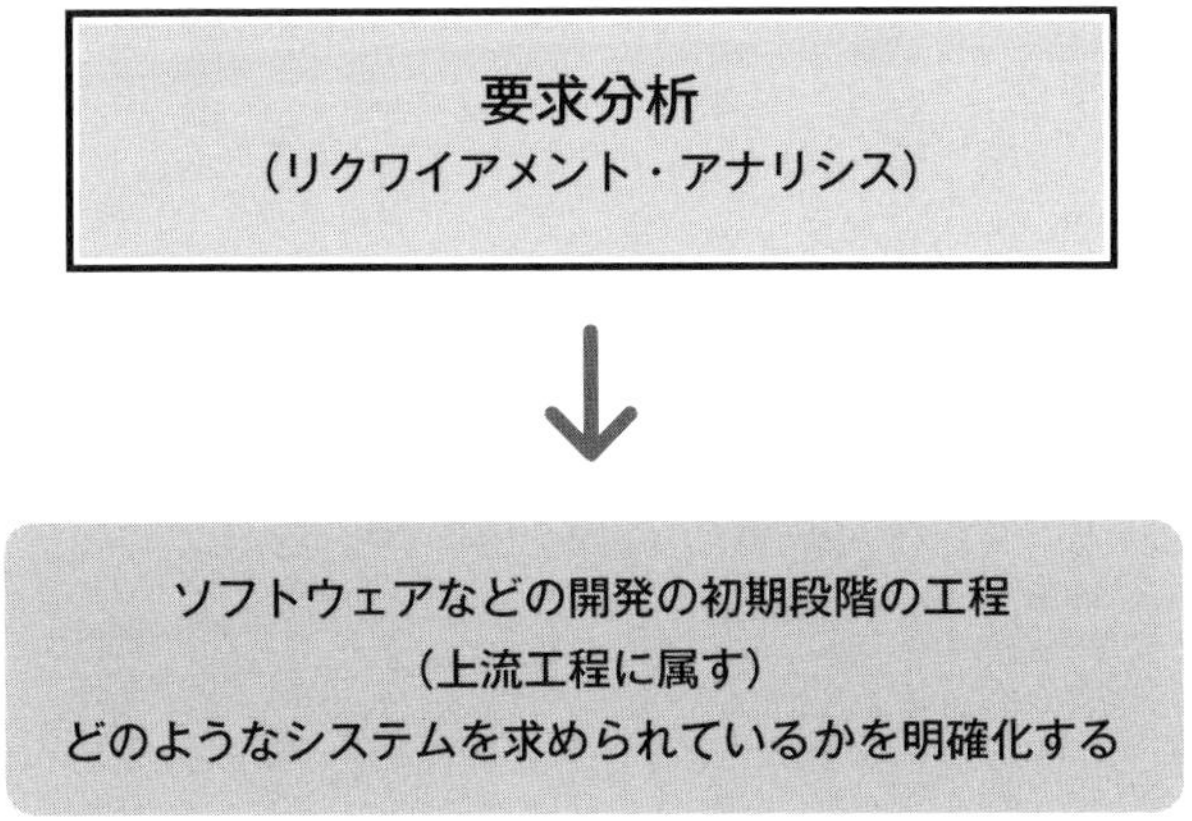

要求分析
（リクワイアメント・アナリシス）

ソフトウェアなどの開発の初期段階の工程
（上流工程に属す）
どのようなシステムを求められているかを明確化する

く作業です。このような場合、チームリーダーはソフトスキルを総動員して顧客、スタッフ、ＩＴ専門家など、さまざまな関係者の情報を総合的に分析しなければなりません。

「企業分析を行い、それをふまえて企業のビジネス要求を分析し、そのソリューションを検証し、妥当性を確認する」というのが基本的な流れとなり、同時にビジネス要求について、その要求をいかに引き出し、マネジメント、コミュニケーションをきめ細かく行っていくかということがポイントとなります。

また要求分析（リクワイアメント・アナリシス）も重要です。これは文書化されたビジネス要求をシステム開発などにおける具体的なソリューションに生かせるかたちに変換する作業工程です。どのようなビジネス要求が重要か、その優先順位を決め、さらに整理、検証などを行うことが重要です。

ロジスティクスに経営工学や情報工学の視点をこれまで以上に組み込んでいく必要があるのです。

Section 6-3

需要予測と在庫レベル設定に有効なクラウド技術

コネクティッドロジスティクスの構築に向けた、生産計画、物流計画、販売計画の策定にあたっては、「商品がどれくらい必要とされているか」を考える需要予測を行う必要があります。需要予測の方法には過去の入荷実績などをもとに予測する移動平均法や指数平滑法が知られています。

また統計モデルなどで算出された定量的な需要予測に定性的な視点からの補正を入れることも実務ではよく行われます。さまざまな判断基準に照らし合わせると定量的な予測値では満足できないケースが実務上は発生することが多く、その場合、定性的な配慮も加えて予測値を補正、修正していくことになります。

在庫レベルを設定するに際しては、対象となる商品が過去どれくらいの販売実績、出荷実績などがあるのかを確認します。商品特性により販売実績、出荷実績のスパンは異なってくるはずですが、たとえば週単位でどれくらい売れているのか、月単位ではどれくらいになるのかといった具合に、ある特定期間の売上実績や入荷実績をもとに定量的な数理統計モデルなどを用いて予測値を算出します。

さらに近年はベイズ統計のコンセプトを生かして、「購買履歴」などから次のサイクルの需要を予測する傾向が強まっています。

ベイズ統計は人工知能や機械学習と相性がよいとされる主観確率を扱う統計学で、母数が確率的に変化していくという前提で、取得データから確率を更新するベイズ更新などによってデータを追加したり、再学習したりすることで精度を自ら向上させていきます。

またID－POSデータという購入者を識別できるPOSデータの活用も進んでいます。ネット通販企業だけでなくリアル店舗でもポイントカードの普及で取得率が上昇しており、「だれに売ったか」「だれが買っ

図6-3　需要予測の精緻化

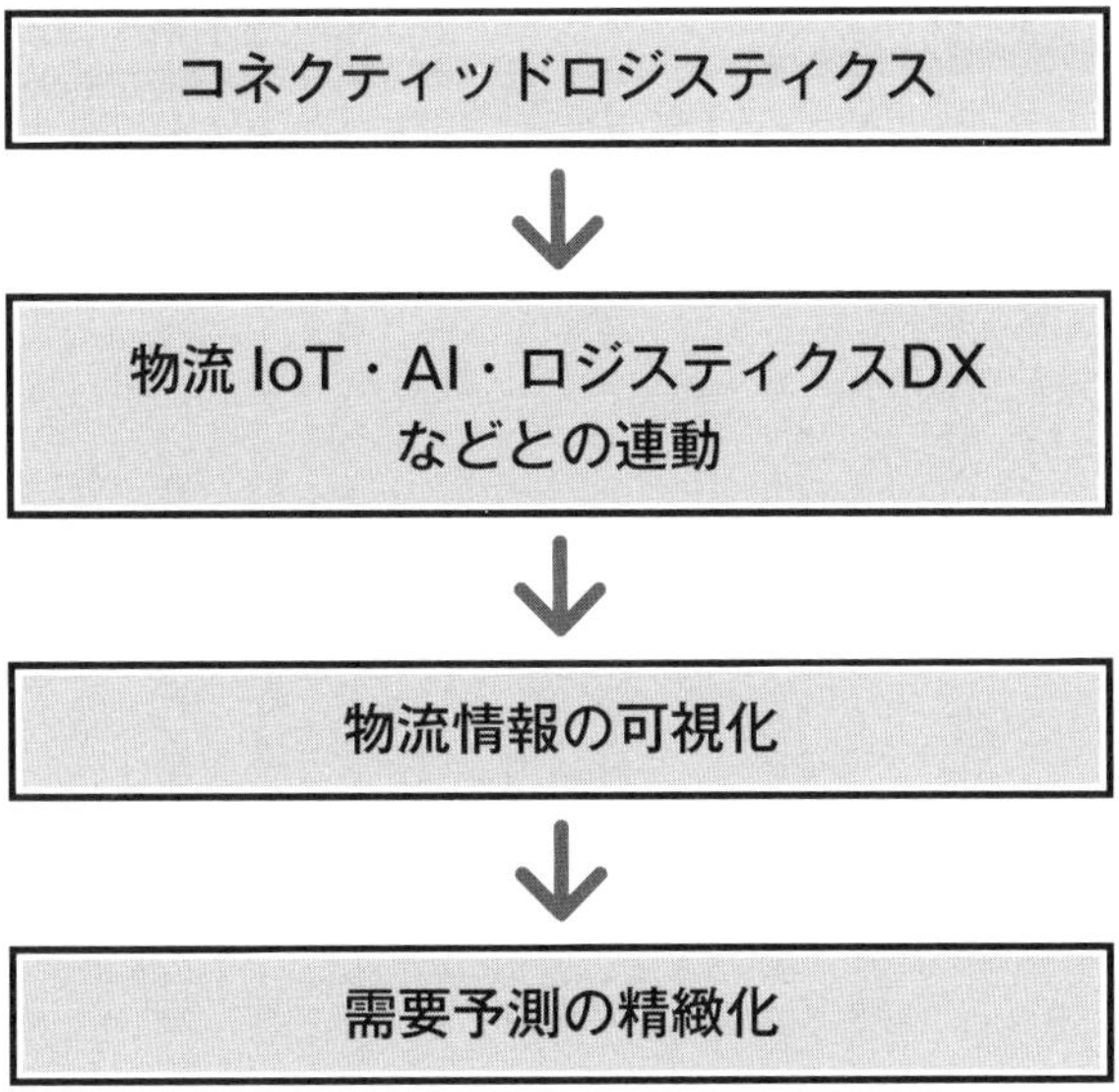

コネクティッドロジスティクス
↓
物流 IoT・AI・ロジスティクスDX などとの連動
↓
物流情報の可視化
↓
需要予測の精緻化

たか」を明らかにすることができます。ＩｏＴやＡＩの導入とのリンクにより需要予測や商品在庫レベルの設定をより綿密に行うことが可能になってきたのです。緻密な需要予測により、出荷量を適切に調整でき、流通在庫にかかる負荷を大きく軽減することが可能になります。

こうしたサプライチェーンの緻密なプランニングを実現するためにはクラウド技術の活用も不可欠です。商品の設計から販売、修理、廃棄にいたるまでのすべてのライフサイクルの情報共有を実現し、データベース化することでコストも在庫も削減できます。もちろん、需要予測、生産計画、配送計画、販売計画なども、これまで以上にスムーズに行えることになります。

Section
6-4

AI化・IoT化が進む倉庫管理機能

ＷＭＳ（倉庫管理システム）を導入することで商品センター、物流センターなどの運営もそれまで以上に効率化されます。ロケーション管理やクロスドッキングの導入に際して、ＷＭＳを導入することで、より効果的な運営が可能になるのです。とくにロケーション管理については、バーコードなどを使った情報管理を徹底できるため固定ロケーションだけではなくフリーロケーションも採用できるようになります。フリーロケーションの導入によって、空間の利用効率を向上させることができます。センター全体にロケーションを設定することで広域的な在庫管理が可能になるのです。

さらにいえばパレット単位、ロケーション単位での「品質検査済み」、「品質未検査」などのステイタス管理も実現できます。ステイタス管理とは、商品の品質、等級、鮮度などの管理することです。たとえばアパレルの場合、良品、保留品、不良品、廃棄品といったように商品のステイタスを管理します。また、破損してしまったもののステイタスを良品から不良品、廃棄品などにステイタス振替するケースもあります。ＷＭＳの導入によりクロスドッキングを円滑に行うことも可能になりました。クロスドッキングは事前出荷通知（ＡＳＮ）をベースに行われます。入庫検品ではＡＳＮと実際の入庫品目のチェックを行います。そして同時に商品は、クロスドッキング分と補充在庫分とに仕分けされることになります。

仕分け作業ではクロスドッキングされる商品と仮置きロケーションが表示されます。残りの補充在庫分は格納されます。クロスドッキングをまず行い、残りを補充在庫分とみなし、格納する方法もあります。クロスドッキングの運用は在庫回転率の向上や格納業務の効率化など、多大なメリットをもたらします。

図6-4 ロケーション管理の種類

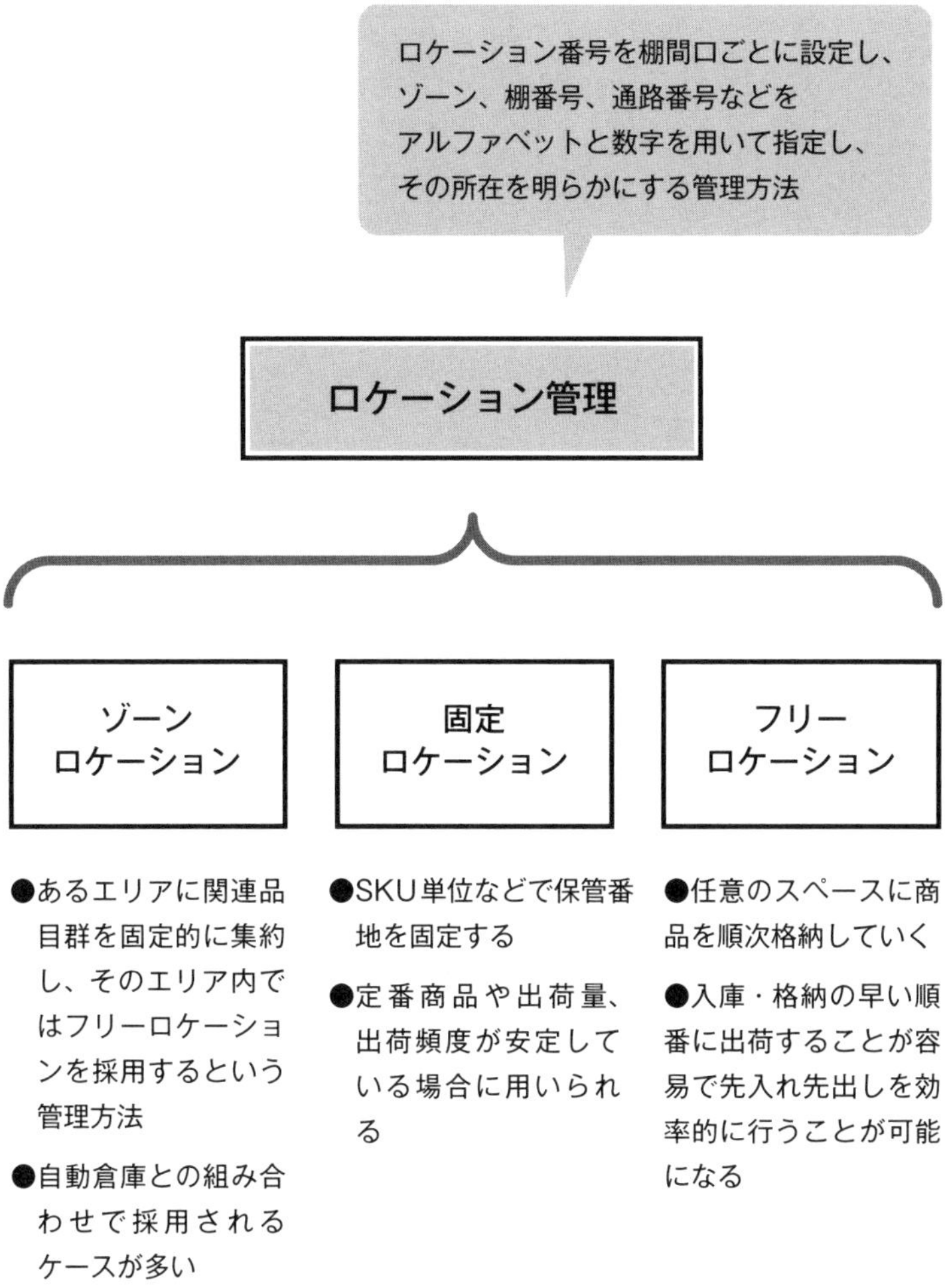

ロケーション番号を棚間口ごとに設定し、
ゾーン、棚番号、通路番号などを
アルファベットと数字を用いて指定し、
その所在を明らかにする管理方法

ロケーション管理

ゾーンロケーション

- あるエリアに関連品目群を固定的に集約し、そのエリア内ではフリーロケーションを採用するという管理方法
- 自動倉庫との組み合わせで採用されるケースが多い

固定ロケーション

- SKU単位などで保管番地を固定する
- 定番商品や出荷量、出荷頻度が安定している場合に用いられる

フリーロケーション

- 任意のスペースに商品を順次格納していく
- 入庫・格納の早い順番に出荷することが容易で先入れ先出しを効率的に行うことが可能になる

Section 6-5

無限に広がるロジスティクスドローンの可能性

　ドローンは、当初軍事用途に開発されたものですが、ここにきてスマートフォンやインターネットと連携することにより、その利用用途は急激に拡大しています。ドローンの用途は、災害救助、スポーツ撮影、自然環境のリサーチ、農業分野等さまざまに活用されています。

　ドローンの携帯ネットワークのインフラとしての検討も進んでいます。

　これまでの携帯電話システムは、原則として地上での利用を前提にしていました。しかし近年のドローンの発達、普及は目覚ましく、たとえばドローンが地上と同じ周波数を使って通信をすると、地上のシステムと混信するリスクがあります。一方、ドローンユーザーとしては無線ＬＡＮ等に比べてエリアが広い携帯ネットワークを用いて機体の制御や取得した映像や画像をリアルタイムに送信したいというニーズがあります。とくにドローンが全自動運転するためにはＧＰＳなどで取得した自己位置情報を正確に把握し、機体の制御や運転システムに反映する必要があります。そこで規制緩和が行われ、携帯電話が上空でも利用できるように環境が整いつつあります。

　ロジスティクスドローンの活用についても大きな期待がかかっています。

　離島などの遠隔地への医薬品の緊急配送や、危険品の輸送、宅配便への活用など、さまざまな選択肢が考えられています。

　海外ではドイツポスト傘下のＤＨＬや米国系のＵＰＳ、さらにはアマゾンドットコムなどがその可能性に着目し、すでに一部、実用化も成し遂げています。ドローンに人工知能を搭載し、複数の配送先の経路選択、顧客優先順位の選択などを行わせて、配送することになります。

図6-5 コネクティッドロジスティクスにおけるドローンの役割

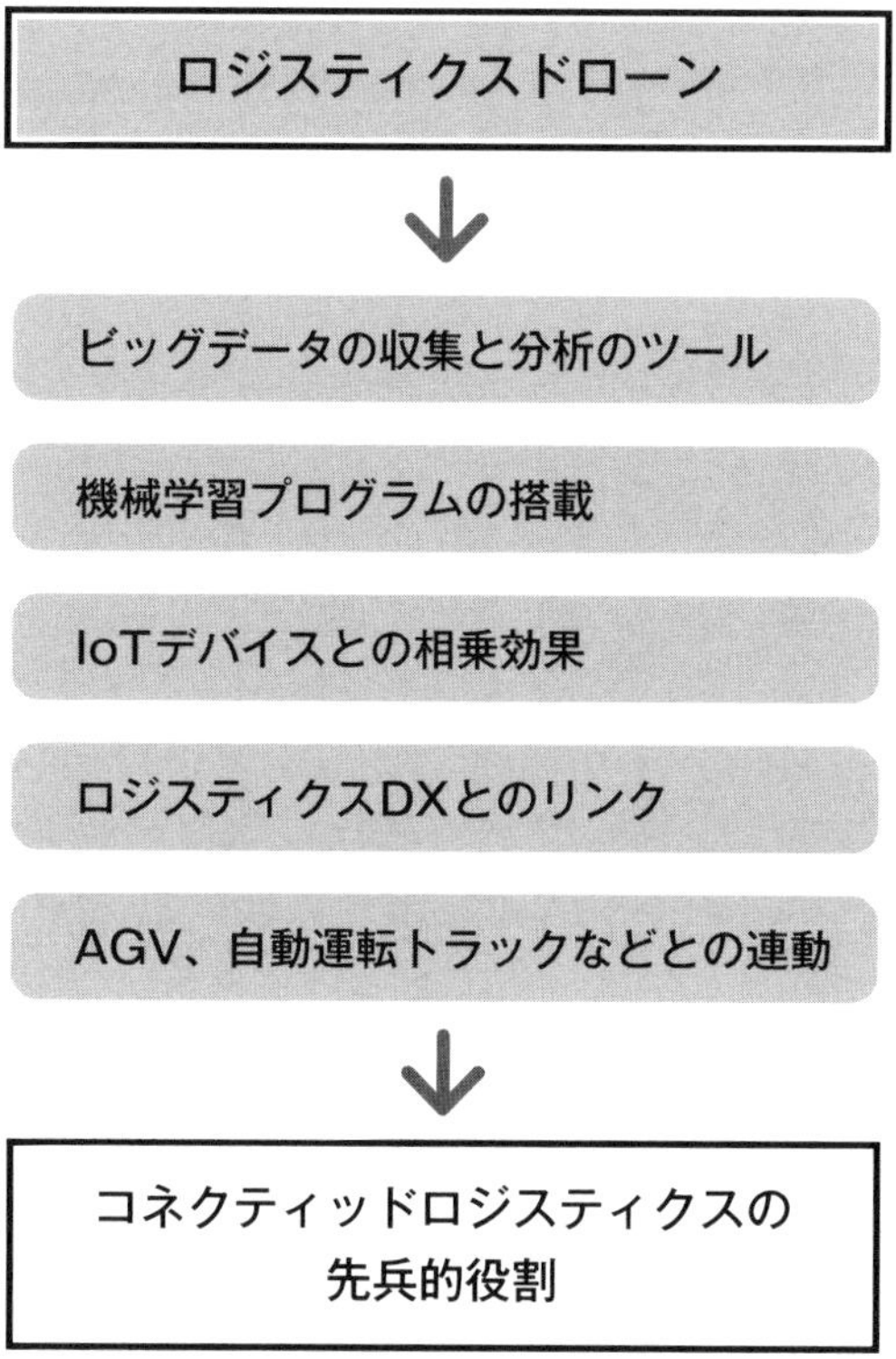

ロジスティクスドローン

ビッグデータの収集と分析のツール

機械学習プログラムの搭載

IoTデバイスとの相乗効果

ロジスティクスDXとのリンク

AGV、自動運転トラックなどとの連動

コネクティッドロジスティクスの先兵的役割

また、物流倉庫の自動化、省力化を狙った、ＡＧＶ（自動搬送ロボット・無人搬送車）も今後大きく成長する分野です。多品種を短時間で識別、ピッキング、搬送する際に、従来のような人手頼りでは、全く対応できない時代になってきています。このような自動搬送ロボットは、多くの製品が市場に投入されており、現場作業の負担軽減、効率化に貢献しています。

物流の現場における省人化、無人化がロジスティクスドローンやＡＧＶの活用により大きく前進しつつあるのです。

Section 6-6

求荷求車（求貨求車）システムの進化

5G環境を活用することによって、ロジスティクス支援システムの情報武装は、これまで以上に大きく進化していくことになるでしょう。そしてその視点から求荷求車システム（図6-6参照）、求倉システム、貨物追跡システムなどを構築するうえでの共通基盤となります。

クラウドを5G環境にリンクさせることでWMS、TMS、ネット販売システム、人事・人材管理システムなどのさらなるグレードアップが期待できます。クラウド化により「低コストで迅速な使用が可能」、「管理・運用をソフトウェアベンダーに完全委託できる」、「保守・メンテナンス、研究開発のコストがかからない」などの効果を享受できるでしょう。自社環境、経済環境の変化などにも柔軟かつスピーディに対応できるようになります。環境にやさしい情報システムの導入も、これまで以上に迅速かつスムーズに実現することになります。

そして求荷求車システムもビッグデータやアクティブタグなどとの連動を視野に入れながら、さらなる高度化を遂げ、利便性を高めようとしています。

トラック輸送を行う場合、往路には貨物があっても復路には貨物、すなわち「帰り荷」がないケースがあります。共同輸配送などを推進し、帰り荷をあらかじめ確保することができれば問題はありませんが、そうでない場合、いかに帰り荷を確保するかが環境対策の視点からも重要になります。そこで求荷求車システムの活用が図られてきました。

求荷求車システムでは、ネット上の登録情報などから自社が利用したい貨物車両情報や運びたい貨物情報を検索、あるいはオークションによって空きトラック情報や貨物輸送のニーズを掌握することができます。荷主企業にとっては必要な輸送手段の確保や輸送コストの削減も容易になります。さらにいえば物流事業者

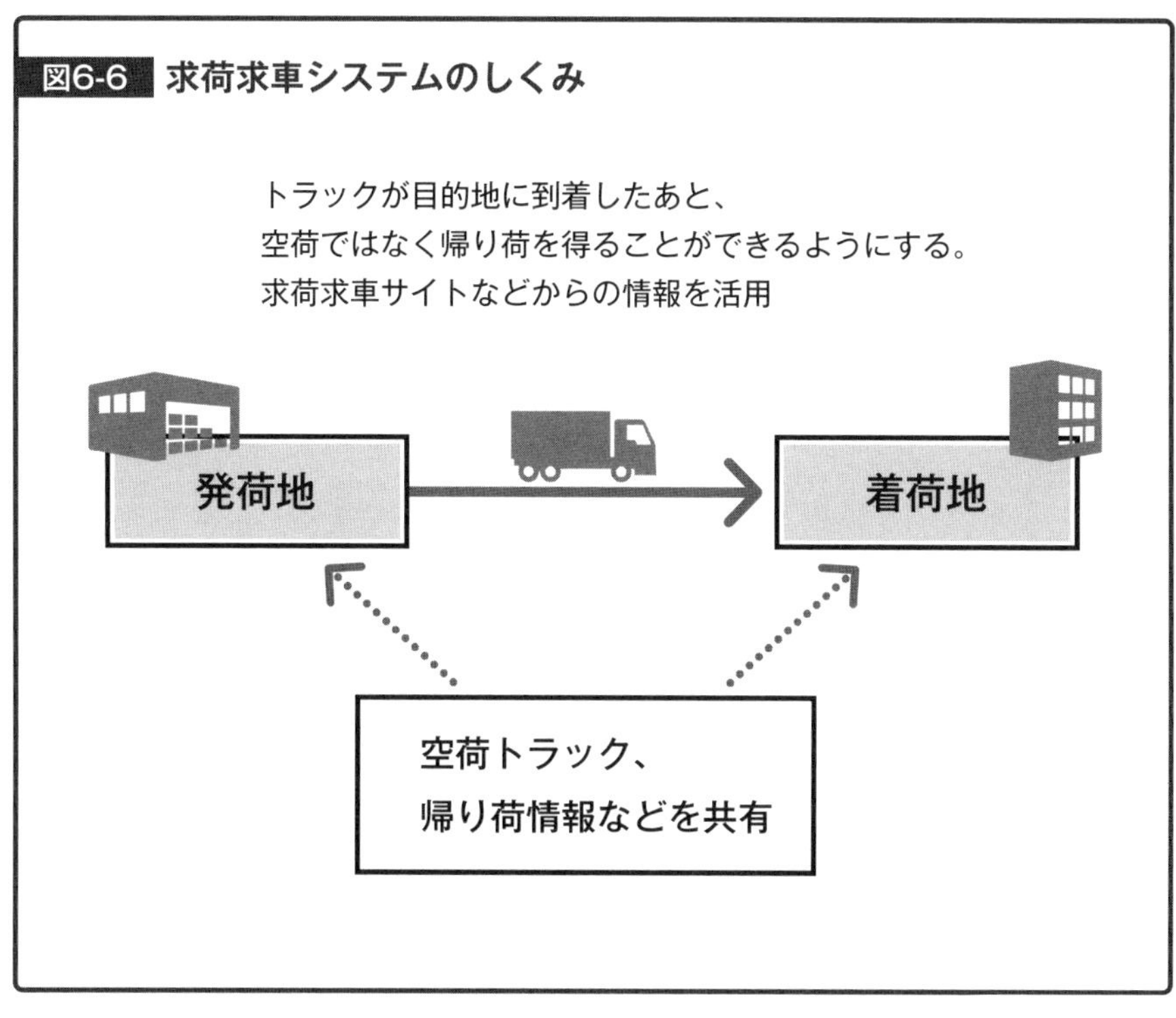

にとってはビジネスチャンスの拡大や輸送効率の向上にもつながります。

しかし、トラックの正確な位置情報と求荷情報のマッチングにタイムラグが生じてタイムリーな対応ができず、電話などのアナログ手段に頼ることも、これまでは少なからず生じていました。しかしトラックや貨物の位置情報をリアルタイムに正確に把握できる技術が確立してきた現状をふまえると、今後、飛躍的にシステム全体が進化する可能性が出てきています。ネットワークの遅延が４Ｇに比べて大幅に低減できる５Ｇが全国に展開されれば、ますますリアルタイム性が向上するでしょう。求荷求車システムが５Ｇ環境のもとにグレードアップを成し遂げる条件がそろい始めてきたともいえるでしょう。またトラックと荷物のマッチングだけではなく、物流施設やマテハン機器などのマッチングシステムの構築にも注目が集まっています。

第7章
物流不動産ビジネスの隆盛

Section 7-1

ファンドビジネスの中心となる物流不動産

不動産に投資して、その投資した不動産を賃貸することで収益を上げる投資方法をRIET（リート：不動産投資信託）といいます。証券取引市場に上場しているものをJ－REITといいます。「投資家の資金をもとに不動産を取得し、運用していく金融商品」です。小口の投資マネーを集めて不動産専門に投資するファンドのことです。証券取引所に上場することで十分な流動性と換金性を獲得することになります。

多くのREITは形式上「株式会社」の形態をとります。「不動産の会社化」とも考えられます。そしてSPC（特別目的会社）に資産所有権などを移転させます。投資家は投資額に応じての利益配分を得ることができます。もちろん、不動産ファンドのすべてを上場させる必要はありません。大口投資家のみを対象にして利回りのよい不動産ファンドを組む「プライベート市場」も注目を集めています。

平成12年（2000年）に投資信託および投資法人に関する法律が改正され、不動産ファンドが解禁されましたが、当初はホテル、マンション、オフィスビルなどへの活用が期待されました。

ところが当時の日本経済は「第3次平成不況」（ITバブル崩壊）に見舞われており、ホテルもオフィスビルも高い空室率に苦しんでいました。そのため「REIT」を活用しようにも安定したテナントの確保が容易ではない」といわれ、高い利回りも期待できない状態でした。そうした状況に救世主のように現れたのが物流施設です。物流施設のREITとの相性は他の施設とは比べものにならないくらいよかったのです。さらにいえば物流施設はこれまでの不動産投資ファンドとは全く異なる性質をもっています。そのため、不動産投資ファンドの資産運用先を多様化する好材料ともみなされています。

図7-1　物流REITのしくみ

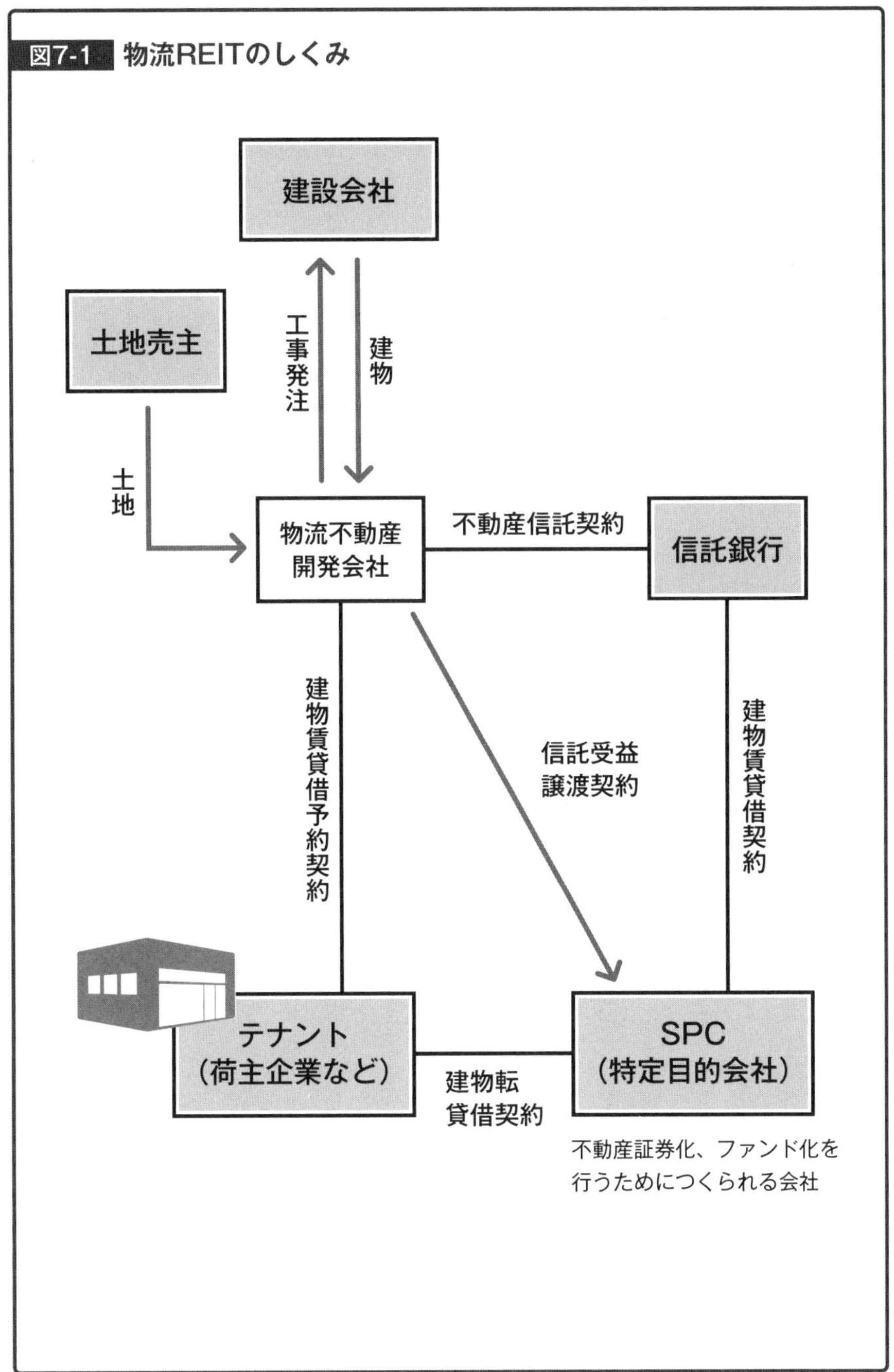

Section 7-2

サプライチェーンにおける物流不動産の活用

物流施設は都市の一等地にある必要はありません。したがって土地取得にオフィスビルやマンションなどよりも費用はかかりません。しかしどこでもいいのかというとそうではありません。やはり他の不動産と同様に最適立地というものがあります。物流センター、配送センターなどの戦略的物流施設（ウエアハウス）の立地は物流戦略を大きく左右する重要なポイントとなります。したがって慎重に決定されなければなりません。

ただし、物流施設の最適立地が他の不動産とは異なるために都市計画などにおいては物流施設の立地が他施設の立地の補完的な役割を果たすことになります。

具体的にいうと、港湾、幹線道路、鉄道などとのリンクがよく、配送先に近くなければなりません。さらにいえば用地を求めるにあたっては用途地域などに注意する必要もあります。法規上の制限がある場合があるからです。また、企業の物流戦略は全国の物流拠点を本社が統括するかたちで、総合的、巨視的に行われることも少なくありません。

調達地、配送拠点との関係も重要です。リードタイムが短い商品を扱う場合には拠点間の距離は短くなりますし、反対にリードタイムが長い場合には物流拠点の数を少なくすることが可能になります。

また、24時間稼働できるかどうかも大きなポイントです。近隣から騒音などの苦情が出ないような環境にあるかをチェックする必要があります。また物流施設の周辺にトラックなどが待機できるかどうかもロケーションの決定の重要な条件となります。駐車場のレイアウトが十分に計算されているかどうかも重要です。

さらにいえば、サプライチェーンマネジメント（SCM）の普及という流れのなかで物流拠点の集約化、共同化が進展しています。大規模な物流施設が求めら

図7-2　物流施設の立地特性

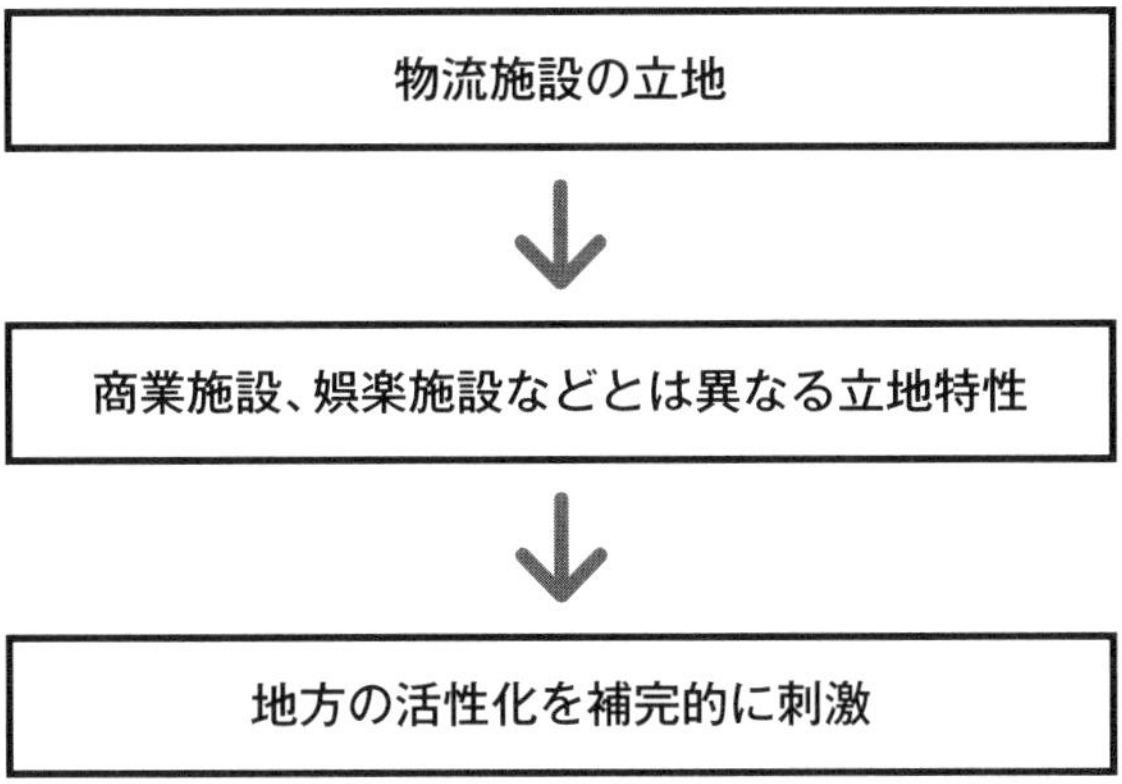

物流施設の立地

↓

商業施設、娯楽施設などとは異なる立地特性

↓

地方の活性化を補完的に刺激

れる傾向が強まっています。1社で5万㎡以上の施設を必要とするケースも出てきています。

たとえば、千葉県の市川や浦安はこうした条件に当てはまるとされ、多くの大型物流施設が相次いで建設されました。さらに近年では圏央道周辺が消費地である都心に高速でダイレクトに配送できる拠点として注目されています。関西圏では尼崎や茨木、あるいは大阪南港などが物流拠点として活用されています。また、九州の佐賀県では鳥栖が「九州のヘソ」として物流拠点が集約するという現象が発生しています。

物流不動産の立地は、このように伝統的な都市開発の視点とは少し異なった地域に焦点を合わせる傾向にありますが、それゆえ、地方都市などでは「物流施設を誘致して活性化を図る」という選択肢も出てきています。たとえば千葉県の流山市は多くの物流不動産開発を行い、物流施設を効率的に誘致することで、地元に雇用と活気を創出しています。

Section 7-3

加速する物流不動産の大型化

物流不動産として最初にファンドによる大型倉庫が登場したのは、いまから20年前のことでした。以後、主として外資系の物流不動産開発会社により相次いで2～5万㎡級の大型物流施設が建設されるようになりました。それまで、大型といわれた日本の物流施設の多くは3000㎡程度のものでした。ところが外資系物流開発企業の開発物件はその10倍以上の規模となっていました。それほどの大型施設が相次いで建設されるようになったのにはいくつかの理由があります。

第一の理由としては前節でも紹介した不動産投資信託による物流ファンドの組成が可能になったことです。これにより不動産開発会社は投資家から大規模な資金調達を行い、利回り収入を提供しつつ、大型物流施設を建設できるようになりました。ファンドの資金は数千億円以上になることも少なくないことから、それに見合う大型投資、大型施設の建設が必要になります。ところが日本の場合、欧米とは異なり、地価も割高で建設用地がどうしても小ぶりになってしまいます。基本的に倉庫、物流施設は直線上にラインを組んで作業オペレーションを展開する必要から平屋タイプの大規模施設を建設したいところですが、そのスペックでは採算がとれないのです。

そこで第2の理由ともなる大きなイノベーションが起きました。これが「自走式物流施設」の登場です。物流施設は平屋が理想的ですが土地が狭く地価が高い日本では従来は必ずしも平屋ではなく、多層階の物流施設が多く建設されてきました。この場合、1階で入出荷作業を行い、実際の入出庫は2階以上のフロアを使うという方式がとられます。しかし、出荷依頼が出てから2階、あるいは3階からエレベータや垂直搬送機で階下まで出荷貨物を卸し、そのうえで出荷処理を行うとすると、エレベータや垂直搬送機の待ち時間が

図7-3　大型物流施設開発の背景

大型物流施設の相次ぐ建設

3PLのビジネスモデルとしての大型物流施設による拠点集約

既存の中小規模の物流施設を大型施設に切り替えて、それに合わせた在庫削減や効率化を提案する

「自走式物流施設」によるイノベーション

スロープが設置されているので、各階にトラックバースを据えて、平屋感覚で作業オペレーションを展開

不動産投資信託による物流ファンドの組成

投資家から大規模な資金調達を行い、利回り収入を提供しつつ、大型物流施設を建設

必要になってしまいます。また複数企業が多層階にテナントとして入る場合、上層階は敬遠されて空きスペースとなるリスクも高くなります。

　ところが自走式物流施設の場合、最上階までトラックが上れるスロープが設置されているので、それぞれの階にトラックバースを据えて、各階で平屋感覚で作業オペレーションを展開することが可能になったのです。こうして各階に複数のテナントを受け入れた多層階の自走式マルチテナントが、物流ファンドの建設の牽引役となりました。

　さらに第3の理由として、物流企業からの強いニーズがあります。3PLの目玉として「既存の中小規模の物流施設を大型施設に切り替えて、それに合わせた在庫削減や効率化を提案する」というビジネスモデルに注目が集まりました。物流企業からも荷主企業からもアップデートされた超大型施設に対する関心が大きく高まったのです。

Section 7-4

進化する物流不動産の環境対応・災害対応

地球環境問題に対する一策として「不動産のグリーン化」が大きな注目を集めています。「サステナブル建築」といった言葉を耳にすることも多くなりました。

ＣＡＳＢＥＥ（キャスビー：建築環境総合性能評価システム）はそうした視点をふまえて導入されましたが、不動産のグリーン化のみならず、工場、物流センターなどの事業用不動産にも当てはまることから物流のグリーン化の大きな梃子となっています。建設物にかかわる省エネルギー施策として、高効率照明、効率的な空調・換気設備システムなどの採用、外壁などの断熱効果のアップ、エレベータなどの省エネ化、給湯設備の効率化、省エネ化などがあげられていますが、将来の最先端の物流施設もその対象となります。

ＣＡＳＢＥＥでは、不動産の取引資源消費、環境負荷、室内環境、敷地外環境、周辺環境との調和、景観、建築設備からの排熱などが評価されます。開発にあたっては、建築物のライフサイクルを通した評価が可能で、環境品質・性能の向上と環境負荷の低減を念頭に環境効率の向上を図る指標の導入がポイントとなります。

また欧米などの従来の認証システム以上に理念を明確化されます。具体的にいうと敷地内の空間（私有財としての環境）と敷地外の空間（公共財としての環境）を概念的に分けて考え、それらの2つの要因を区別して評価することになっています。そして建物の敷地内外の2つの要因を統合して評価する指標として「環境効率」（環境効率＝製品・サービスの経済価値÷単位環境負荷）という概念を導入しています。

さらに評価対象の分野をエネルギー消費、資源循環、地域環境、室内環境に分け、それぞれの項目について評価を行うこととしています。グローバル化への対応、とくにアジア規模での地域に特有な問題にも対

図7-4　物流施設に対する環境性能評価

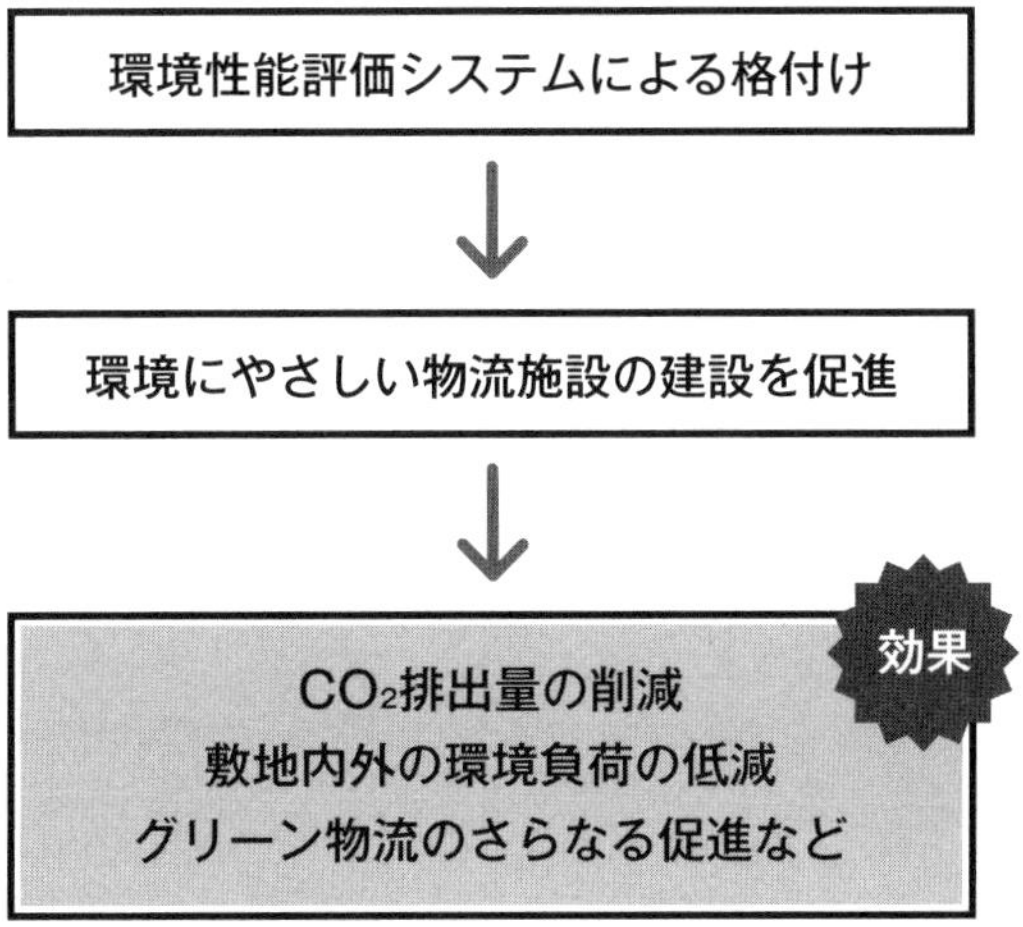

環境性能評価システムによる格付け

↓

環境にやさしい物流施設の建設を促進

↓

効果

CO_2排出量の削減
敷地内外の環境負荷の低減
グリーン物流のさらなる促進など

応していくシステムとすることも考慮されています。

なお、地方自治体が条例に基づき「建築物環境計画書」の提出を義務付ける制度が広がりつつあります。

また、物流不動産開発企業のプロロジスなどは海外でも物流施設の環境評価の格付けを取得しています。

物流施設の環境武装については屋上緑化、省エネ対応の空調・照明システムなどをはじめ、さまざまな選択肢が考えられます。CASBEEによる環境性能評価を受けることで、地球温暖化問題などに対してどのレベルでの貢献を図ることができるのかが視覚化されることになり、環境性能の高い「グリーンウエアハウス」の設計、建築がこれまで以上に大きく進展することが期待できるのです。

Section 7-5

自然災害に対するBCP対応の物流施設

東日本大震災では、「物流施設が津波などで流された」、「トラックがなくなった」、「倉庫が水びたしになった」といった被害が数多く報告されました。復旧作業に取り組みたくても、輸送経路が確保できなかったり、資材調達のメドが立たなかったりするために、状況の改善は遅々として進まない状況が続きました。

加えて、複合災害として原子力発電事故などをふまえてのBCP（事業推進計画）対応のロジスティクスも重要となりました。放射性汚染物の出荷制限、出荷検査、海外への輸出の際の検査などが必要になるなど、原発事故関連エリアからの出荷には大きなバイアスがかかっています。そうしたハードルをいかに低くしていくかということも今後の大きな課題といえます。

災害発生時における物流施設が起点となる救援物資輸送のロジスティクス活動震災の発生を受けて、物流施設を起点として、救援物資の質的、および量的な需要予測を行い、生活物資などの域外からの救援物資の入荷量、被災地への出荷予測を迅速に行う必要があります。

さらに住民の避難状況に合わせて、生活物資の供給状況について、被災者に関連情報をタイムリーに提供し、救援物資の供給、および在庫に関する情報共有を推進します。あわせてプレハブ建材などの仮設住宅建設関連の物流支援も進める必要があります。

また、災害廃棄物の処理についても物流関連のインフラストラクチャーの復旧状況を見ながら、迅速なる対応を目指す必要もあります。さらにいえば、二次災害、三次災害の発生に備え、サプライチェーンの寸断の一刻も早い復旧を進めていくというスキームが想定されるのです。被災地の復興状況を常に先取りするかたちでリサーチし、問題を未然に解決する監視機能をロジスティクスの視点から付加する必要もあります。

図7-5　BCP（事業推進計画）へのロジスティクス領域の対応

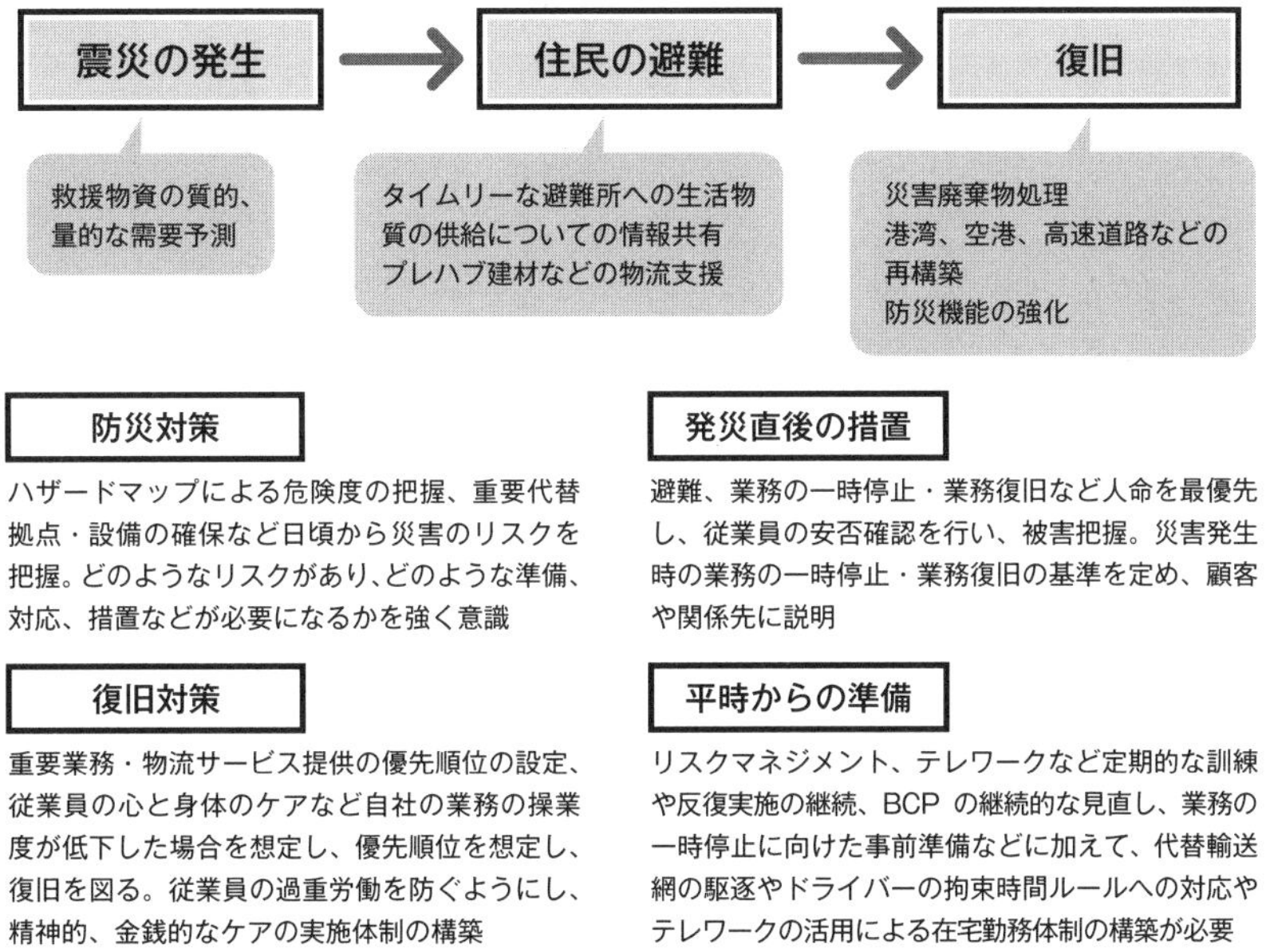

さらにいえば、行政機関が物流施設に導入されている倉庫管理システム（WMS）を、緊急時には救援物資輸送の緊急受発注システムとして活用できるようなクラウドコンピューティング対応としておくことも望まれます。

また同様に被災した物流施設、物流団地については、リアルタイムで行政のウェブサイトから情報を公開するというしくみ作りを行ったり、物流団地に造成中の空き地がある場合には、災害廃棄物の最終処分までの仮置き場として活用できるようにする工夫も必要となります。

ＢＣＰ発動に際して物流施設を戦略的に活用することでサプライチェーンのレジリエンス（強じん性）を確保していくのです。

Section 7-6

物流センターの無人化・自動化を目指す流れ

英語ではウエアハウスと総称される物流施設ですが、日本語では多くの呼称が存在します。物流センター、流通センター、ロジスティクスセンター、フルフィルメントセンターなどがその主なものとしてあげられます。

英語でいうところのウエアハウスの基本的な機能は生産と販売を結ぶ軸としての働きです。庫内作業を円滑に進め、生産から最終消費にいたる諸情報をサプライチェーン全体で共有するための中心拠点となることが求められてきています。

ウエアハウスの基本機能はミクロ機能とマクロ機能に分類できますが、今後、そのどちらもスマート化が急速に加速する可能性があります。

ミクロ機能とは庫内作業におけるウエアハウスの機能です。生産拠点から商品を受け入れ、入荷作業を行い、次いで入庫から保管、ピッキング、検品、梱包、出庫、配送と続く一連の庫内作業です。最新のウエアハウスではこうした庫内作業をできるだけスマート化する方策がとられています。自動倉庫の導入、デジタルピッキングの高度化、梱包の簡素化、作業効率をアップさせるためのＲＦＩＤタグの導入に加え、ＩｏＴとのリンク、ＡＩの活用、物流ロボットの導入などが推進されているわけです。さらに物流センター機能全体をＡＩで制御する「無人化」の動きも加速してきています。

マクロ的機能とは、ウエアハウスの拠点集約などの物流拠点戦略、立地ロケーション、サプライチェーン全体での情報化の促進、ウエアハウスの外観のデザインや庫内のロケーション、レイアウトなどを指します。こちらについても最新物流施設の新設に際して、スマート化に対応できるインフラが整備されるようになってきています。

図7-6 WMSの主要機能

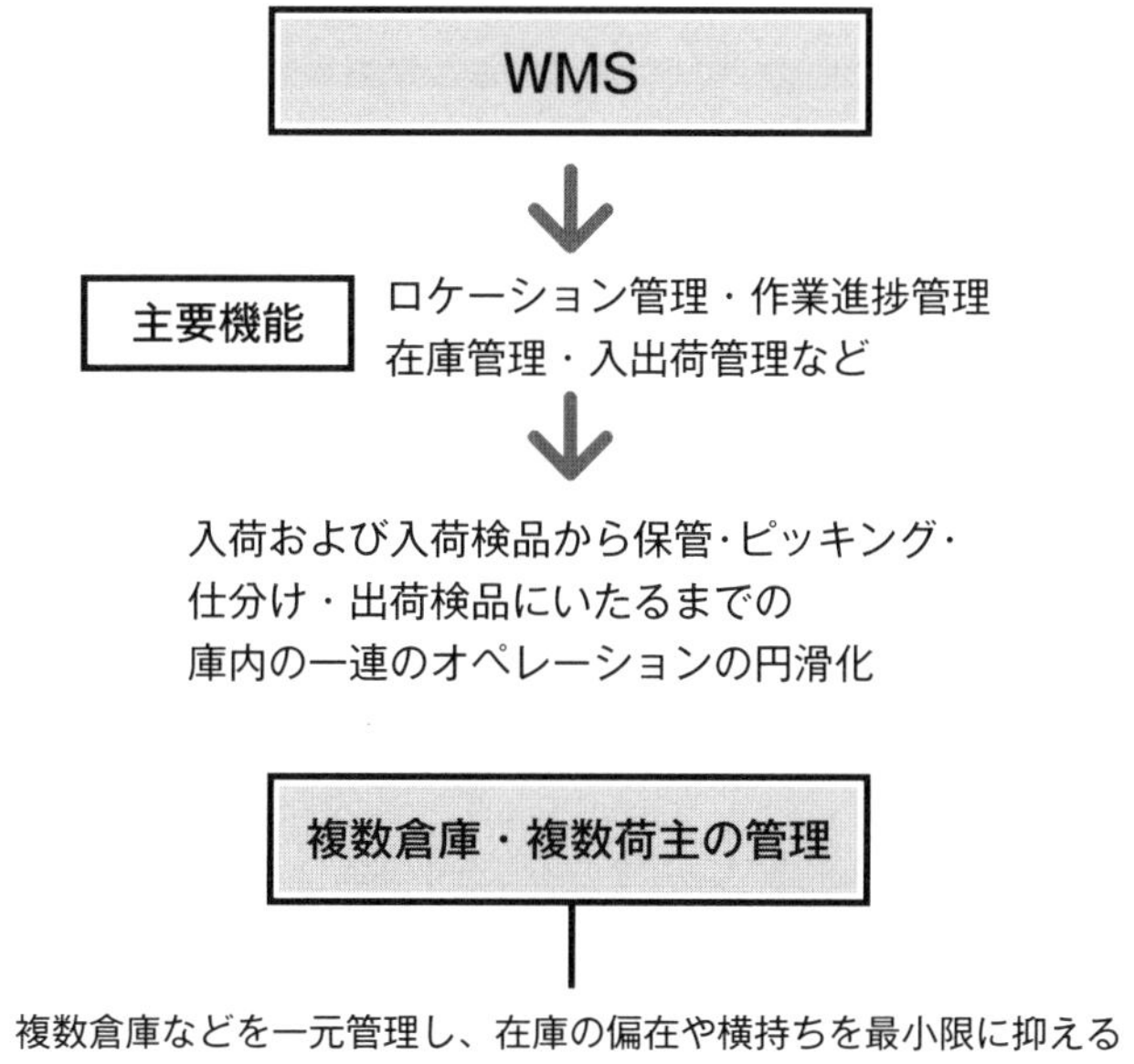

なお、物流センターの無人化への大きな動線としてはＩｏＴに加えて、ＲＰＡ（ロボティックス・プロセス・オートメーション）やＡＩの導入が進んでいます。また、近い未来にはＡＩとのリンクが強化され、物流センターの自動化・無人化の大きな原動力となる可能性も高くなっています。

物流センターではこれまで受発注データをもとに注文書、ピッキングリストを印刷し、そのリストをもとにピッキング作業を行い、そのうえで出荷案内書を発行し、商品と照合、さらには送り状を発行するといった一連の事務作業が行われてきましたが、このプロセスにＲＰＡを導入することで業務効率化が可能になるのです。

もちろんＲＰＡの導入に留まらず、機械学習を活用したプログラムをマテハン機器などに組み込むことで、完全自動化、さらには無人化に向けて物流センターが動き出すことになります。

Section 7-7

ニューノーマル時代にさらに高度化するマテハン機器との融合

物流施設の大型化、建設ラッシュにより、物流不動産開発企業同士のテナント獲得競争も激しくなってきました。

東京、大阪などの大都市圏の消費地に近い立地の施設は賃貸開始後すぐに満室となるなど、たいへん高い人気を集めていますが、開発用地にも限度があることから、物流不動産開発企業は次第に大都市圏の外側にも施設建設を始めました。

ただし、そうなるとこれまでの施設に比べて立地条件は悪くなるため何かしらのアピールポイントも必要になってきます。また好立地の施設であっても競合他社との差別化を図るしくみ作りが求められるようになりました。

そこで注目されるのが、物流施設のなかに高度化するマテハン機器をあらかじめ設置できる基盤構築や物流支援情報システムとリンクさせたりする試みです。

物流施設の大型化や現代化などにより、物流施設内で行われるピッキング、仕分け、保管、運搬などの作業で用いられるマテハン（マテリアルハンドリング）機器についても近年、技術革新が進んでいます。

現代物流においてミクロ的にもマクロ的にもウエアハウスの機能は増幅の一途をたどっています。そのためウエアハウスの機能はますます複雑になってきていますが、スマート化を進めることで複雑化する庫内外環境を整備していこうというわけです。そしてその結果スマートサプライチェーンの構築において、スマート化機能がリンクされたウエアハウスが誕生しています。人工知能や数理最適化技術をマテハン機器やＷＭＳ（倉庫管理システム）に活用することで高度なレベルでの効率化を実現するのです。

次世代型物流施設で注目を集めているのは、物流ロボットの導入やＡＩによる需要予測の綿密化やロボッ

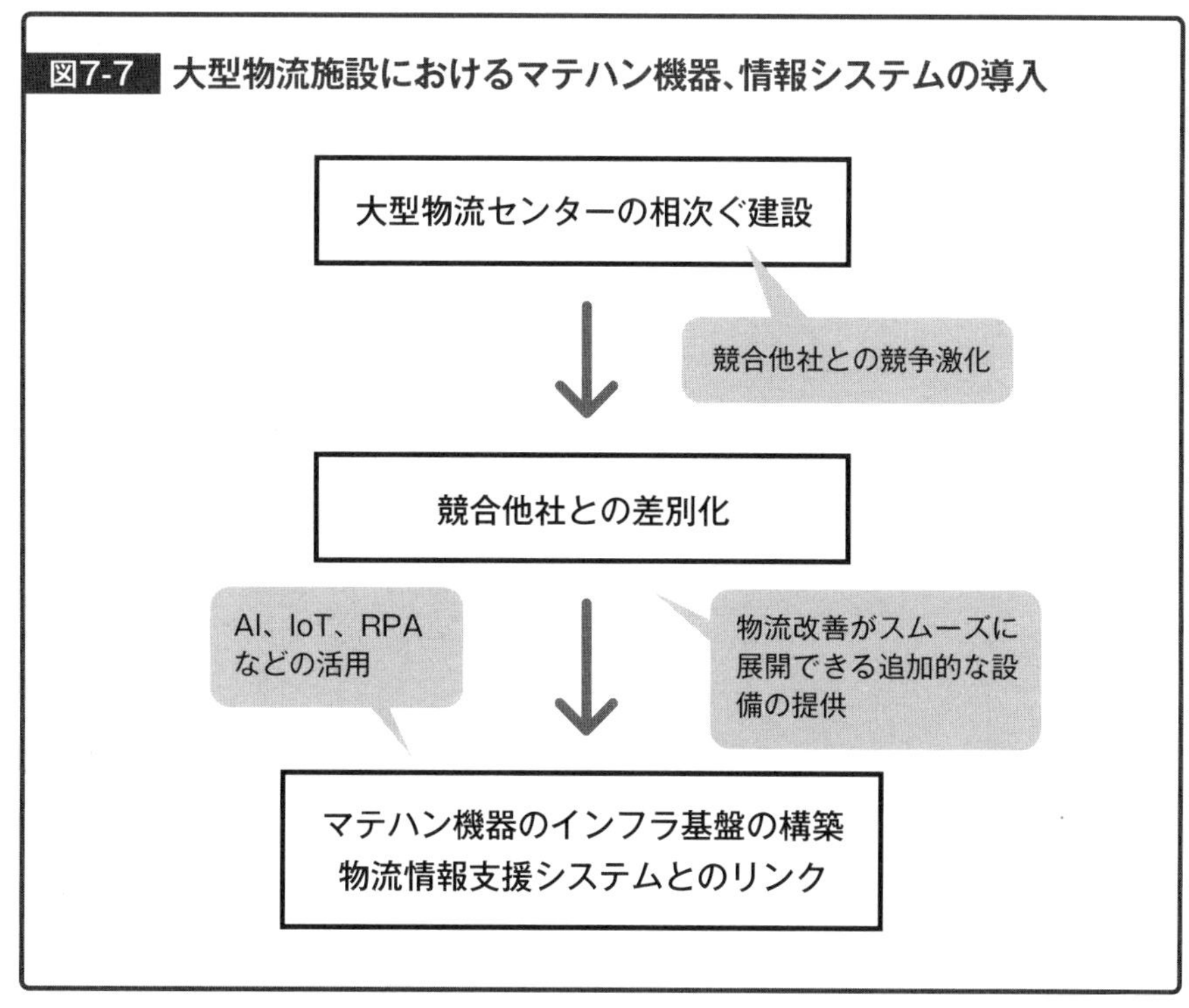

ト配置の指示、さらには無人フォークリフト、無人搬送装置や棚卸ドローン、アーム型ピッキングロボットなどとのリンクです。５Ｇ環境での画像解析を棚卸や検品システムに活用する可能性も高くなります。

たとえば、庫内の入出荷作業では、従来は人間が判断していた貨物の優先順位の決定などの作業プロセスをＡＩで最適化する可能性が検討されるようになってきています。いわゆる機械学習に関連するアルゴリズムなどを作業分担などの最適化に活用していくわけです。

また、出荷トラックの傭車（ようしゃ）や配車に際して荷主への割り振りや物流センターにおける入出荷バースの空き状況や待機時間、スケジューリングなどについて群知能アルゴリズムなどを活用する特許出願なども行われています。

Section 7-8

ＡＩ武装を強化する次世代マテハン機器

物流センターの保管効率や作業効率の向上を実現するにあたって、自動倉庫は必要不可欠な存在でした。自動倉庫は自動で出し入れ、すなわち入出庫を行う巨大な保管棚で、情報システムとリンクするかたちで高い保管効率を実現できます。

しかし生産を抑制する必要性に迫られたデフレ不況下では、庫内オペレーションの変化などもあり、過剰設備とみなされるケースが増えてきました。また、大型物流センターの天井高は三段固定ラックが収まる高さである５・５～６ｍで設計されることが多く、それよりも高い天井が望ましい自動倉庫の導入のネックにもなりました。

また、大都市消費地向けの物流センターは長期保管を中心とするストック型センターではなく、貨物の流動性がきわめて高いスルー型センターで、貨物は24時間以内に入荷、検品、流通加工、梱包などのプロセスを経て、長期保管はせず、他の貨物と荷合わせなどを行い、出荷されていきます。こうした貨物流動性の高いセンターには、高い保管効率を特徴とする自動倉庫よりも、迅速なピッキングや仕分け作業に対応できるデジタルピッキングシステム（ＤＰＳ）やデジタルアソートシステム（ＤＡＳ）の活用が効果的となります。

しかし、ここにきて、自動倉庫にも大きな技術革新が起こりました。それがマルチシャトルシステムの登場です。マルチシャトル型の自動倉庫は複数のシャトルカーによる入出庫が可能な省スペース設計が可能です。その結果、デッドスペースを最小限に抑えることができます。

また近年、保管在庫管理の高度化において注目を集めているAutoStore®はＡＩと連動させることで出荷頻度などを考慮に入れつつ、コンテナをすき間なく積み上げて高密度の収納を可能とする保管システムで、

図7-8　マテハン機器の導入の方針

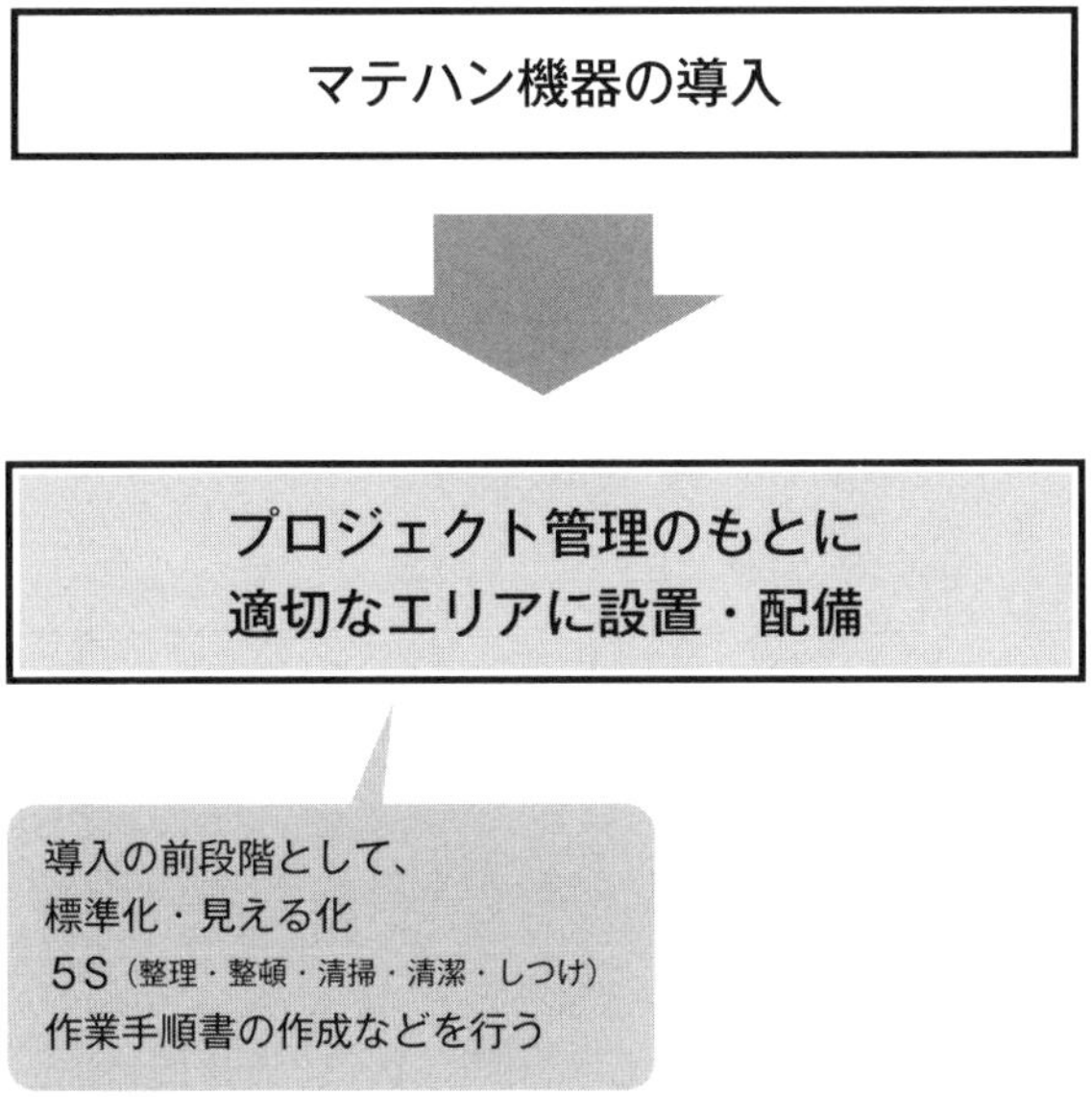

マテハン機器の導入

プロジェクト管理のもとに
適切なエリアに設置・配備

導入の前段階として、
標準化・見える化
５S（整理・整頓・清掃・清潔・しつけ）
作業手順書の作成などを行う

省スペースでの高い保管効率と迅速なオペレーションが期待できます。

さらに近年は物流には欠かせないローラーコンベヤについても技術革新が起きています。コンベヤ上にバーコードの読み取りゲートを設置したり、コンベヤから出荷情報を入手したりできるシステムも開発されています。速度変速などについても柔軟に対応できるタイプが増えており、省エネ化も進んでいます。

ただし、マテハン機器などの導入は、導入すればすぐに効果が出るというものではありません。入念な準備も必要になってきます。物流施設に前もってさまざまなシステムや設備が組み込まれるようになっても、それをいかに活用していくかについては各テナントや企業がプロジェクト化などを行いつつ、綿密に進めていく必要があるのです。

Section 7-9

サプライチェーンインフラストラクチャーとしての物流不動産

物流センターを起点とするスマートサプライチェーンの大枠をまとめておきます。

まず物流施設は物流不動産開発会社により、ファンドで建設されます。そしてファンドにより建設された物流施設は、3PL企業などに長期賃貸を条件にリーズナブルな賃料で貸し出されます。

3PL企業などは、「拠点集約」をキーワードに荷主企業などが抱える複数在庫拠点を大型拠点に集約し、あわせて物流効率化の実現を目指します。拠点集約によって在庫の重複などを解消することが可能になり20~30パーセント、あるいはそれ以上のトータル在庫の削減も期待できます。

また、拠点集約に際して、新しい大型物流施設に移ることから、マテハン機器、情報システムなどを刷新することもしばしば行われます。

たとえばマテハン機器ではDPS（デジタルピッキングシステム）、DAS（デジタルアソートシステム）、マルチシャトル式自動倉庫、AutoStore®などに加えて、レンタルパレットシステム、IoTコンベヤ、無人フォークリフト、ドローンなどの導入を行います。

また、情報システムとしては、物流センター運営に不可欠なWMSに加えて、RFIDタグを用いたスマートパレット®、カゴ台車管理システム、入出荷バース予約システム、サプライチェーン／物流施設セキュリティシステムなどの導入を検討することになります。

なお、大型物流センターの運営は、マテハン機器や情報システムの導入、活用だけでは十分とはいえません。それをうまく使いこなせる質の高い労働力の確保も必要です。

物流センターの立地は大都市郊外になりますが、住居地域などにあるわけではなく、アクセスに時間のか

図7-9　地域ランドマークとしての物流不動産

大型物流施設

物流不動産開発会社がファンドで建設

3PL企業などに長期賃貸

「拠点集約」をキーワードに荷主企業などが抱える複数在庫拠点を
大型拠点に集約し、あわせて物流効率化の実現

マテハン機器、情報システムなどを刷新

DPS（デジタルピッキングシステム）・DAS（デジタルアソートシステム）・
マルチシャトル式自動倉庫・AutoStore®・レンタルパレットシステム・
IoTコンベヤ・無人フォークリフト・ロジスティクスドローンなどの導入

従業員満足実現

シャトルバス・食堂・保育園・スポーツジムなど

地域のランドマークとしての存在感

かるロケーションにあることも少なくありません。高速道路のインターに近くても、駅から遠かったり、バスの路線が通っていなかったりします。そこで物流センター側の工夫でシャトルバスなどを出して通勤の負担を軽減するといった対策がとられていることもあります。また、作業者がリラックスして楽しみながら食事ができるように食堂を充実させたり、子育て世代が働けるように保育園を併設したりしている物流センターもあります。従業員満足を実現することで労働力を確保していくという考え方です。

さらに近年は物流施設の存在が地域のランドマークとしての存在感を強めています。たとえば大田区景観まちづくり賞（大田区景観審議会）でヤマトグループ羽田クロノゲートや東京流通センター（ＴＲＣ）などの物流施設が受賞しています。

社会的にも物流不動産の重要度はますます高まってきているのです。

第8章
IoTの主役、パレット・物流容器

Section 8-1

レンタルパレットシステムのスマート化

物流センターにおけるパレットの役割は、今後のAI化、無人化、自動化などの流れが加速すればするほど、その重要性を高めていくことになります。

たとえば自動搬送用ロボットを活用するには情報で紐づけされたパレットの導入が不可欠となるといった具合です。

実際、段ボール箱をパレットの上に積んで、物流センターの保管やトラックへの積載に活用することで荷役効率を大幅に向上できます。

さらに近年、レンタルパレットは、RFIDタグ（ICタグ）を付けて貨物情報との紐付けがこれまで以上に大きな可能性を秘めていることが明らかになってきています。

「レンタルパレットにRFIDタグを付けることでパレットの紛失を防止できる」というのが当初の目的でしたが、実際に紐付けが行われてみると、ビッグデータやIoTとのリンクなど、さまざまなメリットがあることが明らかになったのです。

たとえば工場でバラ検品を行ったあとに段ボール箱などに梱包し、パレット単位で出荷すれば、段ボール箱を開梱しないかぎり、フォークリフト荷役を行い、物流センターから小売店舗まで配送することが可能になります。しかもパレット単位で出荷ロットや到着日時などの必要情報が管理できるのです。そうして得られるビッグデータをAI技術で分析することで、より緻密な物流システムを構築するのです。

これまで「確かにパレット荷役は作業効率は向上するけれど、積載率や保管効率が下がってしまう」ということで導入に後ろ向きの業界も存在しました。

けれども、AI時代には貨物情報がRFIDタグで紐付けされたパレット単位で逐一管理できるということのメリットは計り知れません。リアルタイムにパレ

図8-1 スマートパレットの導入効果

スマートパレット導入前の課題 パッシブタグによる手動の入出荷管理

入出荷／毎回
棚卸し／半年

実数カウントができているものと思い込んでいた

●オペレーターによる読み漏れ
●金属による電波減衰

実数に乖離があった
➡補填費用の増大

↓

スマートパレット導入後の効果 アクティブタグによる自動の入出荷管理

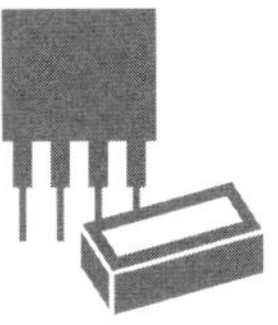

入出荷／自動
棚卸し／自動

実数カウントが自動化された

在庫不明パレットがなくなった
➡補填費用　なし
➡入出荷作業　なし
➡棚卸し作業　なし

常に在庫の過不足把握により
➡パレットの不足　なし
➡パレットの返却輸送費　減

ットがどこの拠点にどれくらいあるか、さらにはパレット単位で貨物の出庫時間や物流センターへの入庫時間なども確認できるのです。

パレットはメーカーの工場やパーツセンターから出荷された後、卸売業の物流センターへの入庫、格納、保管を経て、小売業からの発注を受けて、店舗納入向けのカゴ車単位、段ボール単位などへの積み替えで、その役割を終えます。その後は卸売業の物流センターから工場に戻され、そこから、あるいは物流センターから直接、パレットレンタル企業の回収スキームに乗ることになります。

しかし、小売業の店頭まで継続されていたならば、物流現場の作業負荷はより軽減されることになります。情報が紐付けされたパレットを小売店納入まで用いることによる情報管理面でのメリットも、決して少なくありません。また、卸売業や小売業の物流センター業務の簡素化も実現できるのです。

Section 8-2

期待される強化段ボールのさらなる活用

近年、段ボールの強度を上げて、荷台の上に積み重ねやすくするなど、積載率を向上させる試みが多くみられるようになりました。いわゆる強化段ボールの導入です。

強化段ボールは、パルプ原紙を使用した強度の高い2層、あるいは3層構造の段ボールです。

木箱などの代わりにコンテナなどに搭載され、充填率、積載率を向上させることが可能になります。ICタグを装着することで、通い箱としても活用して貨物情報を追跡、加速することも可能になります。

強化段ボールの活用事例としては、生鮮食品の輸送包装に活用などが進んでいます。生鮮食品、野菜などの梱包で通常の段ボールを使うと、湿気、水分を吸収し、強度が落ちることがありますが、防水機能などを備えた強化段ボールに切り替えることでこうした問題を回避するのです。

輸出用梱包への活用も進んでいます。たとえば、輸出用コンテナ内の貨物を木箱で梱包すると、充填率が落ちますが、通常の段ボールでは箱がつぶれてしまうことがあります。そこで強化段ボールを導入し、コンテナの充填率を向上させます。くん蒸処理も強化段ボールにすることで省くことができます。

また、重量物の包装では木箱が用いられることが多いのですが、強化段ボールに代替することで同等の効果を安価で得ることが可能になります。

このように強化段ボールは物流改善を提案するうえで相当に有効な選択肢となります。

重量物、長尺物、精密機器などの輸送包装としては木箱が重要な役割を担っています。ただし、木箱の場合、梱包に独自のノウハウも必要なうえに開梱も容易ではなく、コストが高くなることも少なくありません。輸出に際しては、くん蒸処理が必要になることも

図8-2 強化段ボールの活用

ストレッチフィルムの巻き方

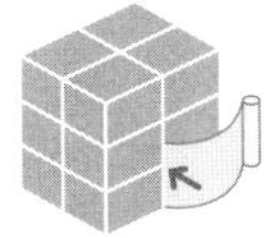

①ストレッチフィルムの荷の間に挟む。その際、先端は丸める

②１周目は比較的緩やかに巻く

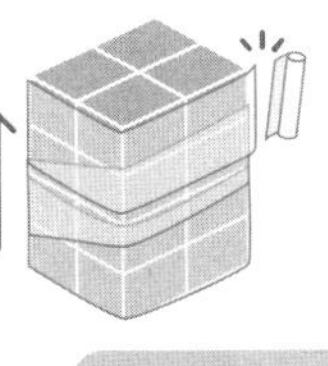

③３周を目安に下から上に荷を巻くのを基本とする。適時、ひねりを加える。巻き終えたら荷の角でストレッチフィルムを切断する。

④荷全体の巻き具合を確認して、必要に応じて整える

荷崩れの多発
工場からの出荷トラックの荷台の段ボール箱がストレッチフィルムで補強されていないために荷崩れを起こしやすい

ガムテープなどの貼り方

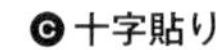

ⓐ縦貼り
段ボール箱などに縦一直線にガムテープなどを貼る

ⓑH貼り
段ボール箱などの左右と中央にガムテープなどを貼る

ⓒ十字貼り
段ボール箱などの縦横にガムテープなどを貼る

梱包対象物に合わせてガムテープの貼り方を変える

あるなど、手間もかかります。

通常の段ボールは湿気、水分に弱く、破損しやすいなどの問題点があり、重量物などの輸送包装には適しません。しかし、強化段ボールには段ボールの弱点を補ってあまりある長所があります。３層構造になっている強化段ボールなどは木箱に匹敵する強度があります。段ボール部分の内側も緩衝材の機能を発揮します。

また、持続性があり、使い捨てではなく、通い箱としても活用できます。複数回の使用が可能になるのです。木箱に比べ開梱、再梱包が道具などなしに格段に容易になります。

発荷地から着荷地まで同一のパレットに貨物を載せて輸送、保管、荷役を行う一貫パレチゼーションの視点からも、木箱に比べ強化段ボール箱ははるかに相性がよくなります。

Section 8-3

シームレスな物流をサポートするコンテナの機能と役割

コンテナにＲＦＩＤタグを装着して貨物情報の可視化やシームレス化を行う動きも進んでいます。

コンテナの用途はさまざまで、国内の陸上輸送、海上輸送、国際輸送などに活用されます。

トラック輸送では鉄道コンテナ、トレーラー輸送では海上コンテナが運ばれます。また鉄道コンテナでは、鉄道貨物を運ぶコンテナですが、トラック輸送とリンクさせることにより、環境にやさしいモーダルシフト輸送を推進できます。

本格的な海上貨物コンテナは１９４９年に、オーシャン・バン・ライン社がアラスカ－シアトル間を使用したのが最初とされています。ただし、このコンテナは2段積みが限度の強度で、現在のコンテナとはいささか異なりました。

現在の海上貨物コンテナの生みの親といわれるのは、米国のマルコム・マクリーンという人で、海運業界の出身者ではなく、トラック運送業界の出身者でした。トラック運送業界の視点から、陸と海の物流を結びつけることを考えたのです。マクリーンが工夫したのは、コンテナの上下各隅に「隅金具」を設けて陸送用の車両に固着しやすくした点と、コンテナ底面にトンネルリセス（細長いくぼみ）を設置し積み付け作業をやりやすくした点です。

１９６１年にコンテナ寸法の国際規格化についてのＩＳＯの総会が行われ、翌年規格が定められ、以後も適時、寸法規格の追加などが決定されてきました。

海外への輸出貨物の場合、「コンテナ内の充填率をいかに高くするか」という工夫と、「コンテナ内の貨物の破損、汚損、ぬれ損などをいかに回避するか」ということが、きわめて重要になります。

また、輸入貨物などが国内でトレーラー輸送が行われる際に、目的地で空になったコンテナ（空コンテナ）をいかに効率的に港湾エリアまで戻すかも課題となっ

図8-3　主なコンテナの種類

鉄道コンテナ	12フィートコンテナ（5トンコンテナ）がもっとも一般的なコンテナ。T11型パレットならば6枚の積み付けが可能 20フィートコンテナは、海上コンテナと同サイズのT11 型パレットで、10枚の積み付けが可能 31フィートコンテナはトラックならば 10トン車の積載量に相当し、T11型パレットで16枚の積み付けが可能
海上コンテナ	20フィートコンテナ、40フィートコンテナが主力。通常のコンテナであるドライコンテナに加え、リーファー（冷蔵）コンテナ、ハンガーコンテナなどがある
航空コンテナ	飛行機の積荷ラッシング装置に固定できるタイプのもの（イグルー）やパレットとネットを組み合わせたタイプ、主部貨物室用、下部貨物室用などがある

ています。

さらにいえば、コンテナからの荷卸しもパレットで積み付けられていて、フォークリフト荷役が可能ならば作業負担は軽減されます。バラでの荷卸しなどの場合は作業者の大きな負担となります。

ちなみに海上コンテナ貨物に発生すると思われる損害には雨水、海水などがコンテナ内に入り込む「ぬれ損」、コンテナ内の積み付けがしっかり行われていなかったり、個品単位の包装が不適正であったりしたために生じる破曲や擦りキズ、外気の湿度の変化などが原因でコンテナ内に結露が生じる「汗ぬれ損」などがあります。

なお、２００５年から45フィートコンテナがＩＳＯ規格となり、その使用も増えてきています。45フィートコンテナは40フィートコンテナに比べ、純積載容積が約13パーセント増えることから比較的軽量な貨物を大量に運ぶのに適しているといわれています。ただしわが国では道路運送車両法などの保安基準を満たせず、港頭止まりで一般公道での走行は認められていません。

Section 8-4

期待される無人フォークリフトのＩｏＴ武装

乗用車、トラックなどの自動運転技術が年々、高度化していますが、一般道における対人事故のリスクがゼロに近くなっているとはいえません。それゆえ、より一層の実証実験がいまだ必要とされています。しかし自動運転技術は、すでにある程度、成熟しており、実用化への道のりを歩み始めています。

自動運転を取り巻く状況を鑑みて、倉庫内などにおける無人フォークリフトの活用に注目が集まっています。夜間の人のいない労働環境である倉庫内で貨物運搬をプログラムに沿って無人で行うフォークリフトを活用できれば、人手不足を解消することもできます。

実際、すでに先進的な倉庫内では、無人フォークリフトが夜間に運用されています。人力によるフォークリフト運転に比べて、作業時間がかかるなどの課題はありますが、本来ならば非作業時間帯の夜間にゆっくりと作業を行い、翌朝には終了しているというスキームならばコスト面でも効率面でも問題はないのです。

無人フォークリフトを活用したコネクティッド・ロジスティクスの現場でのオペレーションのイメージは次のようになります。

まず、自動運転トラック、隊列走行型トラック、ロジスティクスドローンなどが物流センターに到着し、入荷業務における無人化フォークリフトは機械学習型のプログラムコントロールで荷卸しを行います。そしてＲＦＩＤのアクティブタグを装着したレンタルパレットと、それに搭載されている貨物が無人センターの読取リーダーを通過することで、無人で入荷検品が完了します。

無論、機械学習により出荷予測を精緻に行うことができるようになった庫内司令塔のＷＭＳからの発注指示により、出庫、出荷作業が無人フォークリフトとパレタイズロボットの連動により進められることになり

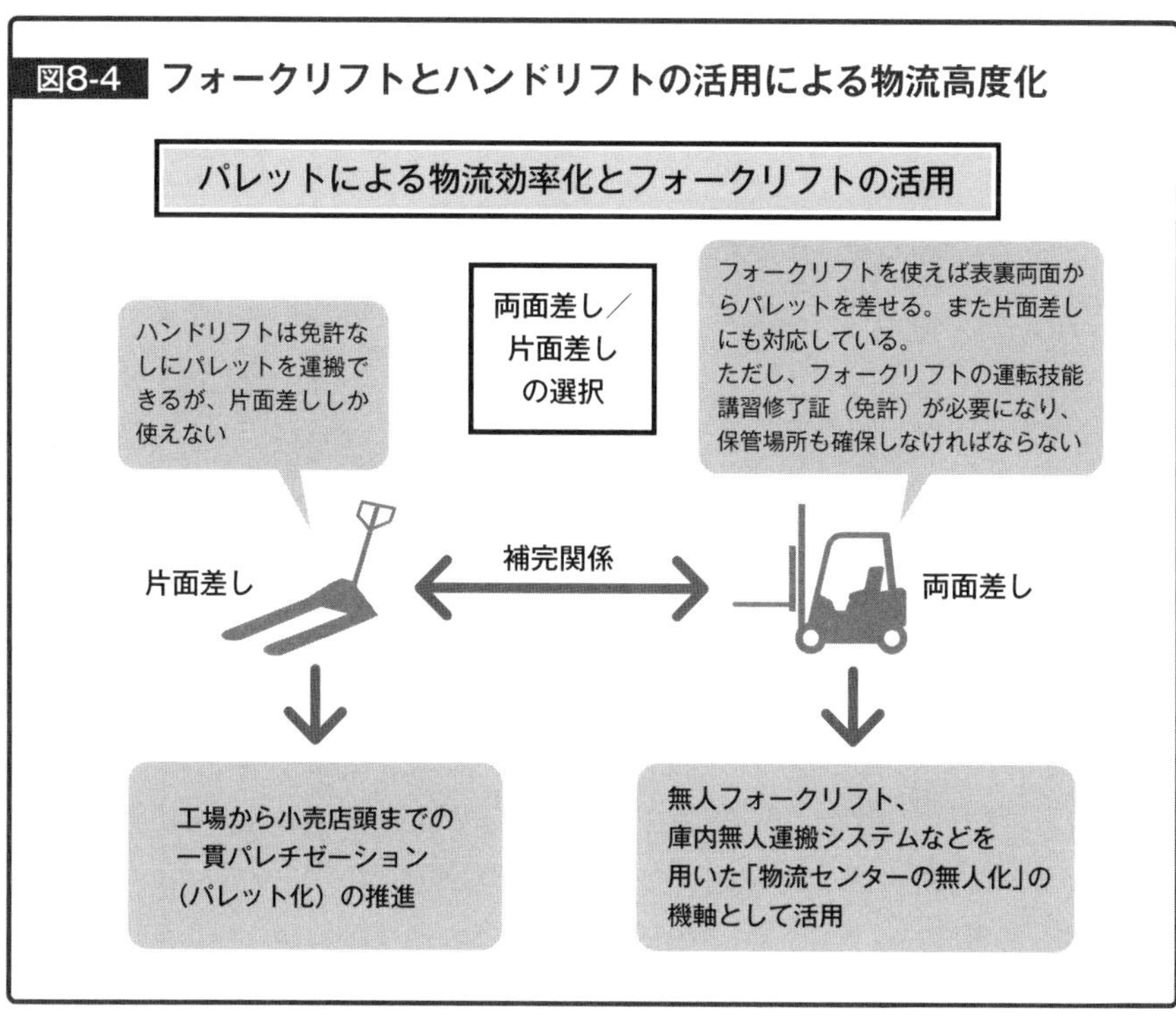

ます。レンタルパレットに装着されているアクティブタグが出荷データを瞬時に読取り、出荷検品を終えると、無人フォークリフトは自動運転トラックに対して積み込み作業を行います。

なお、パレットの普及により、近年は小売店頭までトラックでパレットに荷物を載せて納品を行う場合も増えています。

ただしその場合、フォークリフトではなく、ハンドリフト（パレットトラック）が使われることが多くなります。ただし、ハンドリフトで使えるパレットは片面差しと呼ばれる表裏を定めて使うタイプのもので、フォークリフト荷役でも使える両面差しとは形状が異なります。したがってこの場合、卸売業、あるいは小売業のセンターからの出荷から片面差しで一貫して荷役できる環境を作り上げておく必要があります。

Section 8-5

スマートパレット®による物流DXの展開

繰り返しになりますが、RFIDタグ付きパレットを導入することで貨物の情報読み取りが可能になります。

なお、RFIDタグの装着については、パッシブタグ付きパレットとアクティブタグ付きパレットがあります。物流全体の可視化の方向性を考えると、今後はアクティブタグ付きパレットが大きな流れとなりそうです。

アクティブタグ付きパレットの場合、たとえばパレットレンタル大手のユーピーアールが開発したスマートパレット®では、屋外の見通しのよい場所で300m程度、通常の環境の屋内ならば30〜50m程度の通信距離で読み取りが可能で、定期的な信号送信により、庫内パレットなどの現物管理が可能になります。

「レンタルパレットにRFIDタグを付けることでパレットの紛失を防止できる」だけではなく、ビッグデータやIoTとのリンク、さらにはDX化の促進など、さまざまなプラスの副産物が出てくることが明らかになりました。

たとえば工場でバラ検品を行ったあとに段ボール箱などに梱包し、パレット単位で出荷すれば、段ボール箱を開梱しないかぎり、フォークリフト荷役を行い、検品なしで物流センターから小売店舗まで配送することが可能になります。

しかもパレット単位で出荷ロットや到着日時などの必要情報が管理できるわけです。そうして得られるビッグデータをAI技術で分析することで、より緻密な物流システムを構築できることになるのです。貨物情報が紐付けされたパレット単位で逐一管理できることのメリットは計り知れません。パレットはサプライチェーンの上流から下流までを往来するので情報共有のツールとしては申し分ないのです。

図8-5 スマートパレット®のイメージ

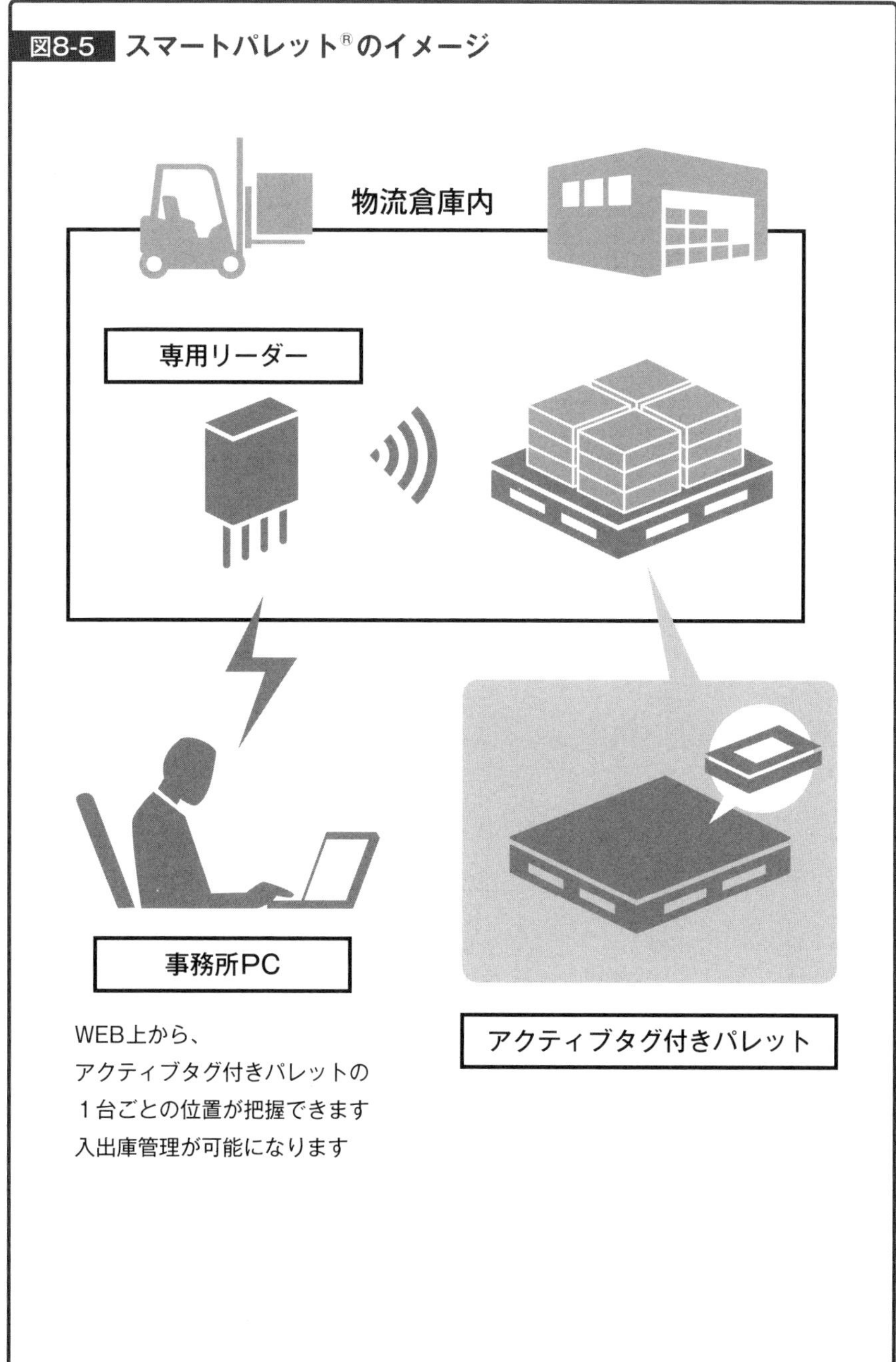

Section 8-6

静脈物流におけるスマート化の推進

適正包装についてグリーンサプライチェーンにおける静脈物流（リバースロジスティクス）の視点から整理しておきましょう。

包装、梱包を工夫することで動脈、静脈をトータルに考えた物流ネットワークの構築を進めるうえで包装、梱包の工夫は多くのメリットを生み出します。

段ボール箱などは、工場、物流センター、店舗などへの入荷後には多くの場合、廃棄物として処理されることになります。そこで使用済み段ボール箱などの積み替え保管場所を充実させたり、中間処理設備を併設したりすることで、静脈物流ネットワークへの連動を円滑化させます。

たとえば、物流センター内などに産業廃棄物の処理システムを導入することで使用済みの段ボール箱、梱包材、パレットなどを効率的に再生資源化することが可能になります。使用済みの段ボール箱や梱包材などを買い取ってもらい再生利用するのです。段ボール箱などはきちんと分別して圧縮減容機で圧縮梱包することで、有価物として売却することが可能になります。

さらにいえば、物流改善を徹底して行うことで少量化することも可能です。プラスチック製の通い箱などを積極的に導入することで、段ボール箱の使用量を削減していくのです。

包装材のワンウェイからリターナブルへのシフトを進める物流改善を行うことで、段ボール箱使用量の適正化を実現することが可能になります。

パレットの材料には木製、プラスチック製、金属製、紙（再生段ボール）製がありますが、リサイクルとの関係でもっとも注目度が高いのは木製パレットです。この点について、廃棄物処理法の改正で物流センターなどから出る使用済み木製パレットは事業系一般廃棄物から産業廃棄物となり、再利用がしやすくなりまし

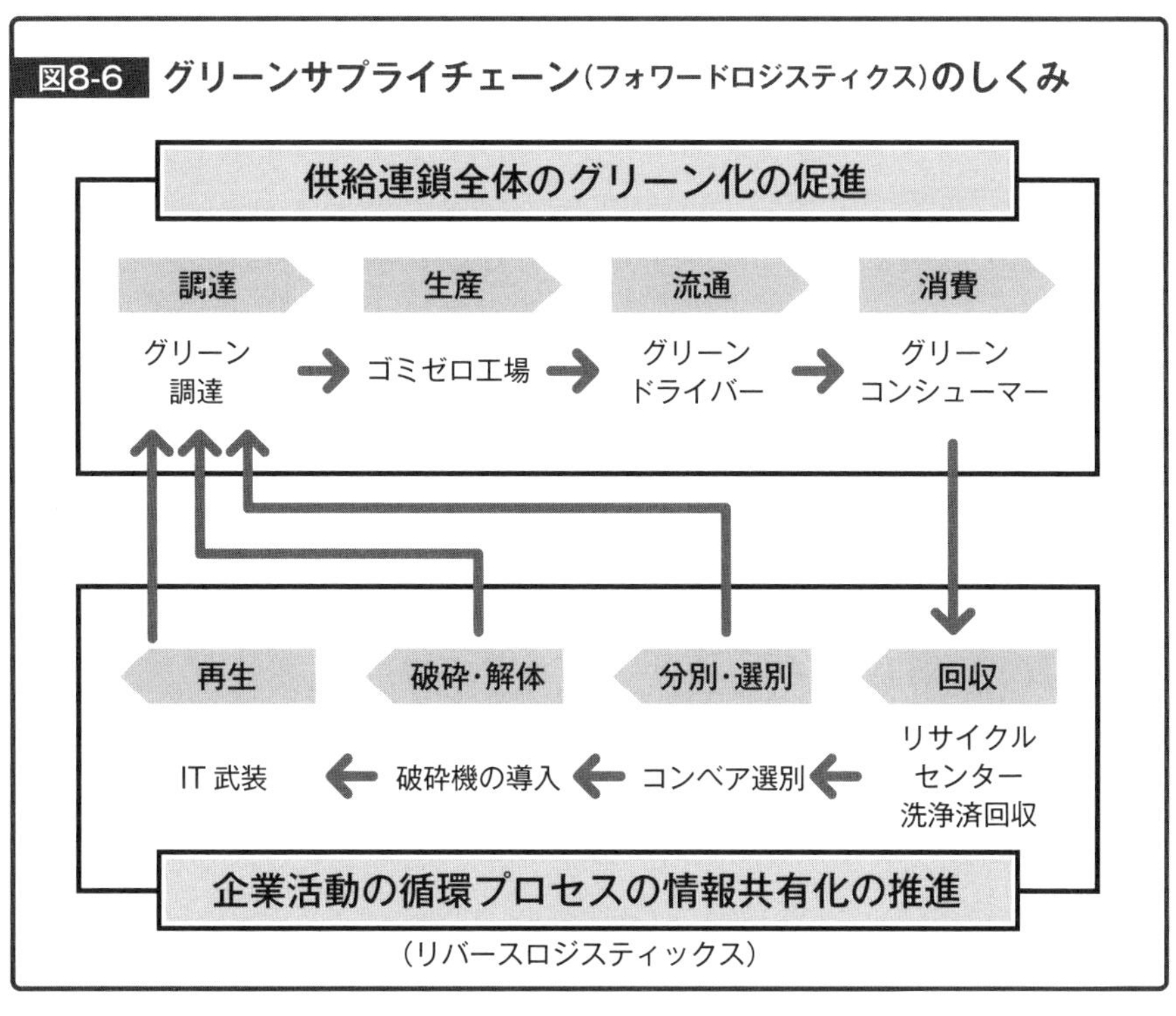

図8-6　グリーンサプライチェーン（フォワードロジスティクス）のしくみ

た。燃料チップなどに資源再生利用する選択肢が容易となったのです。循環型社会のなかで使用済み木製パレットをうまく処理できるスキームが出来上がりつつあります。

また工場、建設現場、物流センターなどで発生した産業廃棄物は、ドラム缶などに入れられ、自社トラック、あるいは収集運搬事業者のトラックで中間処理施設、あるいは最終処分場に運ばれることも少なくありません。収集運搬や荷役作業を効率的に行うためにもさまざまな運搬機器、容器として使われます。ペットボトルなどは廃プラスチックを圧縮し、パレットに載せ、積み替え保管されます。

そして静脈物流部門についてもＲＦＩＤタグを活用して、不法投棄の防止や共同回収スキームの構築などに役立てる企業も出てきています。

第9章
業界別
コネクティッド
ロジスティクス事情

Section 9-1

自動車産業で進むスマート工場物流

自動車関連のロジスティクスの規模と範囲はきわめて大きく、広く、コネクティッド化についても先進的な立ち位置にあります。したがって自動車産業の動向を見ていれば、明日のコネクティッドロジスティクスの姿もイメージできると考えられます。

自動車のさまざまな部品は、自動車メーカーと取引のあるサプライヤー（部品供給業者）の物流センターから自動車メーカーの工場倉庫、あるいは作業現場に生産計画に基づいて納入されます。

自動車メーカーの多くは部品供給、組立の段階まではジャストインタイムなど、可能なかぎり無在庫に近い管理を目指します。しかし、完成車を販社を通してマーケットに供給するにあたっては、「ある程度の在庫をもたなければ市場競争に勝てない」という原則に基づいて、適正在庫レベルを設定しているようです。

さらに生産効率を向上させるために「工場のコネクティッド化」や「生産物流のコネクティッド化」も進めています。DX武装も加速しています。

工場内の生産ラインに計測センサーを多数設置することにより生産過程でのデータを収集し、集めたデータを解析、分析し、結果として不良品の発生率の低減を目指しているのです。

たとえば自動車部品メーカー大手のデンソーは全世界の130か所の工場をつなげて生産性を大きく向上させています。機器やシステムをつなげるだけでなく、工場間、生産ライン間、設備間をネットワーク化しデータを収集しAIでビッグデータ解析を行うかたちでDXを実現しています。

もちろんトヨタやBMWなどの自動車トップメーカーはすでに生産工程へのロボットの導入を進め、ギアの部品の製作工程で、協働ロボットを導入し、補助作業を行っています。

図9-1　自動車業界の生産ラインのロジスティクス革新

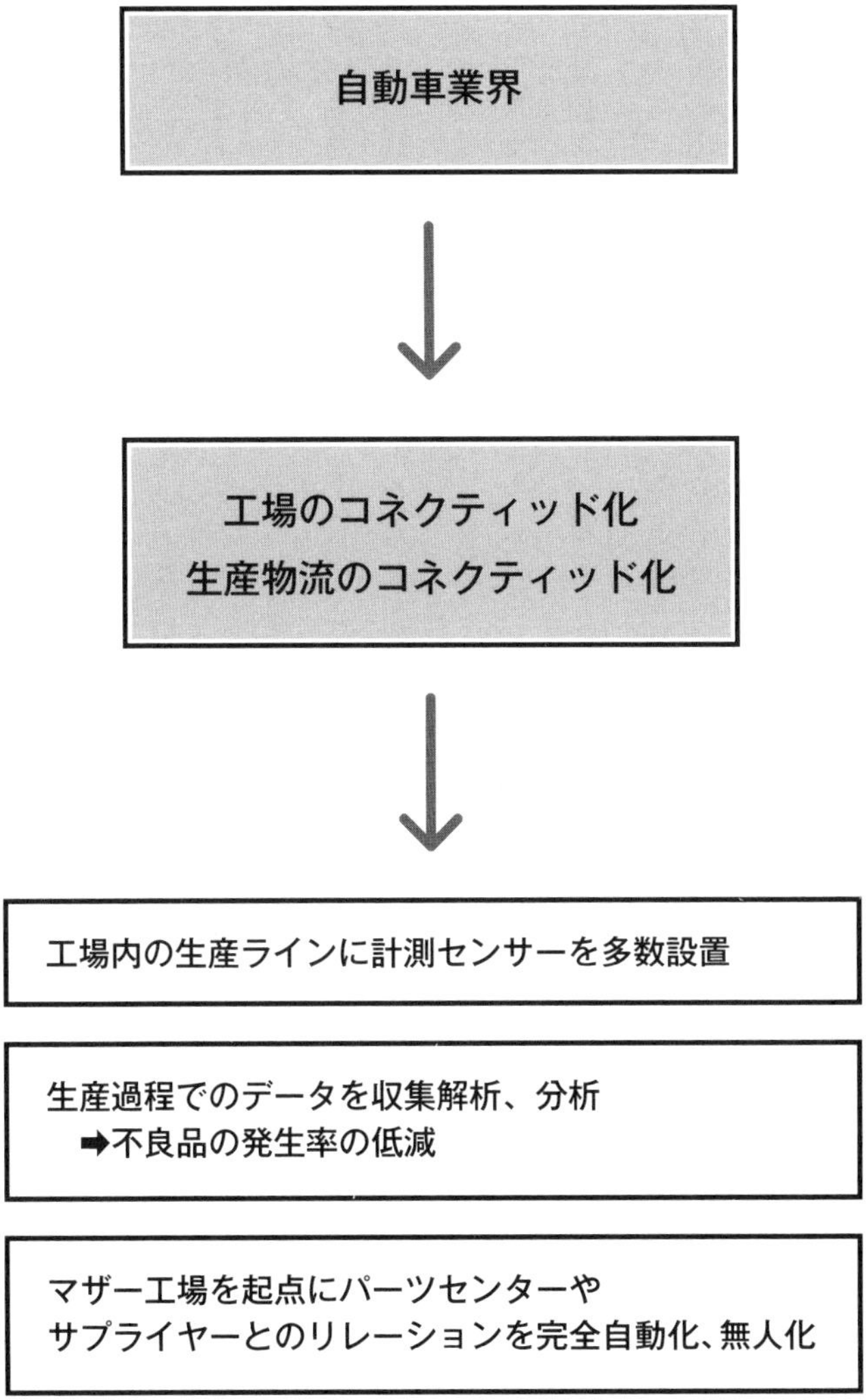

自動車業界

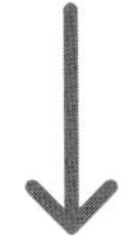

工場のコネクティッド化
生産物流のコネクティッド化

工場内の生産ラインに計測センサーを多数設置

生産過程でのデータを収集解析、分析
➡不良品の発生率の低減

マザー工場を起点にパーツセンターや
サプライヤーとのリレーションを完全自動化、無人化

Section 9-2

医薬品物流における品質管理サービスとGDP

医薬品の適正流通（GDP：グッドディストリビューションプラクティス）のガイドラインにより医薬品物流の標準化が進んでいます。

GDPとは医薬品が製造工場を出荷した後、患者の手元に届くまでの流通プロセスにおける品質保証を目的とした指針です。温度管理、流通プロセスの適正管理、偽造医薬品の防止などを徹底します。

新型コロナのワクチン輸送などにも注目が集まっていますが、医薬品輸送のGDP対応を進めるため、リアルタイムで温度、湿度をセンサーでモニターし、通信を用いての見える化をするIoTサービスへのニーズが顕在化しています。

GDP対応の医薬品物流では温度マッピングも不可欠となります。温度マッピングとは、一定の容積の空間温度の分布状況を調べることです。医薬品倉庫や冷凍冷蔵車などには不可欠となります。

たとえば、関西エアポートは医薬品航空輸送品質認証制度「CEIV Pharma」をコミュニティについての認証を取得しています。共同で認証を取得したことで、貨物の引き取りから航空機への搭載までの一連の輸出プロセスや空港到着から配送先・納品先までの一連の輸入プロセスにおいてのGDPが実現され、医薬品貨物の航空輸送スキームにおいて徹底した温度管理を前提とした高品質な医薬品のサプライチェーンの構築と実践が可能になりました。

さらにいえばGDPを円滑に推進するために簡易で小型なセンサー機能付きのGPS位置情報端末が注目されています。たとえば、位置情報サービス「なんつい」（なんでも追跡システム）サービスなどが対応することになります。「あらゆるモノの位置、温度、湿度情報を端末1台でリアルタイムにウェブ上から、簡単に確認できる」などの特徴を有しています。

図9-2　医薬品GDPの対象範囲

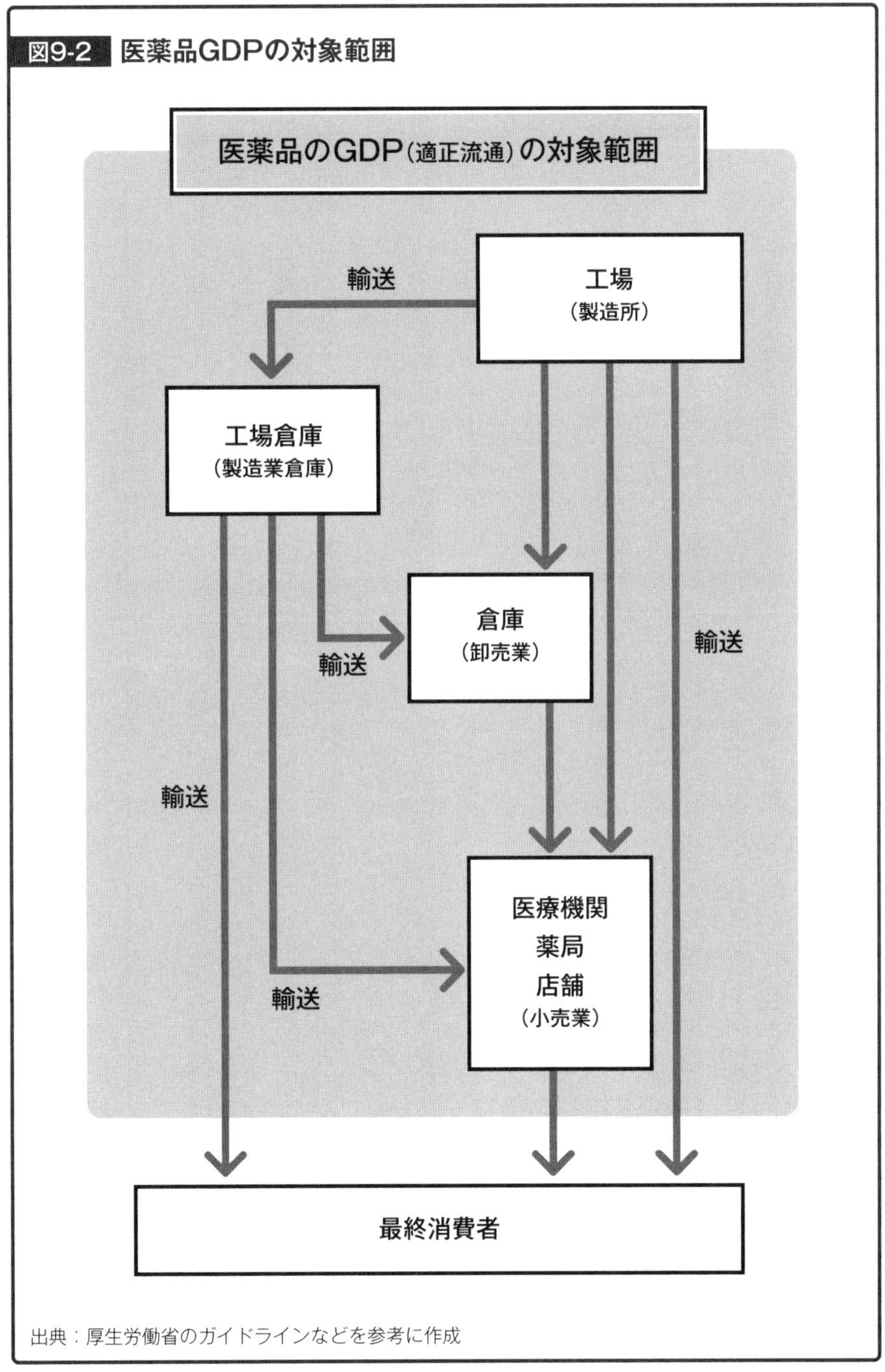

出典：厚生労働省のガイドラインなどを参考に作成

Section 9-3

家電物流におけるＲＦＩＤの活用

日本の家電メーカーは中国企業、台湾企業などに押されて、そのステイタスは低下の一途をたどってきました。ただしその一方で、家電量販店は、頭打ちの傾向を抱えてはいるものの、依然、大きな売上高を誇っています。

実際、家電物流では、各家電メーカーの販売ネットワークよりも家電量販店を起点とした物流システムにシフトしていることがわかります。

具体的にいうと、各家電メーカーの自社工場から自社物流センターを経て、家電量販店の運営する物流センターに商品は運ばれ、それぞれの家電メーカーの商品は家電量販店の物流センターで荷合わせされたうえで各店舗に納入されるというしくみです。

各家電メーカーの物流センターから量販店などのセンターに向けて、個別に配送が行われ、そのうえで量販店のセンターで発注を待ち、各店舗に運ぶのです。

そして近年の家電業界では、共同物流を目指す流れが加速しています。複数のメーカーが単一のトラックに荷物を集めて、単一の納品先まで配送し、さらに共同で物流センターを運営し、コスト削減を図ります。

ヨドバシカメラ、ビックカメラ、ヤマダ電機などの大手家電量販店はいずれも集配型の物流センターの運営を進めています。

たとえば、ヨドバシカメラの物流施設「アッセンブリーセンター川崎」では関東以北のヨドバシカメラ全店舗で取り扱う品物の一時保管を行っています。各メーカーのさまざまな商品が店舗別に仕分けされるのです。検品作業についてはＲＦＩＤタグが装着されています。ＲＦＩＤリーダーから読み取られたタグ情報を発注管理システムに中継し、リーダーの付近を通過するだけで商品タグを読み取り、検品の迅速化、完全自動化などを実現しました。

図9-3 家電量販店の先進的な集配型物流センター

家電量販店

小売業が主体となる
先進的集配型物流センターの運営

RFIDによる検品作業

店舗配送機能の充実

ネット通販関連の梱包、出荷拠点としての活用

発注処理から検品、在庫管理、仕分け、入出荷処理などを
迅速かつミスなく実践するスキームの構築と展開

Section 9-4

HACCPと食品物流における温度管理の高度化

食品物流では物流センターにおける緻密な温度管理を要求されることも少なくありませんが、それに加えて冷蔵冷凍車による品質を落とすことのないトラック輸送も行われています。ただし、これまで輸送中の温度管理についての可視化はされてきませんでした。

緻密な温度管理が行われている物流センターから出荷され、トラックの荷となったあとは、納品先までの温度の管理状態を知ることはできないのです。冷凍冷蔵設備のあるトラックならば、トラックドライバーが運転に専念していても、とくに温度環境に気を配らなくても問題ないようにも思われますが、そうではないのです。

温度管理されている物流センターから出発した冷凍冷蔵トラックは、いくつもの小売店舗で荷捌き、荷卸しを行い、納品作業を行います。配送先が多くなれば、ドアの開閉などにより、冷気が外に出ていってしまいます。物流センター内の固定された冷蔵冷凍設備とは異なり、頻繁なドアの開閉で設定温度を逸脱し、食品の鮮度や品質が落ちてしまうリスクがあります。さらにいえばHACCP（ハサップ）への対応として輸送中についても温度管理や輸送状況のエビデンス（証明）も求められています。HACCPとは、食品の製造・流通において安全性を確保するための国際的に認められた管理手法です。

もちろん納品先が多ければ多いほど、リスクは増幅されます。そこでこれまでは輸送中の位置情報や温度・湿度変化などのデータを随時取得するためにデータロガー（記録計）が利用されてきました。しかし、ここにきてIoTデバイスの導入が始まっています。たとえば位置情報サービス「なんつい」では標準アプリケーションに位置情報・温度・湿度などの端末が取得したデータが保存され、インターネットからリアル

図9-4　物流IoTデバイスによる冷凍車／冷蔵車の位置情報と温度変化の管理

従来のやり方

冷凍車／冷蔵車の荷台内に温度ロガーを取り付け

運行後に温度ロガーからデータを取り出し専用のパソコンなどで解析

＊位置情報がないために温度変化などの発生状況の詳細がわからないことが課題

物流IoTを活用したデバイスの導入

冷凍車／冷蔵車の荷台内に温度ロガーを取り付け

端末が温度データをサーバーへ自動発信。内容は管理者がサーバーにアクセスして確認

＊位置情報と温度の変化状況の詳細をリアルタイムで取得することが可能

出典：ユーピーアールＨＰをもとに作成

タイムでデータの閲覧が可能となっています。また温度逸脱が発生した際には、管理者やドライバーなどの携帯電話にアラートメールを送信するように設定できます。

また、カゴ台車にＲＦＩＤタグを取り付けて、貨物トレーサビリティ（追跡可能性）を導入する動きも加速しています。卸売業の物流センターなどでピッキングされた食品貨物は、カゴ車に積載され、必要に応じて仮置きされた後、出荷エリアに運搬されて、トラックで納入先の小売店舗などに輸送されます。スーパーマーケットなどではトラックからカゴ台車に載せたまま荷卸して納入されますが、カゴ台車が小売店舗のバックヤードからはなかなか物流センターまで戻ってきません。ですが、カゴ台車にＲＦＩＤタグを取り付け、拠点にリーダーを設置し、受け払いを自動化できるシステムが開発されたことで、紛失率を下げられるようになりました。

Section 9-5

アパレルで進むＲＦＩＤタグの活用

アパレル業界の次世代ロジスティクスへの流れを引っ張っているのは、ユニクロ（ファーストリテイリンググループ）です。ユニクロではグローバルサプライチェーンマネジメント部が、企画、生産、物流、販売にいたる一連のプロセスの課題解決、最適化の中核と機能しています。

そして、ユニクロのサプライチェーン戦略の司令塔となっているのが、「ユニクロ シティ トウキョウ」です。6階ワンフロアがオフィスとなっていますが、1～4階、および5階の半分ほどが完全自動化された物流センターとなっています。ここでは商品の個体管理を推進し、生産、物流、販売のサプライチェーンの全工程でＲＦＩＤの活用が図られています。

ユニクロのサプライチェーンの大きな特徴はＲＦＩＤを軸にモノの流れの可視化が行われていることです。さらにいうならば、パレットがＲＦＩＤとモノを結ぶ「接着剤」のような機能を果たしているということです。

海外工場から送られてくる商品は基本的にパレット単位での入荷になります。荷卸し、検品、保管、出庫までの一連の物流工程もパレット単位で行われ、仕分けエリアで段ボール箱に自動封函機で梱包され、方面別仕分けソーターなどを用いて出荷処理が行われます。なおユニクロでは出荷品との梱包はクイックピックオペレーションと呼ばれるエリアで行われます。

なお、設置されている自動倉庫は完全自動化されており、「自動保管倉庫」で標準商品の保管を、「自動出庫倉庫」では高頻度出荷品である売れ筋商品を取り扱っています。

完全自動型、あるいは無人型に限りなく近いアパレル倉庫を目指す動きは大きくなりつつあります。ＷＭＳと連動させるかたちで、ハンガーにＲＦＩＤタグを装着するシステムも活用が始まっています。

図9-5　完全自動化された物流センターのイメージ

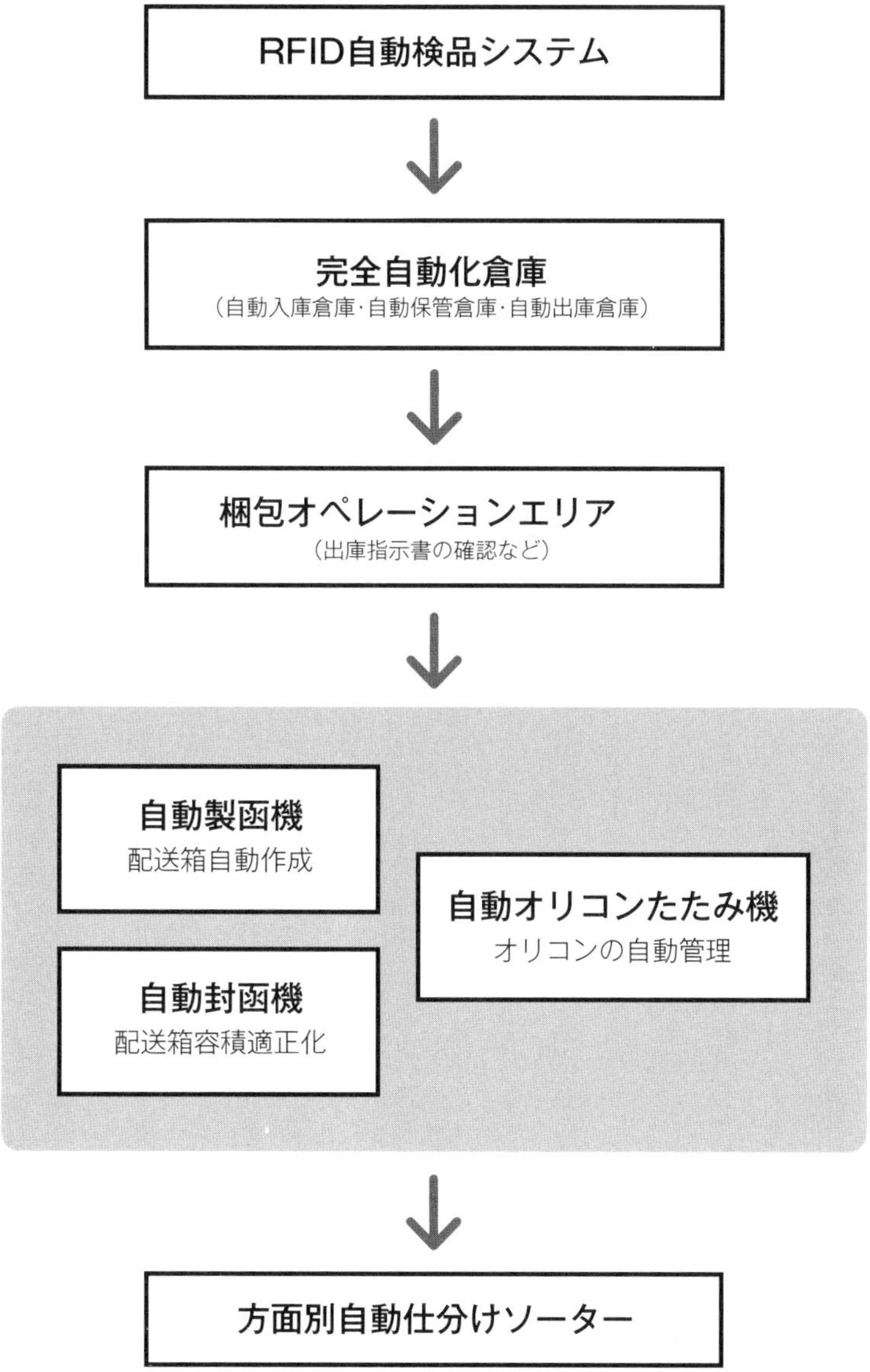

RFID自動検品システム

完全自動化倉庫
（自動入庫倉庫･自動保管倉庫･自動出庫倉庫）

梱包オペレーションエリア
（出庫指示書の確認など）

自動製函機
配送箱自動作成

自動封函機
配送箱容積適正化

自動オリコンたたみ機
オリコンの自動管理

方面別自動仕分けソーター

Section 9-6

日用品業界におけるコネクティッドロジスティクスの動向

日用品業界で代表的なのは花王の物流改革です。花王はロジスティクスの高度化に力を入れて、いち早く物流拠点の集約化を進めました。また量販店向けに電子発注システムを導入するなど、ＩＴ武装の強化にも他社に先駆けて取り組み始めました。

他方、ライオンなどの競合他社は共同物流を推進してきました。花王のライバルであるライオンが選んだ選択肢は共同物流の導入でした。「競争は店頭で、物流は共同で」を合言葉に大同団結したのです。

しかし、物流共同化の核となっていた「プラネット物流」は、少子高齢化の時代の流れのなかで共同納品に際してのドライバー不足などの影響で傭車(ようしゃ)に苦労するようになったことや、大規模な共同保管で逆に小回りが利かなくなるメーカーが増えてきたために、結局は解散してしまいました。

その結果、日用品業界の共同物流プラットフォームは崩れかけてしまったのですが、新たに「日用品共同物流研究会」が立ち上がり、出直しが進んでいます。そして物流共同化による情報共有機能や共同配送機能などを専門化しつつ、次世代型の共同物流システムの構築を模索しています。

たとえば大塚グループの物流子会社である大塚倉庫はコネクティッドロジスティクスの発信拠点としてコミュニケーションスペース「ＴＥＣＨ－ＢＡＳＥ」を開設し、タブレットを活用した庫内のペーパーレス化や効率化のノウハウを紹介しています。在庫拠点のステイタスを荷主企業が本社から管理できるシステムを作り上げ、輸送品質の向上などを可能にしています。

また、家庭紙業界では王子ネピア、カミ商事、大王製紙、日本製紙クレシアが任意団体として「家庭紙パレット共同利用研究会」を設立し、業界全体で統一パレットの共同利用を進めています。

図9-6　日用品におけるレンタルパレットの活用

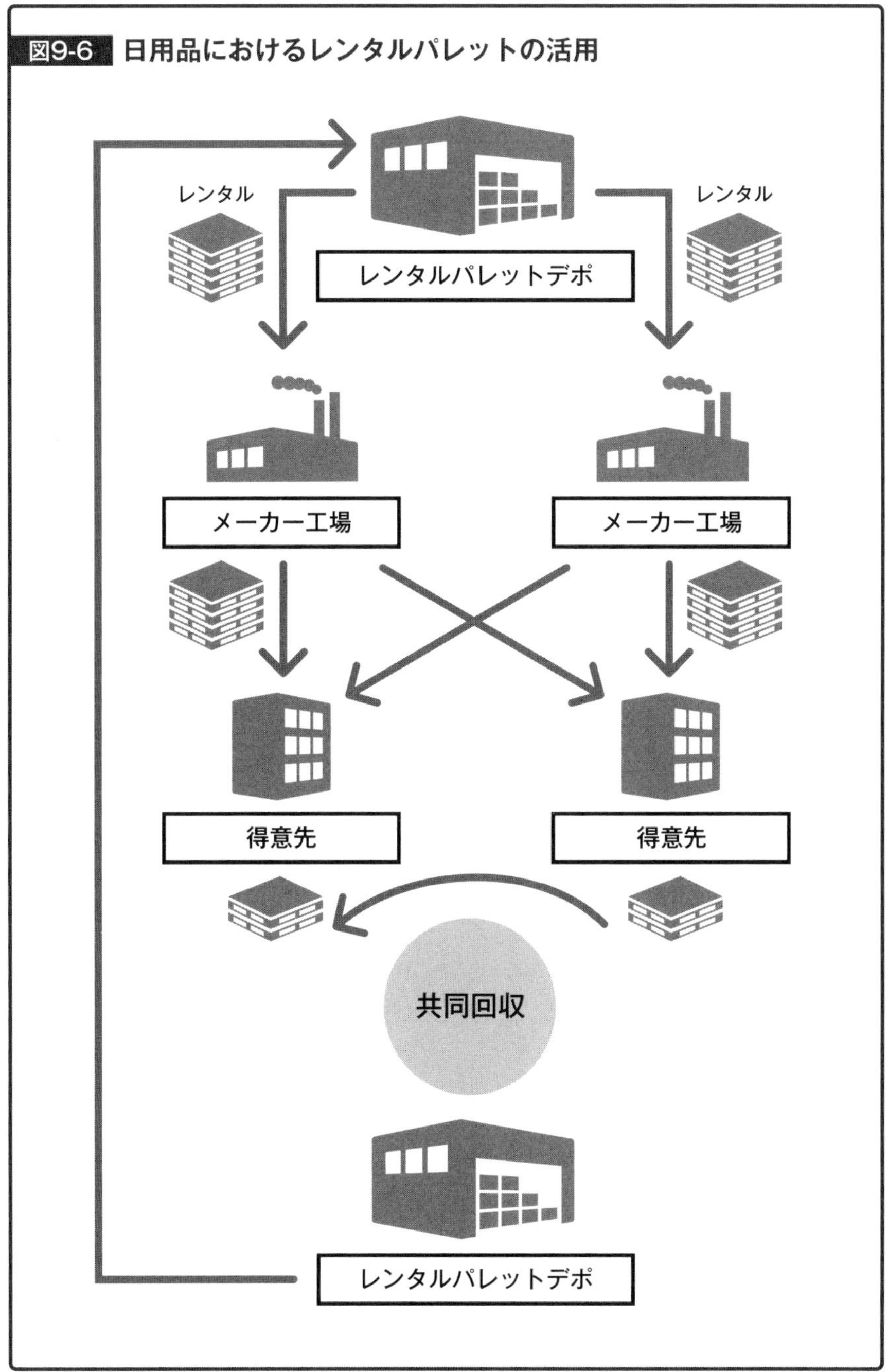

Section 9-7

ネットスーパーに対応する流通業界のダークストア

コロナ禍の影響でネット通販の比重が高まっています。そしてそのなかで次世代型ネットスーパーの一形態として有力視されているのがダークストアです。

ダークストアとは英国発祥の都市型の特殊な物流センターで、ネット専用店舗型配送拠点です。大消費地における店舗配送型のネット通販向けの在庫拠点で、原則的に一般消費者はダークストアで商品を購入することはありません。ただし、有人で専任スタッフが在庫管理・出荷などの業務を行います。また在庫エリアは小売店の商品陳列エリアと類似したレイアウトがとられています。

ダークストアで購入された商品は消費者が持ち帰りをするのではなく、購入者宅への配送が基本となります。一例をあげるならば、「ダークストアからの配送は2時間ごとの便で行われ、不在時は持ち帰り、ダークストアで保管される」といったかたちでモデル化されます。

さらにいえばコネクティッドロジスティクスが大きく展開されることになる今後、スマート化する都市機能とリンクする可能性も高くなってきました。

なお、店舗レイアウトを物流倉庫のレイアウトのようにする反転型ハイブリッドについても需要が大きくなってくる可能性があります。

海外では最大手のスーパーマーケットのテスコがダークストアを導入し、その売上高を大きく伸ばしてきました。ネット専用の配送型拠点として注文者は最寄りのダークストアの店頭在庫から専門作業者によるピッキングを行い、スキャン検品を経て、重量確認で誤出荷を防ぐといった工夫が施されています。オペレーションは24時間対応で、配送は多頻度小口で2時間ごとの自社配送が可能です。

ダークストアは物流センターと同じ機能をもちます

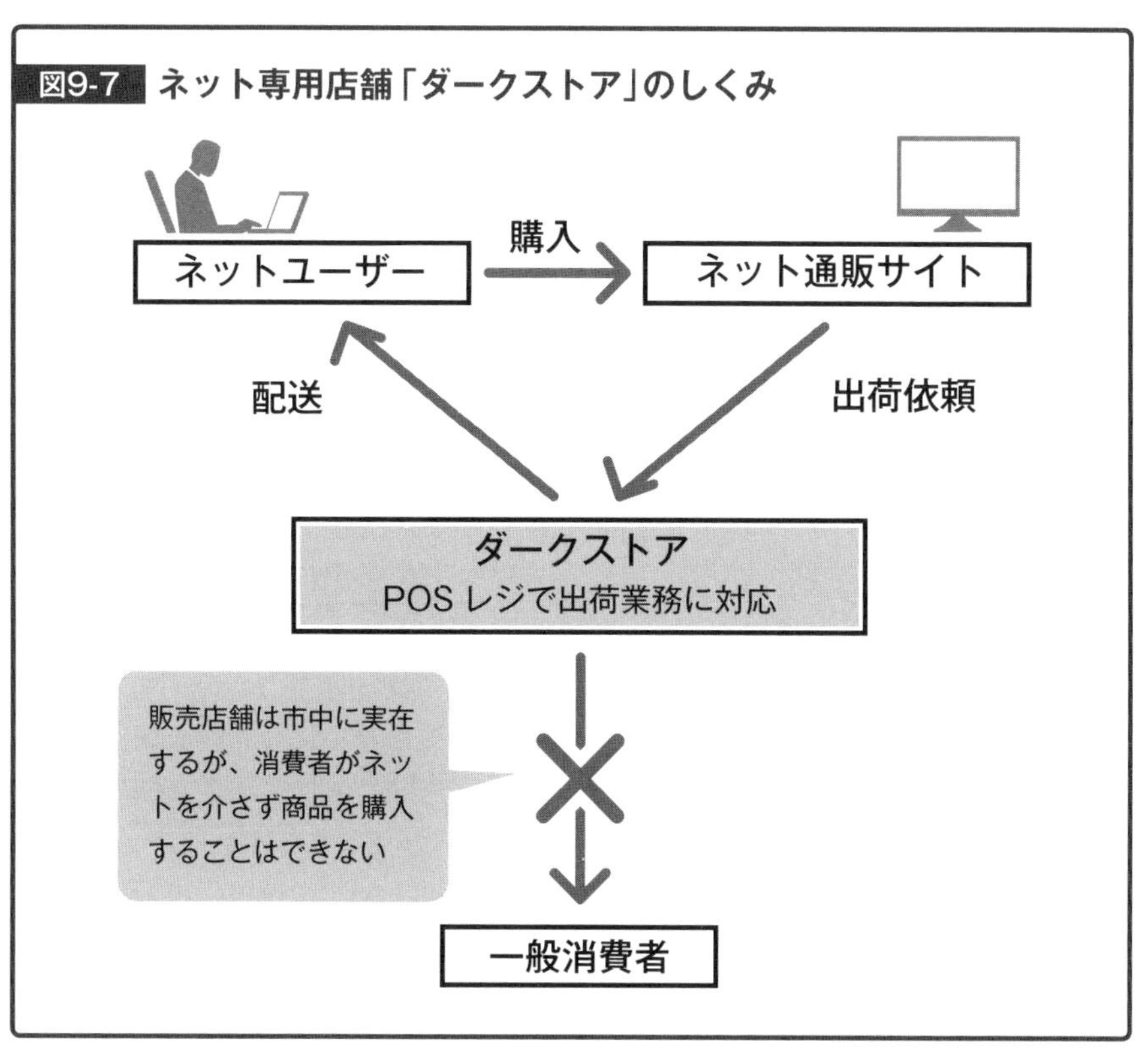

が、店舗からコンバートしたものが多いため、内部は店舗のように商品棚や売場があり、作業者は販売員などのキャリアを生かしたかたちでピッキング、配送業務にあたることが可能となります。また情報システムもWMS（倉庫管理システム）などの物流独自のシステムではなく、小売業向けのPOSレジシステムで対応できます。さらにはドライブスルー型の「クリックアンドコレクト」型ダークストアや、通常の店舗にネット対応の配送機能を備えたハイブリッド型といったバリエーションも考えられます。

わが国でもたとえば、セブン&アイ・ホールディングスがダークストアの稼働を開始、商品梱包コストの30パーセント削減や都市部への配送効率向上などの成果を上げています。

第10章
コネクティッド時代の3PL

Section 10-1

ますます重要性を高める3PL事業のしくみ

「サードパーティロジスティクス（3PL）が何か」ということは総合施策物流大綱で決められています。「荷主に対して物流改革を提案し、包括して物流業務を受託する業務」と定義されています。

さらにわが国の3PLビジネスの発展過程について国土交通省は、運送・保管などの個別の業務を提供する「ゼロステップ」、作業レベルでの複数サービスを受託している「第1ステップ」、特定企業からの物流全体の管理・運営の肩代わりを中心とした受託を行う「第2ステップ」、管理・運営を超えた物流の企画・立案を担う受託を行う「第3ステップ」に分けています。

簡単にいえば、3PLとは、物流部門の戦略的アウトソーシング（外部委託）のことです。野球やサッカーの代理人を考えればイメージしやすいかもしれません。欧米のスポーツ選手などは自分で契約交渉をしません。面倒な交渉は代理人に任せます。同じように企業が面倒な自社の物流システムの構築を外部のプロに頼むのが3PLなのです。

日本でも規制緩和の流れのなかで3PL事業が可能となりましたが、それまでは、日本での3PLの普及は容易ではありませんでした。荷主企業、物流事業者が解決していかなければならない課題は多く、本格的な導入が相次いで報告されたのは近年になってからです。

ただし日本の場合、実践よりもその用語がひとり歩きしてしまった感もあります。3PLに対する認識が不十分なまま、輸送業者、倉庫業者、商社、物流子会社などが3PL市場に参入しています。さらに近年は、LLP（リードロジスティクスプロバイダー）やコントラクトロジスティクスなどの新しいビジネスモデルが登場し、新フェーズに突入しています。

図10-1 3PLの定義・イメージ

定義	荷主に対して物流改革を提案し、包括して物流業務を受託する業務
発展過程	運送・保管などの個別の業務を提供する「ゼロステップ」、作業レベルでの複数サービスを受託している「第一ステップ」、特定企業からの物流全体の管理・運営の肩代わりを中心とした受託を行う「第二ステップ」、管理・運営を超えた物流の企画・立案を担う受託を行う「第三ステップ」に分けている。いずれかの段階に属す3PL事業者は増加の傾向にある
現況	3PLに対する認識が不十分なかたちで、運送事業者、倉庫事業者、商社、物流子会社などが3PL市場に参入。既存の物流事業者のみならず異業種からの市場参入が多いのが我が国の3PL市場の大きな特徴

出典：諸資料をもとに作成

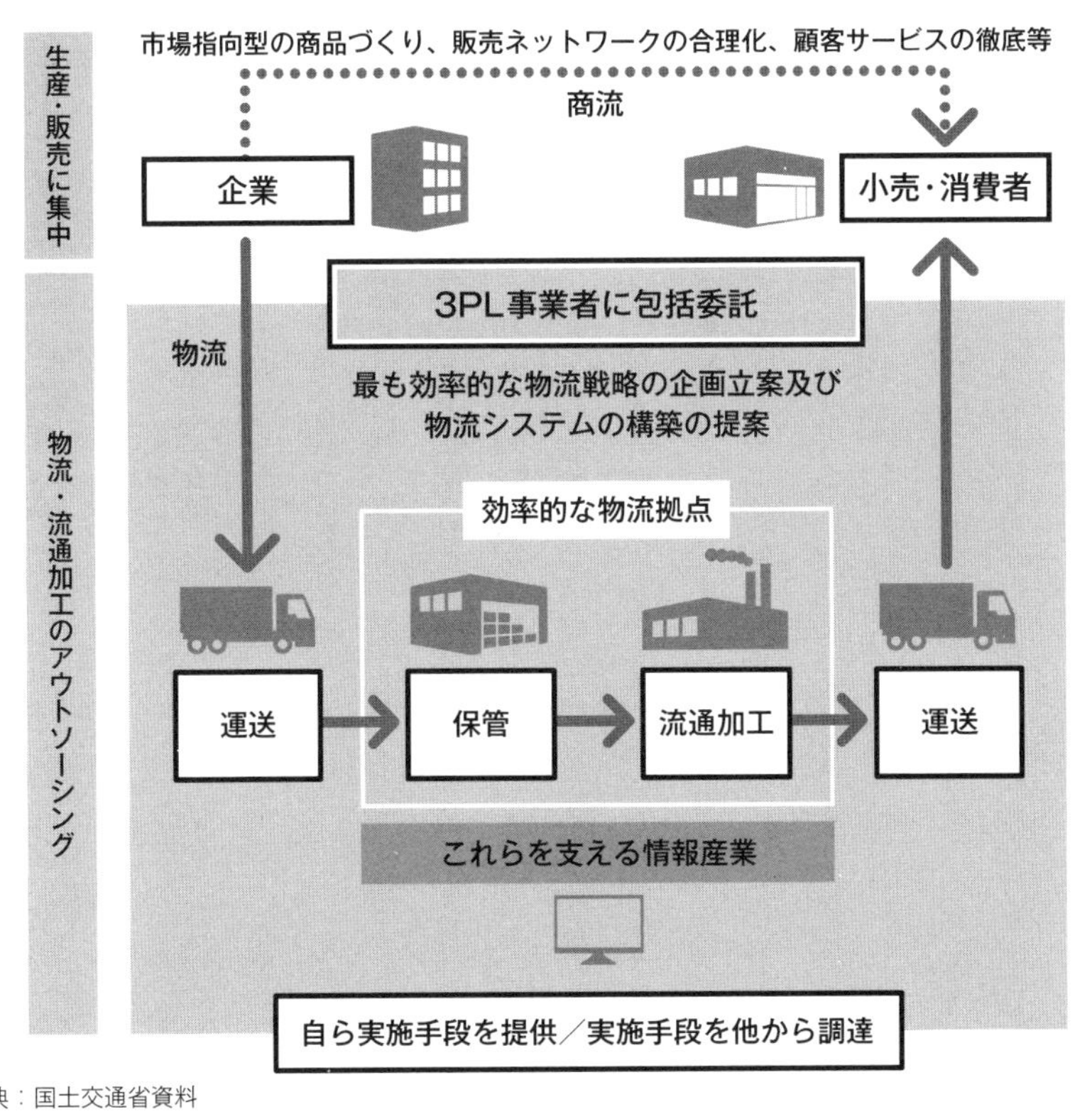

出典：国土交通省資料

Section 10-2

拡大する3ＰＬ市場と巨大企業の自社物流システム

巨視的に見れば、従来型の自社物流から3ＰＬによる物流アウトソーシングへの流れは本流といえるでしょう。物流事業者に任せることで荷主企業はコアコンピタンスに集中できるのです。

しかし、業界によっては3ＰＬの導入が進まないケースも少なくありません。自社物流システムが確立されている大企業の場合、わざわざ3ＰＬに乗り換える積極的な理由が見つからないことも少なくありません。自社物流に投資したイニシャルコストは、すでに回収されているからです。

実際、３ＰＬ市場がわが国よりも大きい欧米諸国でも、自社物流を展開している大企業や巨大グループは多くあります。たとえば自社物流の典型的な海外事例ともいえる穀物メジャーの場合、生産者から卸売を経て小売にいたるプロセス全体での粗利率などがとても低くなっています。たとえば欧米資本の穀物メジャーは巨大なサプライチェーンのインフラを有し、小麦、トウモロコシなどのグローバルマーケットを自社物流システムで押さえています。

すでに自社ネットワークでサプライチェーンを支配している大企業にとっては、物流部門を外部委託し、新たなる初期投資が必要ということになると、かえってコスト高を招くリスクがあります。非常に薄い利益が吹っ飛んでしまいかねないため、それが3ＰＬを導入しない大きな理由ともなっています。また、トヨタなどの国内大手でも、物流業務を外部委託することで短リードタイムが実現できないことが危惧されるということです。

伝統的な物流企業は自社の物流インフラをすでに十分に保有していることが多く、新たなリスクになりかねない3ＰＬには、いまだ後ろ向きといって過言ではないのです。

図10-2 自社物流モデルと3PLモデルの企業比較

寡占状態などでサプライチェーンを
非常に強く支配できる場合

例：穀物メジャーなど

3PLの構築

①寡占状態の市場になんらかの強い
ストレスがかかってきた場合

②急速な市場拡大に自社物流システムの
構築が追いつかない場合

③初期投資の最小化、中核業務への資源集中
などの経営改革のプロセスにおける導入

出典：諸資料をもとに筆者が独自に作成

そのため、企業規模が大きく、自社物流システムが確立されている状態から3PLへの脱却が行われるには、何か大きな外部要因が必要になってきます。

具体的にいうと、業界再編やM&A、経営方針の転換などがきっかけとなることが少なくありません。実際、それまで自社物流を構築していた多くの大企業が3PLや共同物流の導入に踏み切る大きな動因は、自社の経営基盤が揺らいだときなのです。

業界の縮小傾向や再編の流れが3PL導入の大きな動因になることが多いことをふまえると、ニューノーマル時代の流れのなかで、3PLの需要はさらに高まっていくことになるかもしれません。

Section 10-3

ＬＬＰとコントラクトロジスティクス

近年の３ＰＬ企業の勢力図を見ていると、トップ企業がますます売上高、市場シェアを伸ばしていることがわかります。

実際、３ＰＬ市場は右肩上がりに成長しており、なかでも3ＰＬのトップランナーの日立物流やセンコーなどの近年の躍進ぶりや戦略は注目に値します。

日立物流が前面に押し出しているのが「スマートロジスティクス®」です。ビッグデータの活用やＩｏＴに代表される最新のビジネスモデルツールの開発なども推進しています。

３ＰＬ市場が形成され始めた当初は、「３ＰＬ事業が規制緩和で広がっても、それによって業界地図が大きく変わることはないだろう」といわれていました。しかし、実際は現在の３ＰＬ市場のトップランナーの顔ぶれは大きく様変わりしました。

ちなみに日立物流は日立物流バンテックフォワーディング、センコーは東京納品代行やアクロストランスポートなどを傘下に組み込み、自社のノウハウを傘下の3ＰＬ企業に浸透させています。これは複数の３ＰＬ企業に対してコンサルティング機能を発揮するリードロジスティクスプロバイダー（ＬＬＰ）としての立ち位置を強化しているように見えます。ＬＬＰ企業とはコンサルティング機能を発揮し、自社のノウハウを提供しつつ、傘下の専門性の高い３ＰＬ企業を動かしていく3ＰＬの進化型のビジネスモデルです。

コントラクトロジスティクスの強化も注目されています。コントラクトロジスティクスではサービス範囲や料金などが明示されたうえで契約書が交わされ、グローバルで標準化されたプロセスと指標が設定されます。荷主と密接な関係を構築したうえで、高いサービス品質や信頼性、カスタマイズされた最適化ソリューションを提供できるのです。

図10-3 3PLトップ企業のビジネススキーム

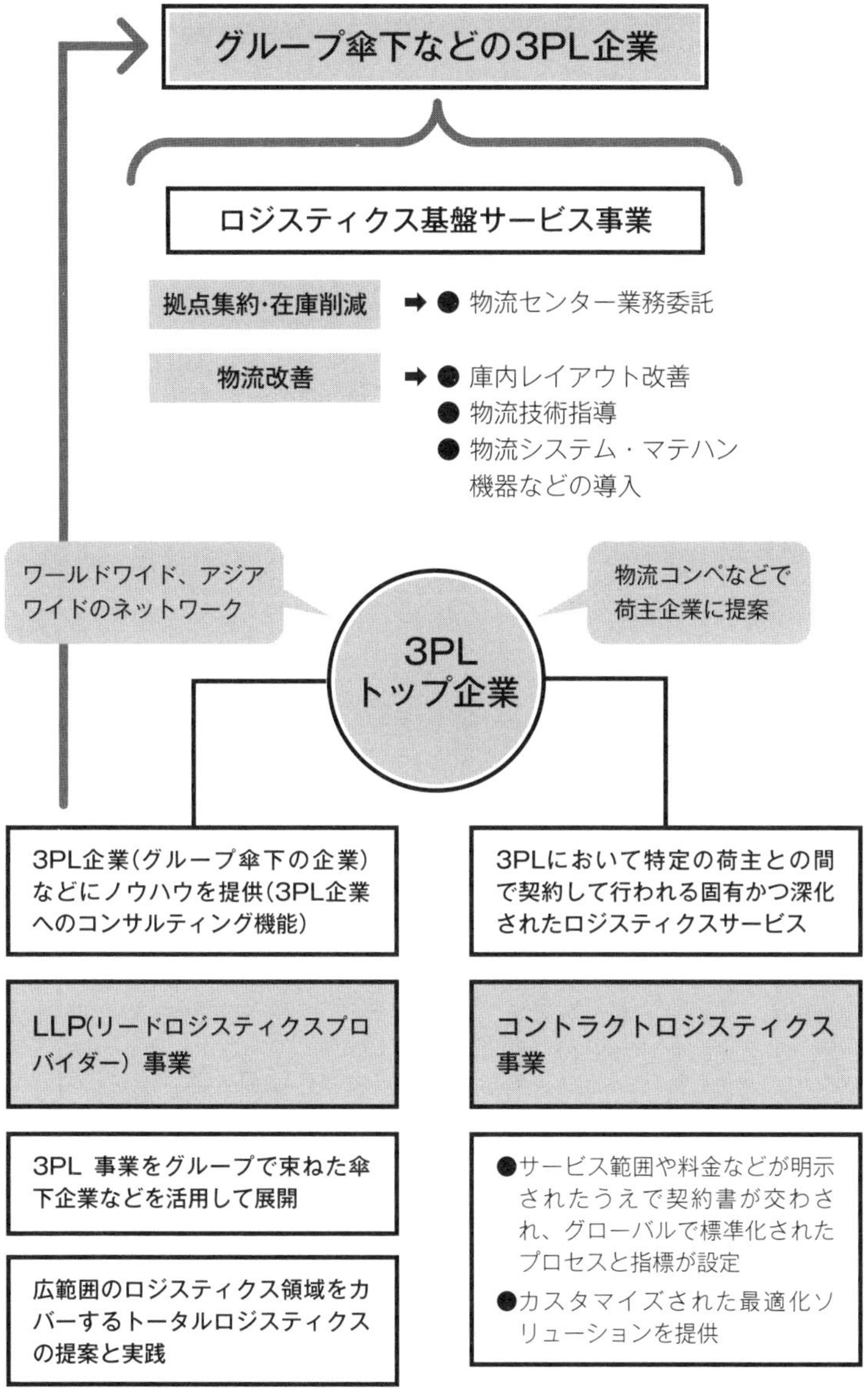

Section 10-4

3PLビジネス発達の土壌整備

3PLが広く浸透するにあたって、アセット型で荷主に物流改善を提案するというビジネスモデルにはいろいろな障壁がありました。

まず、荷主の要望に合わせて物流センターを用意しなければなりませんでした。たとえばいち早く、3PL事業に参入した丸和運輸機関は、ドラッグストアの荷主の要望に応えるために自社物流センターを建設し、事業を軌道に乗せました。また、海外事例についても物流企業が自社アセットの倉庫・物流センターを建設、運営して荷主を獲得するのが先行モデルとして紹介されました。ですが、業界ではそうした成功はむしろ例外的に捉えられ、「思い切って新規荷主向けにセンターを新設するにしても初期投資は莫大となるし、契約を打ち切られるリスクもある」という懸念を示す企業が多かったのです。

ところが、物流不動産市場が拡大し、大型物流センターが相次いで建設されるようになると、3PL企業は初期投資のリスクを回避しつつ、荷主企業に在庫拠点集約などの物流効率化案を提案できるようになりました。

WMS（倉庫管理システム）の導入や運用をいかに円滑に進めていくかということも、3PLビジネスを軌道に乗せるうえでの大きな課題でした。最先端の物流センターに拠点を構えても、高額なWMSソフトの導入に直面するケースもありました。荷主企業に高度な物流効率化策を提案するためには、億単位の投資を行い、高度なWMSソフトを導入することを余儀なくされてきました。しかしながら、たとえばアパレル業界向けのクラウド型WMSを提供するロジザードなど、近年のクラウド化の浸透などでソフトウェア導入の初期投資の負担は大きく低減されてきています。

図10-4 3PLビジネスの障壁と解決の方向性

3PLビジネス

障壁①
物流施設

物流改善、物流効率化を荷主の高度な要望に応えて進めるためには物流事業者側がリスクを背負い、大規模施設を用意する必要があった

物流不動産ビジネスの隆盛により、国内外の不動産開発会社がファンドを組成して、最先端の物流施設を荷主、事業者に提供するというスキームが出来上がった

3PL企業が荷主の意向をふまえたうえで複数の小規模在庫拠点を大規模の１拠点に集約するという改善モデルの認知度が高まる

障壁②
物流情報システム

WMSなどの物流情報システムの導入にあたって初期コストやアップグレードが高額で3PL事業者が改善提案の選択肢として荷主に提案しにくかった

ネット環境の急速な進歩に加え、クラウドやIoTの発達により、物流情報システムの初期コスト、ランニングコストが大きく下がった

WMS、TMSなどの導入がよりスムーズになり3PL企業の改善提案の選択肢が増えた

障壁③
人材育成

3PLビジネスの体系や実務を理解した人材の育成が急務と考えられていた。また庫内作業などを柔軟なシフト体制でこなせる人員の拡充も求められた

3PLの取扱い事例が増えるなかで実務に精通した人材の育成も進んできた。派遣業などの充実で庫内作業の人員を広範に求めるネットワークも整備されてきた

3PLの体系や実務を理解した人材の流動化が進む一方、新人研修などのノウハウが3PL企業に浸透し始めた

出所：諸資料を基に筆者が独自に作成

Section 10-5

業際化が進むコネクティッド時代の3PL

荷主企業の業態の変化に合わせて3PL企業が柔軟に物流システムを再構築していくことが必要になってきています。

たとえば、近年のドラッグストアは調剤薬局やコンビニエンスストアの機能も組み込み、大きな躍進を遂げています。マツモトキヨシから業界1位の座を奪ったウエルシアホールディングスは関東の5か所の物流センターを移転拡張していますが、医薬品、化粧品に加え、酒類専用の物流センターを増設するなど、物流戦略の業際化も進めています。

物流サービスを提供する3PL企業サイドにおいても、これまでの強みを伸ばすだけの戦略では新規荷主の獲得や既存荷主の事業拡大のキャッチアップが難しくなるケースも増えてくるかもしれません。業務提携やM&Aでグループ傘下に複数の3PL企業を組み込むLLP（リードロジスティクスプロバイダー）が、さらなる成長を遂げる可能性がきわめて高いのです。

さらにいえば物流高度化、効率化の流れのなかで、荷主企業は3PL企業により緻密な物流を要求する傾向が強まってきています。ネット通販やIoT（モノのインターネット）とのリンクなどから、物流技術も複雑化してきているのです。荷主企業が物流を企業経営の中核として位置付け、現代的な物流センターの建設・運営や最先端のマテハン機器の導入に力を入れる傾向が強まっています。

同時に3PL企業には荷主企業を十分に納得させる提案力が求められ始めています。すなわちたんに「こうしたら現状をよりよく改善できる」という勘と経験のみに立脚した提案ではなく、荷主企業の現状を細かく聞き取り、現場データを分析し、その結果から課題を抽出し、それまでの実績をふまえた解決の方向性を提案する力です。

図10-5 3PLトップ企業のビジネススキーム

物流における規制緩和の進展

物流2法の成立

倉庫業法の改正／物流効率化法の成立

3PLビジネスモデルの確立

3PLによる拠点集約の進展

荷主企業の物流空洞化
物流組織の縮小、物流ノウハウ、
物流現場力の低下など

3PLを推進する物流事業者
との認識ギャップが広がる

3PLを推進する物流事業者
間のギャップが広がる

3PLサイドからの
高度な物流提案が
荷主の認識不足により
受け入れられない

3PL企業のノウハウに
格差が出てきて、
「勝ち組」と「負け組」の
二極化が進む

Section 10-6

期待される地方起点の3PLビジネスの伸長

一般的には3PLビジネスの展開は広域的な物流網を有する物流総合企業が有利になります。

また、近年は路線トラック事業者なども3PL業務に力を入れ始めています。事業拡大の余地は相当にあるという判断からです。実際、物流業界を取り巻く環境については、ドライバーや庫内作業者の不足は深刻な問題となっており、活用できるならば、さまざまな物流企業のインフラをフルに利用したいところです。細かい傭車や借庫には、融通が利き、地域特性をふまえたスマートロジスティクスの視点からの改善提案なども選択肢に加えた、高い専門性が求められることもあります。

たんにモノを運ぶというだけではなく、地域特性に関する配慮も必要になります。そのため地元に密着する地場の物流企業が、地域特性をふまえてシェアリングエコノミーなどとのリンクを図りながら綿密な荷主対応を行うことで信頼を勝ち得ていく事例も増えています。コロナ禍において在宅勤務やテレワークが進み、地方起点の物流戦略にもこれまで以上の注目が集まってきています。

たとえば、九州地方は各県に高速道路が張り巡らされていて、空港へのアクセスがよいという地域特性があります。また佐賀県鳥栖が「九州のヘソ」として、物流拠点の集約地として発達しています。さらにいえば本州とは売れ筋商品なども多少、異なってきます。こうした九州の地域特性を地場の物流企業は十分に理解しています。したがって、荷主企業が本州と同じ戦略、同じ商法を念頭に物流を展開するよりも、地場の物流コンサルを活用しつつ、新しいしくみ作りに乗り出すことが得策となるケースも少なくありません。同様のことは北海道などにもいえ、本州の物流に関するロジックが必ずしも「最適解」とはならないのです。

図10-6 これからの3PL

3PLビジネスの方向性

多角化・業際化	専門化
荷主企業の立場	荷主企業の立場
多角化、業際化するビジネスモデル	企業経営の中核となる「物流」、重要度を高める物流センター運営

3PL企業の対応	3PL企業の対応
荷主企業の多角化、業際化に合わせた物流システムの構築	荷主企業を満足させる高度な提案力、物流技術、物流システムの設計・運用力
	IoT、AIなどの最新物流技術とのリンク、拡大するネット通販物流対策などに高度化ノウハウが必要
物流企業間の業務提携、M&A、LLPの推進	物流センター運営、最新の物流技術の活用

近年大都市近郊の物流施設が豊富に提供されるようになったことに注目が集まっていますが、さらに地方にも大型の物流施設をこれまで以上に容易に構えることができるようになってきました。

３ＰＬの発達の歴史を振り返ると、日立物流やセンコー、丸和運輸機関などの躍進に象徴されるように、従来型の企業システムの枠を超えた、新しい考えとフレームワークを提供した企業が現れ、物流革新の流れを引っ張ってきました。そしてここにきての新潮流として地方発信の３ＰＬビジネスにも注目が集まろうとしているというわけです。

無論、それでも３ＰＬビジネスの可能性の扉のすべてが開いたわけではありません。３ＰＬ市場は決して現在が飽和状態ではなく、物流ＤＸなどへの対応によってさらなる可能性が見えてくることは否定のしようがありません。

Section 10-7

3PLへのコネクティッドロジスティクスの導入

3PLのDX・コネクティッド化ということになると、もっとも期待されるのがWMS（倉庫管理システム）やTMS（輸配送管理システム）のIoTとのリンクやAIの活用ということになるでしょう。

3PLによる最適化を目指す場合、どうしてもその起点は物流センターになります。まずは物流センター運営の効率化を成し遂げ、それを軸に顧客企業のロジスティクスシステム全体を再構築するというのが、3PL企業の提案する基本メニューになります。

ビッグデータ化する物流情報をいかにDXとして落とし込み、レンタルパレットシステムなどとの連動はもとより、需要予測や出荷予測、在庫レベルの設定を行っていくかが3PL企業の大きな売りとなるはずです。

たとえば、ロケーション管理やクロスドッキングの導入に際してWMSを導入することで、より効果的な運営が可能になります。とくにロケーション管理については、固定ロケーションだけでなくフリーロケーションも採用できるようになります。フリーロケーションを導入することで、空間の利用効率を向上させることができるのです。センター全体にロケーションを設定することで広域的な在庫管理が可能となります。

実際、DX化・コネクティッド化が進むことでサプライチェーン上の情報共有が徹底されつつあります。サプライチェーン全体の情報共有が実現され、商品管理、在庫管理の効率化が進んでいるのです。

DX・コネクティッド化をからめた物流改善の提案は、3PL市場のさらなる拡大を成し遂げるために荷主に提供できるキラーコンテンツとなる可能性も高いのです。

図10-7 コネクティッド・ロジスティクスの方向性

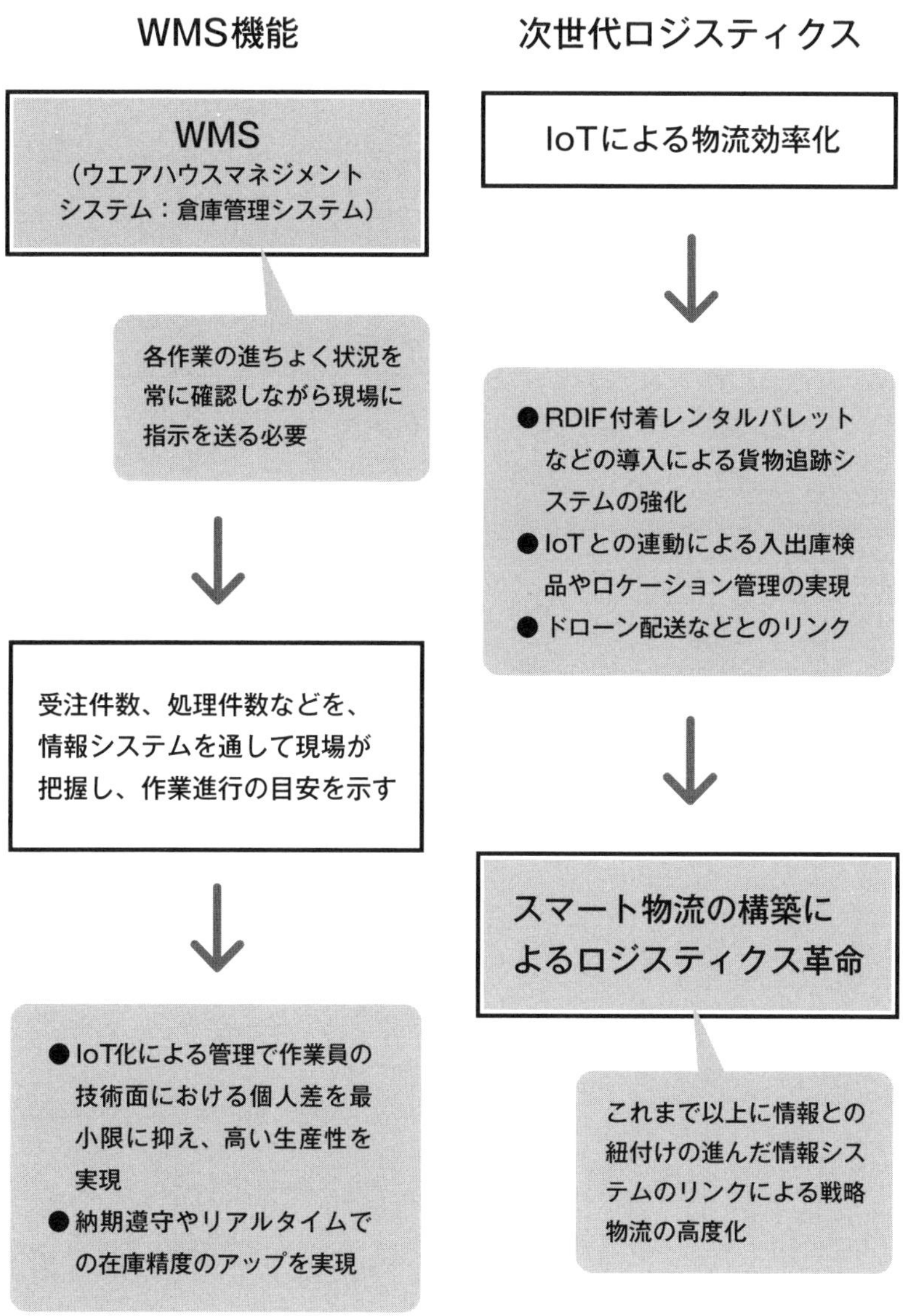

WMS機能

WMS
（ウエアハウスマネジメントシステム：倉庫管理システム）

各作業の進ちょく状況を常に確認しながら現場に指示を送る必要

受注件数、処理件数などを、情報システムを通して現場が把握し、作業進行の目安を示す

- IoT化による管理で作業員の技術面における個人差を最小限に抑え、高い生産性を実現
- 納期遵守やリアルタイムでの在庫精度のアップを実現

次世代ロジスティクス

IoTによる物流効率化

- RDIF付着レンタルパレットなどの導入による貨物追跡システムの強化
- IoTとの連動による入出庫検品やロケーション管理の実現
- ドローン配送などとのリンク

スマート物流の構築によるロジスティクス革命

これまで以上に情報との紐付けの進んだ情報システムのリンクによる戦略物流の高度化

第11章

販売・流通領域における新潮流

Section 11-1

ビッグデータの活用による顧客ニーズの精緻な反映

DX・コネクティッド化するロジスティクスにおける着荷主も大きな分岐点に差し掛かっています。アフターコロナの環境のなかで、「密にならない接客」をより一層、推進していく必要性も増しています。ネットとのリンクも不可欠になってきています。

実際、小売店舗の接客などのあり方は、コロナ禍により大きく変わることになりました。レジでもなるべく顧客に話しかけない、距離を置くことが基本となりました。また、店舗納品についても、コロナ禍では「マスクなどは買い物客に目立たないように納品してほしい」といった要望が出されるケースもありました。

また、ネット通販の隆盛により、顧客の情報は特定化され、「だれが何を買ったか」ということが細かく履歴として残る時代になりました。これが、ビッグデータによるRFM（Recency Frequency Monetary）分析という「最近いつ、どれくらいの頻度で合計どれくらい買ったか」を割り出し、重要顧客を抽出するという分析です。個人を特定して詳細な購買情報を入手できるようになったことから注目度を高めています。

卸売業と小売業の大きな相違点として「個人を特定できるか否か」ということが大きなポイントとなってきました。卸売業は小売業に比べれば多くの顧客を扱うことはありませんが、それぞれの顧客を特定できることから、どのような需要があるかを詳細に分析することが可能です。しかしこれまでの小売業の場合は、顧客は特定できませんでした。

しかし、キャッシュレス化の急加速でリアル店舗でも顧客IDを大量に入手できるようになってきました。いわゆるID・POSシステムの導入が進みつつあるのです「お客様の需要をID単位で分析して、もっとも売上高に貢献している顧客層により、緻密にピンポイントで合わせた商品を提供する」ということが

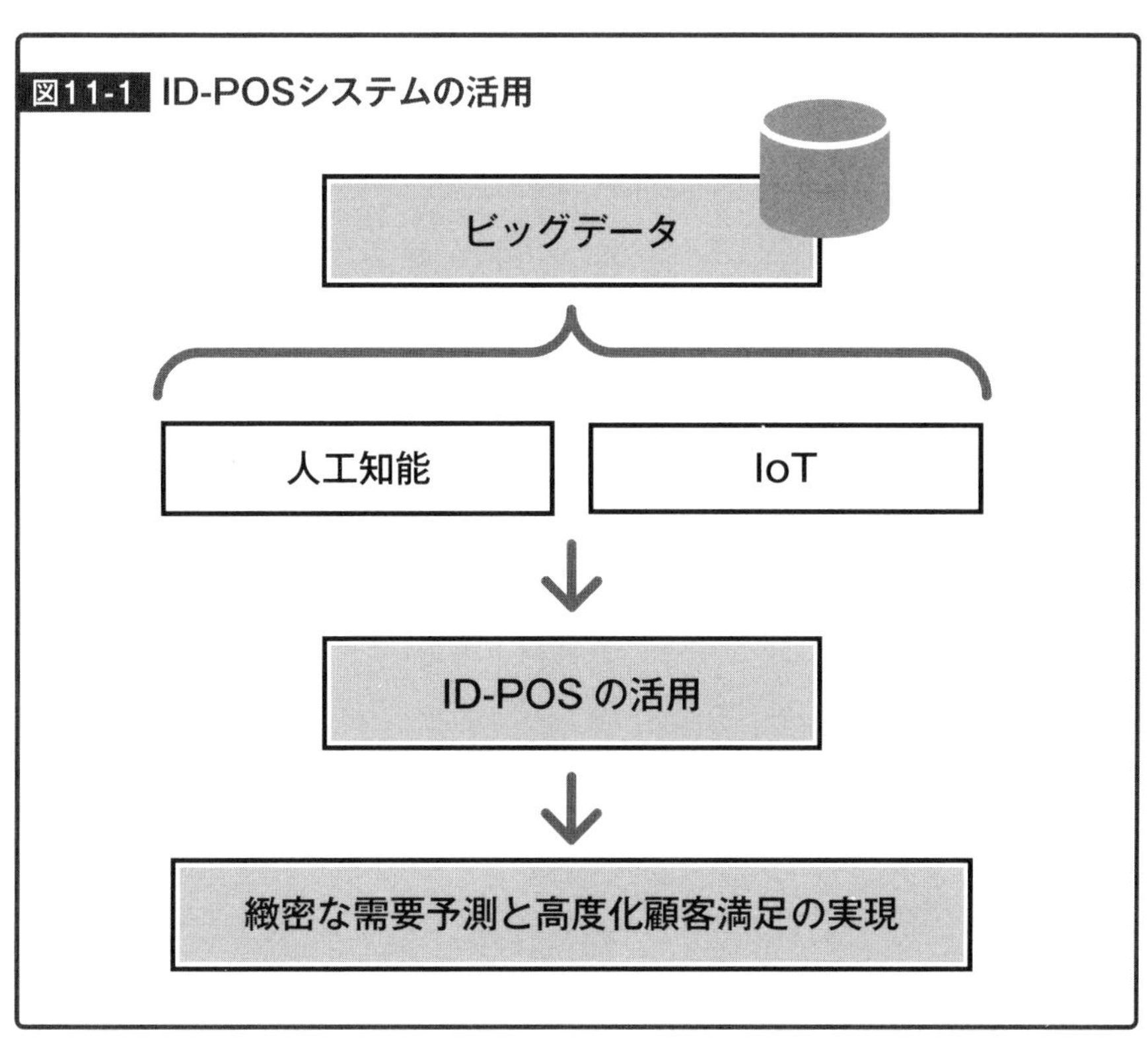

可能になったのです。顧客ニーズをより的確に反映した品ぞろえを提供することができるようになるわけです。小売業のビジネスモデルが大きく進化しつつあるのです。

さらにこの流れに5Gが加わります。高度な画像認識システムなどの導入がストレスなく図れることで適切な需要予測や高度な顧客満足が実現可能になります。

「顧客が何を求め、どのような商品を望んでいるか」ということが、たんなる勘と経験からだけでなく、しっかりとしたデータの裏付けから把握できるようになるのです。

Section 11-2

5G時代に広がる販売員ロボットの可能性

宅配便企業が宅配ロボット、引っ越し企業が引っ越しロボットの実用化に向けて試行錯誤を進めています。5G時代には、AIを搭載しIoTデバイスで管理されたロボットが物流業務をサポートする姿が見えてきます。

そして同様に小売店舗においても、ロボットの活用は少子高齢化の進むわが国にとって必要不可欠といえるでしょう。店舗での対人サービスとして受付、商品紹介、デモンストレーションなどをロボット販売員が人間の販売員の代わりに行う時代はまもなく到来することは確実です。もちろんニューノーマル時代のソーシャルディスタンス重視の流れにも対応していくことになります。

たとえばロボット販売員が顧客に声をかけ、胸元などに設置された商品案内パネルに探している商品がどこにあるかを示す地図を表示したりする事例はすでに少なくありません。

さらにいえば、店舗の棚卸や在庫管理業務、納品の検品、検収作業などについては、人間以上の正確性で対応することができると考えられています。また、商品の回収や補充、あるいはレジ業務などについてもロボット販売員が活躍する可能性は相当にあります。

ロボットが店内のさまざまなデータを収集し、DXとしての落とし込みを行い、さらには分析ツールとしてマーケティング分野で活躍する時代は、まもなく到来すると考えて間違いないでしょう。

たとえば、店内を巡回するロボット販売員に来店者の動線や購買行動の分析などを精緻に分析させるのです。また、顧客の販売プロセスを実際のデータから分析させるカスタマージャーニーについても、ロボット販売員を起点にしてより緻密に行うことが考えられ始めています。ロボット販売員を店舗に配置することで

図11-2　5G環境で進むロボット販売員の導入

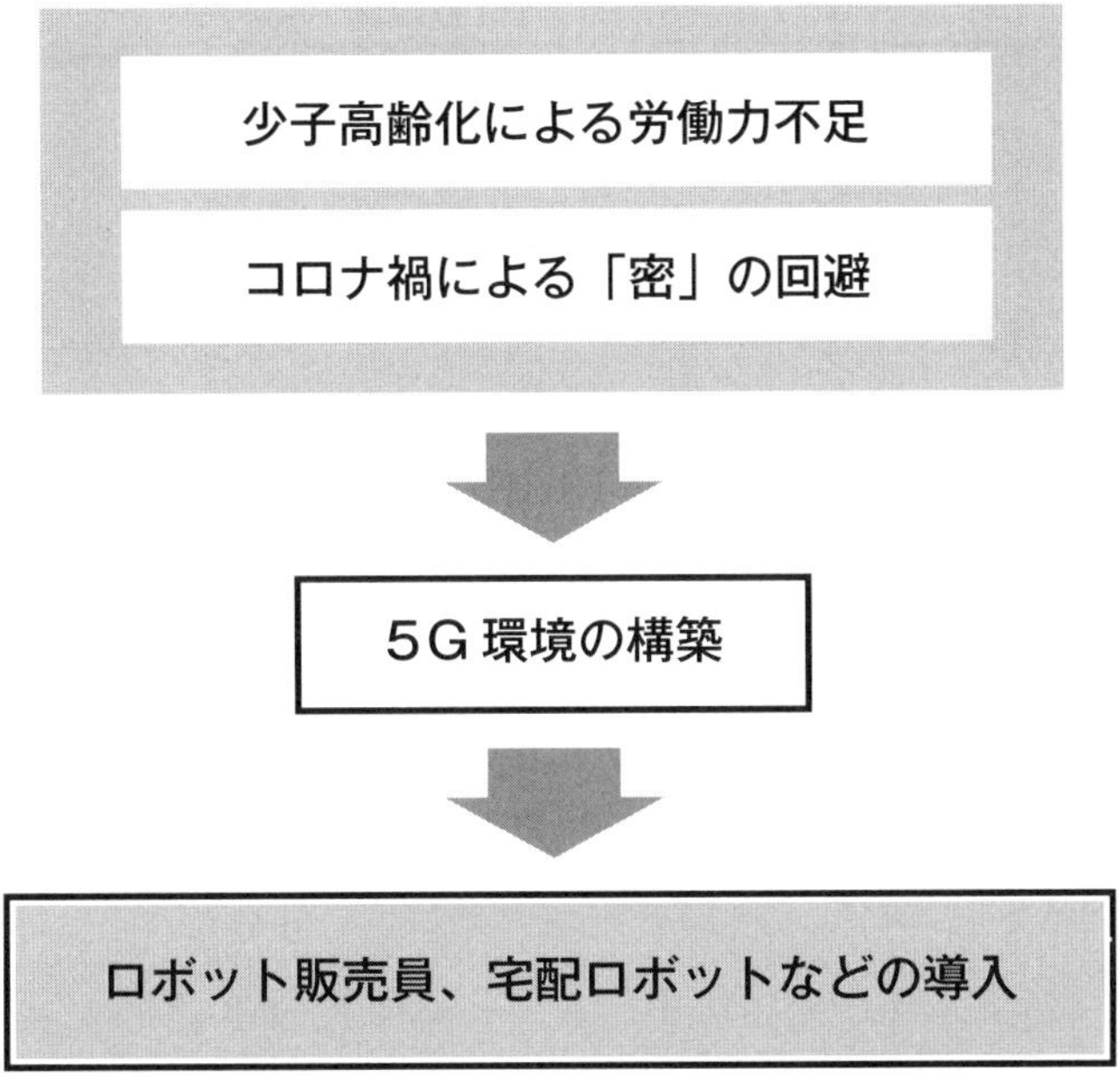

少子高齢化による労働力不足

コロナ禍による「密」の回避

↓

5G環境の構築

↓

ロボット販売員、宅配ロボットなどの導入

単純に接客、販売するだけではなく、さまざまな可能性が広がっていくのです。

こうした流れのなかでＲａａＳ（Robotics as a Service）が注目されています。ＲａａＳとは、ロボティクスの機能をインターネットなどのネットワークを活用して、運用するというもので、ロボットが顧客の嗜好やそれに合わせた店頭在庫などのデータをクラウド経由で活用したりします。

また、ロボットではありませんが、人間がサポートアイテムを装着し、軽作業などをストレスなく行うアシストスーツの導入も今後、進んでいくことになるでしょう。アシストスーツは、電動装置などを用いて運搬作業などにかかる作業者の腰などの身体的負担を軽減する目的で開発された商品で、小売店舗でも納品やバックヤードでの棚卸、在庫管理などの作業に活用される可能性があります。

Section
11-3

5G時代のスマートストアの無限の将来性

スマートストアとは非接触タグ（ＲＦＩＤタグ）などを使って、レジを通過することなく決済を完了できるなど、商流を円滑化した店舗です。レジの長蛇の列などを解消し、顧客のストレスを低減し、レジ業務などの担当者数を削減することで店舗運営の効率化が期待できます。山手線新駅の高輪ゲートウェイにも設置されたことで話題を集めました。

スマートストアでは、顧客は「ショッパー」として入店から退店までの一連のプロセスを店内のカメラやセンサーなどにより追跡されます。たんにショッパーの動きを追っていくだけではなく、視線、動線、表情なども分析の対象になります。ショッパーのなかにはほしい商品がなく商品の購入に至らない人もかなりの数にのぼるでしょうが、スマートストアではそうした未達成率についてもデータを集めることができます。また平均滞店時間などについてもデータの収集が可能です。

ショッパーは気に入った商品があればショッピングカートなどに商品を入れていきます。商品をスキャンする必要もありません。もっともどのように商品を配置、陳列しておけばショッパーが商品に目をとめやすいか、関心をもちやすいかということも考慮されます。

さらにいえば、長蛇の列となるレジに並ぶということもありません。あらかじめ登録してあるクレジットカードなどで自動的に決済が行われるためです。ショッパーは現金をもたずにスマートストアに来店し、商品をショッピングカートに入れてそのまま退店すれば自動的に決済がすんでしまうのです。

米国ではアマゾンが「アマゾンゴー」というスマートストア型のコンビニエンスストアをオープンさせています。ローカル5Gなどを活用して本格的な導入が始まっています。

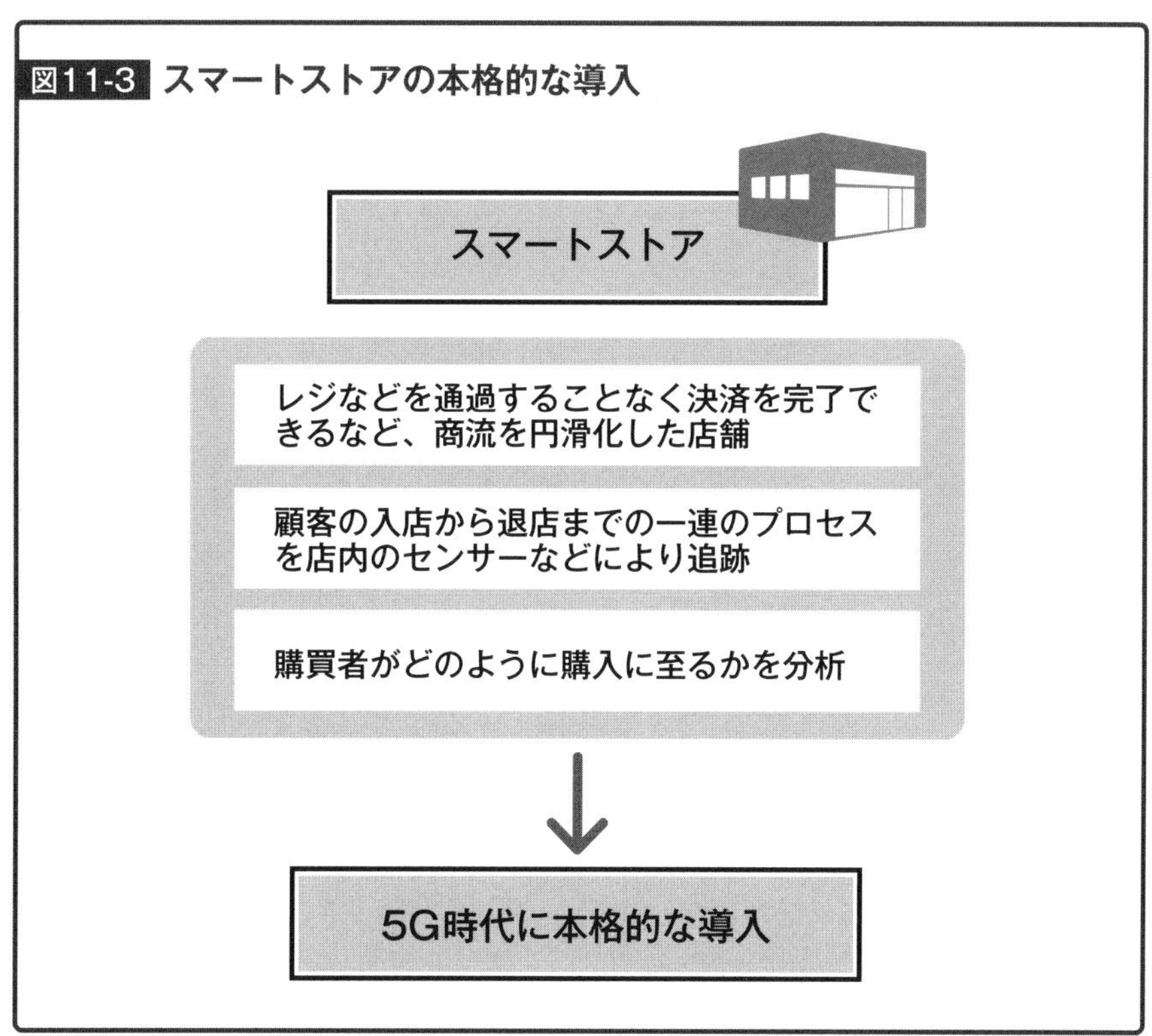

ちなみにスマートストアの普及により、ショッパーマーケティングも本格的に行われるようになるでしょう。ショッパーマーケティングとは、消費者（コンシューマー）ではなく、購買者（ショッパー）がどのように商品に惹きつけられて購入に至るかを分析するマーケティング手法です。スマートストアでは、ショッパーの行動を店内カメラなどで多面的に観察してデータを収集し、分析できるようになるのです。

顧客の隠れたニーズをほんのわずかな行動の特徴から分析、抽出し、商品開発や販売戦略に生かしていけるのです。

Section 11-4

生き残りをかけた小売業によるマイクロマーケットの展開

顧客をネット通販に奪われたコンビニエンスストア、スーパー、百貨店などが、それぞれの業態の「ミニチュア化」を進めています。それがマイクロマーケット（極小商圏）です。

マイクロマーケットとは、そもそもオフィスや会社などの通常店舗の出店では採算がとれないものの、一定の需要が想定されるマーケットをターゲットに、小規模の自動販売機などを設置するコンビニエンスストア業界などの概念でした。コンビニエンスストアの売れ筋商品、定番商品だけを効率的に集約し、顧客に提供していくのです。しかし、ここにきて、スーパーや百貨店もこの概念を取り入れ始めました。

近年、業界規模が大きくシュリンクしている百貨店業界では「売れる商品に絞ってミニ店舗を出すことで生き残りを賭けよう」ということで、空港やショッピングモールなどに「ミニ百貨店」を出店させるようになりました。あるいは「デパ地下食品」を中心に販売したり、セレクトショップ化したり、外商窓口機能を前面に出したりすることで、百貨店のブランド力とマーチャンダイジング機能をミニマム化させて消費者に提供しています。

スーパーもコンビニエンスストアの市場に魅力を感じて、ミニスーパーをコンビニエンスストアと同じような立地に出して、価格勝負を挑むようになりました。たとえば、イオン系の「まいばすけっと」のようにスーパーの機能をミニマム化して低価格帯で商品を提供しています。常温食品のほか、低温食品、冷凍冷蔵食品などが用意されることもあります。

そしてコンビニエンスストアはそもそも小さな店舗と売場でマーケットを拡大してきましたが、そのマーケットが飽和状態になると、さらにニッチなマーケットに手を出すようになりました。すなわち、職場や学

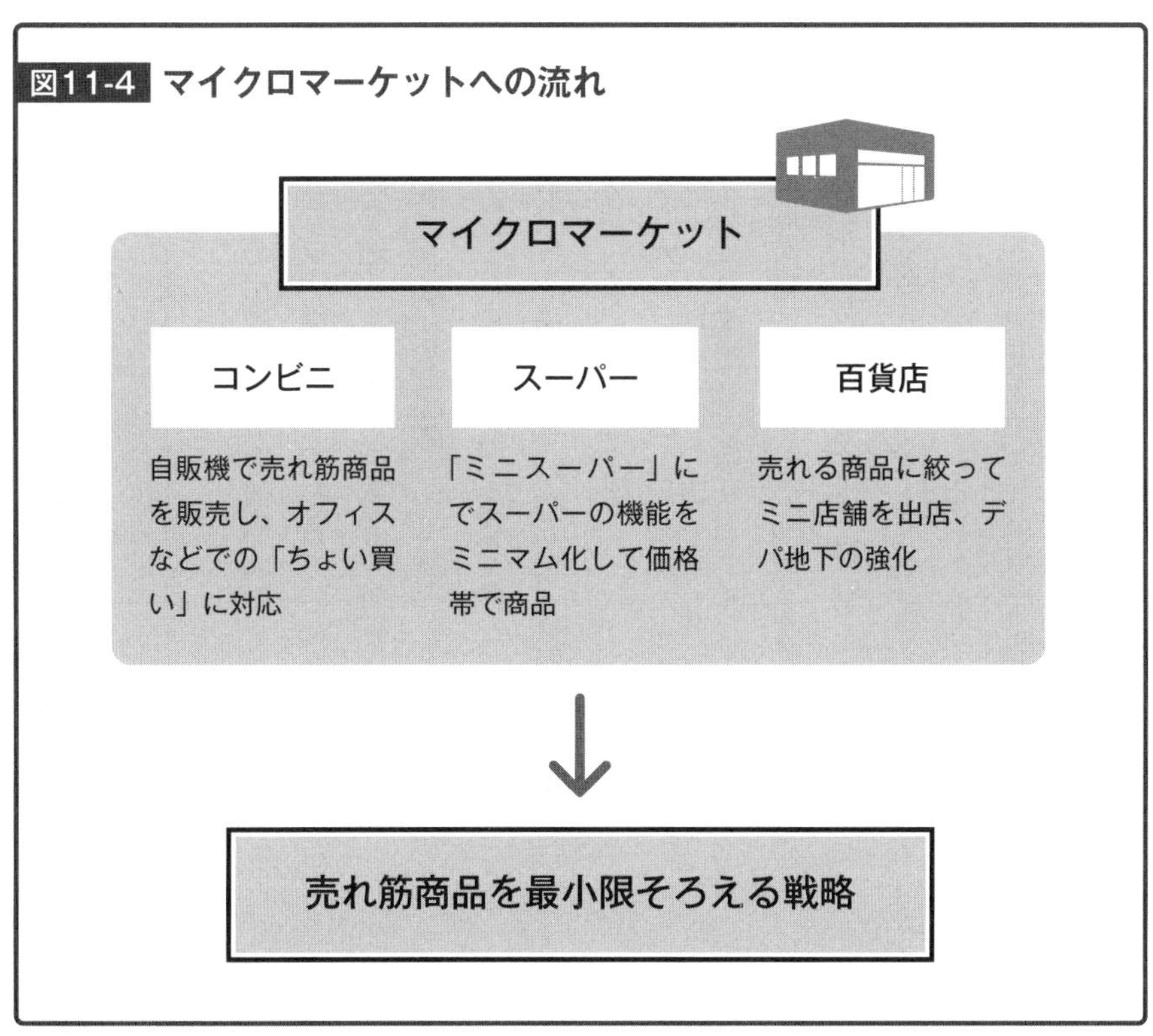

校で「ちょい買い」をする会社員や学生にコンビニエンスストアの品ぞろえのなかでもよく売れる商品を集めて、自販機を設置しています。オフィスで「ちょっと飲み物がほしくなった」「スナック菓子を少し食べたい」といった需要に対応し始めたのです。

百貨店、スーパー、コンビニエンスストアが、ドミノ現象のように縮小するマーケットに進出し、相次いで極小商圏にターゲットを絞り始めました。めったに売れないロングテール在庫はネット通販に任せ、売れ筋商品を最小限そろえるという戦略が主流となりつつあるのです。

さらにいえばアフターコロナの環境のなかで、買い物客が必要最小限の商品を過密にならずに購入できる環境を構築するうえでも有効な対策といえるかもしれません。

Section 11-5

起死回生を図る小売業の市場開拓

ネット通販の出現、生活習慣や消費者の嗜好の多様化、そしてコロナ禍などで小売業の根本的なしくみは大きな岐路を迎えました。消費者の嗜好は、「多・遠・長」（多くの商品を遠方で長時間かけて購入）から「少・近・短」（少しの商品を近場で短時間で購入）に変わってきました。さらにコロナ禍により、「密」（過密）を避けるという流れも大きくなってきました。

ビジネスホテルとコンビニエンスストアの連携はその一例です。これまでビジネスホテルは「出張で素泊まりする安価な宿泊施設」といったイメージでした。

しかし、近年のビジネスモデルは、むしろビジネスホテルの宿泊客をターゲットにしています。ほとんどのビジネスホテルの宿泊客はチェックインすると、コンビニエンスストアやドラッグストアに向かいます。それに着目して、コンビニエンスストアやドラッグストアを併設するビジネスホテルが増えています。消費者がよく使う施設を組み合わせることで相乗効果を上げているのです。小売業の業際化やコラボレーションがこれまで以上に進んできているともいえるでしょう。

また、コロナ禍で緊急事態宣言が発動されると、リアル店舗の休業により、ネット通販に一極集中するという現象が見られました。その際に、休業した店舗をネット通販専用拠点にスライドさせる小売店も出てきましたが、今後はこうしたネット通販に重きを置いた在庫拠点としての店舗（ダークストア）にも注目が集まってくることでしょう。そもそもダークストアとは都市型の特殊な物流センターで、ネット専用店舗型配送拠点としてイギリスで発達しました。物流センターの機能を店舗にもたせることで、内部は店舗のように商品棚や売場があり、作業者は販売員などのキャリアを生かしたかたちでピッキングや配送業務にあたることが可能となっているのです。

図11-5 ダークストアとは

ダークストアの主たる特徴

↓

1

大消費地向けの
店舗配送型の
ネット通販向けの
在庫拠点

2

原則的に
一般消費者は
ダークストアで
商品を購入しない

3

有人で
専任スタッフが
在庫管理・出荷な
どの業務を行う

4

在庫エリアは
小売店の商品陳列エリアと
類似したレイアウトが
とられている

5

ダークストアからの配送は
2時間毎などの便で行われ
不在時は持ち帰り、
ダークストアで保管される

6

将来的には
スマート化する都市機能と
リンクする可能性が高い

7

店舗レイアウトを物流倉庫の
レイアウトのようにする
反転型ハイブリッドもある

Section 11-6

小売業と卸売業の垣根の消滅による業界再編

卸売業は「流通の中抜き現象」の影響をまともに受け、卸売市場は大幅な縮小傾向にあります。中小卸売業の統廃合も加速してきました。

こうした流れのなかで生き残りをかけた卸売業が起死回生の戦略として打ち出しているのが「卸売業の川下り」です。サプライチェーンの川上の卸売業が川下の小売業のビジネスモデルの実践に乗り出してきたわけです。これまでのように小売業相手に商品を卸売りするのではなく、一般消費者向けに直接、販売することで売上高を伸ばす戦略をとり始めたのです。

卸売業の品ぞろえについてのノウハウやマーケティング力を活用し、独自の商品を開発し、ネット通販などで販売するというわけです。

他方、ネット通販に力を入れる小売業は、ネット通販市場の活用で個人消費者の購入履歴などのビッグデータを手にし始めました。小売業が不特定多数に販売し、卸売業が「特定の顧客に販売する」というビジネスモデルならば、個人情報を大量に保有するアマゾンドットコムなどの一部巨大ネット小売には卸売業の機能があるともいえます。

アフィリエイトなどの商品販売の場を関連業者などに提供することも卸売業に近い機能といえるでしょう。

言い換えれば、小売は卸売業に近づき、卸売業は小売業に近づいていくのが次世代流通業のあり方かもしれないのです。

さらにこの傾向はコロナ禍以降に強まる可能性があります。5Gの進展もふまえて、小売業も卸売業もネット取引にこれまで以上に依存していくようになることが十分考えられますが、そうなれば顧客情報を小売業も卸売業も共有することになります。「不特定多数の顧客管理」から「特定化された顧客管理」へと、シフトしていくことになりそうです。

図11-6 小売業の川上りと卸売業の川下り

小売業の「川上り」

顧客情報の管理

POSシステムの巨大化によるビッグデータへの対応
ポイントカードによる顧客管理

SPA（製造小売業）の浸透

ユニクロ型、ニトリ型、スターバックス型ビジネスモデル
生産工程、卸売機能をあわせ持つことで店頭情報を有効に活用
商品開発力、マーチャンダイジング機能の強化、PB商品の開発

販売プロセスの簡略化

セルフチェックアウト、スマートショップなどのIoTとのリンク

小売機能のみに傾注せず・仕入れ機能・物流機能・在庫調整機能・集荷機能・金融負担・リスク分散などの卸売業の機能を補う

卸売業の視点から見たネット通販

顧客購買情報の「ビッグデータ化」

商品開発、品ぞろえなどに影響

ネット通販企業の物流センター大型化

ネット通販企業の在庫保有型物流センター建設、運営

グローバル対応の進展による仕入れルートの多様化

卸売業にとっては小売業の囲い込みが難しくなる

オムニチャネルなどへの対応

小売業の仕入れルートの刷新、効率化への対応

卸売業によるネット通販チャネルの開設

（（卸売業の「川下り」））

第12章

ニューノーマル時代に加速するコネクティッドロジスティクス

Section 12-1

ニューノーマル時代の到来で変わるロジスティクスシステム

コロナ禍の影響がさまざまな業界に広がりました。飲食、旅行、ホテル、レジャー産業などは、とくに大きな影響を受けました。多くの産業、企業が苦しむなか、物流業界も難しい立場に追い込まれてました。

巣ごもり、ステイホームなどが大きな流れになるなかで、宅配便、食品宅配などの需要が伸びましたが、その反面、企業向けの物流量は減少し、輸出輸入についても新型コロナウィルス感染の拡大で先が見えない状況が続いてきました。

そしてこうした流れのなか、コネクティッドロジスティクスを求める動きも大きくなってきました。

たとえば、物流センターの無人化がコロナ禍における「三密」(密閉・密集・密接)回避の流れのなかで加速してきています。

サプライチェーン全体でみると、グローバル化の流れのなかで物理的な距離が縮小傾向を示しています。中国などから国内への回帰の動きが大きくなっています。そして同時にバッファー在庫が必要になるということから安全在庫や流通在庫は増え始めています。とくに国内在庫を十分に抱えておくことがリスクヘッジにも役立つことになります。

また、配達時の感染リスクを回避するために置き配も急速に広まりました。一般社団法人日本ＳＣＭ協会がコロナ禍前に行ったアンケートでは、置き配の支持率は70％程度で、逆にいえば30％ほどの人が「置き配をすれば置き引きなどのリスクが大きい」などと考えていました。しかしコロナ禍で状況は一変したのでした。

さらにいえば自動運転、隊列運行、ロジスティクスドローン配送、無人フォークリフトによる運搬システムの構築なども、コロナ禍のなかで大きく進んでいくことが考えられます。

言い換えれば、コネクティッドロジスティクスへの脱却に成功できない企業にはアフターコロナの明日はないのです。

図12-1 コロナ禍による庫内無人化の促進

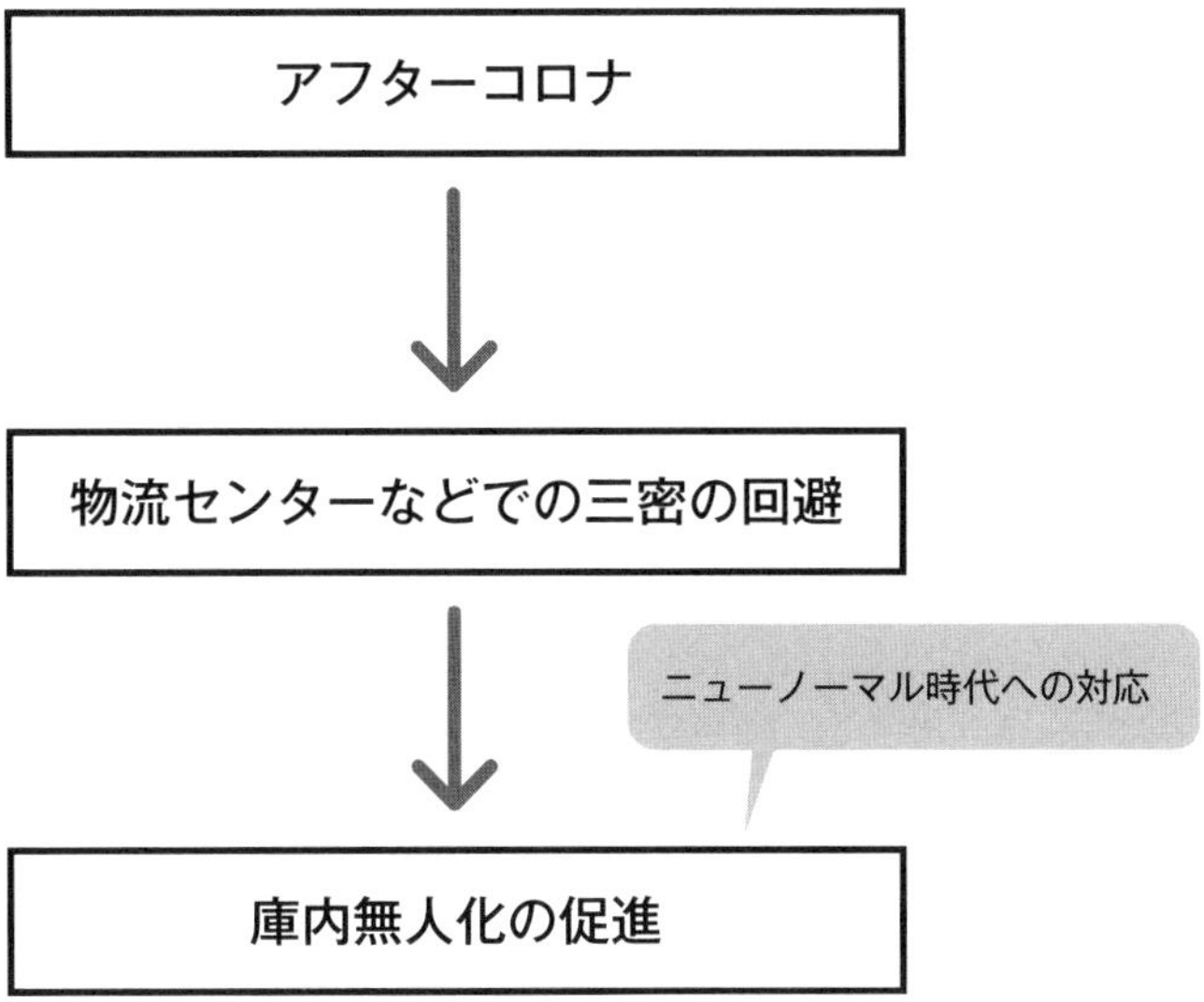

アフターコロナ

↓

物流センターなどでの三密の回避

↓　ニューノーマル時代への対応

庫内無人化の促進

Section 12-2

超自然災害による「物流の途絶」を回避

平成23年（2011年）に東日本大震災が発生し、その後も熊本地震、大阪府北部地震、北海道胆振東部地震など大きな地震が頻発しています。また近年、豪雨や台風の被害も深刻化し、令和元年東日本台風、令和2年7月豪雨などが甚大な被害をもたらしました。宅配便、3P企業などの多くの物流インフラもストップし、「物流の途絶」が各地で発生しました。

コロナ禍のみならず、増加する自然災害への対応を入念に練る必要が出てきているのです。

被災後にいかに早期に、できるだけ短期間に通常通りに戻すか、緊急物資輸送などの非常時に求められる物流機能をいかに担うか、顧客のサプライチェーンをいかに確保し、早急に回復するかという視点が重要になります。また、従業員が危険にさらされたり、過労などで体調を崩したりするようなやり方での対応も避けなければなりません。

以上をふまえて、ここで台風、地震などの自然災害の発生時に物流企業や荷主企業がとるべき対応のステップを整理しておきましょう。

まずはハザードマップから危険度の把握や重要代替拠点・設備の確保など、常日頃から災害のリスクを把握しておく姿勢が大切です。どのようなリスクがあり、どのような準備、対応、措置などが必要になるかを想定しておく必要があるわけです。

発災直後の措置では、避難や業務の一時停止・業務復旧などへの的確かつタイムリーな対応が必要です。人命を最優先し、従業員の安否確認を行い、被害把握をしなければなりません。災害発生時の業務の一時停止・業務復旧の基準を定め、顧客や関係先と共有を図ります。

復旧対策についても重要業務・物流サービス提供の優先順位の設定を行います。また、従業員の心と身体

図12-2 BCP対策の強化によるサプライチェーンの途絶の回避

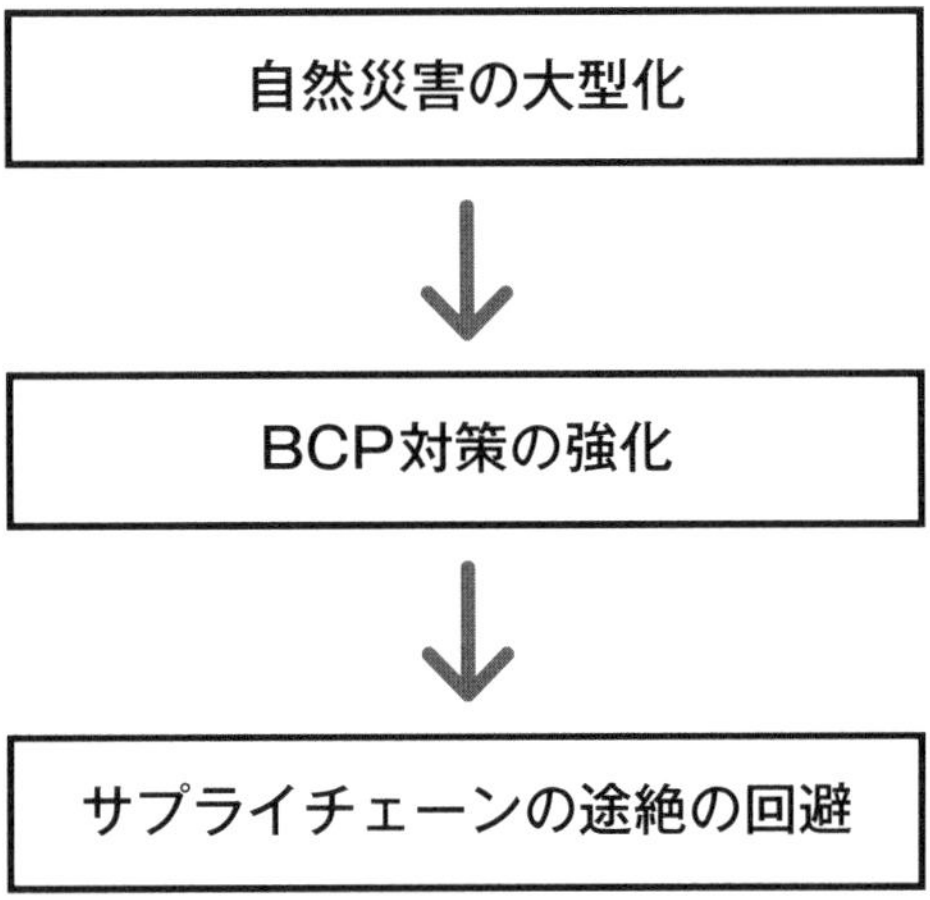

のケアも必要です。自社の業務の操業度が低下した場合を想定し、さまざまな関係者と協議したなかで優先順位を想定し、復旧を図り、従業員の過重労働を防ぐようにし、精神的、金銭的なケアの実施体制を整えます。

また、平時における準備では、定期的な訓練や反復実施の継続、BCPの継続的な見直し、業務の一時停止に向けた事前準備などに加えて、代替輸送網の構築やドライバーの拘束時間ルールへの対応やテレワークの活用による在宅勤務体制の整備も必要になります。

Section 12-3

ウーバーイーツ型の配送システムの急速な拡大

シェアリングエコノミーの一例として、ウーバーイーツの食品宅配システムに注目が集まっていましたが、この動きはコロナ禍によって大きく加速しました。

ウーバーは、2014年に米国ウーバーテクノロジーズによってはじめられたライドシェアサービスです。個人がウーバーのアカウントを作ってドライバー登録をし、アプリでマッチングされた顧客相手に送迎を行います。

このような米国型のウーバータクシー業は、我が国ではハイヤー業とのすみ分けが難しいことから、現状では本格的な事業参入は難しいと考えられています。とはいえ、ウーバーアプリでタクシーの配車を行うサービスがはじまるなど、ウーバーとタクシー会社の協業の動きもあるため、今後、ビジネスモデルが本格化する可能性がないわけではありません。

また、タクシー業ではありませんが、ニューノーマル時代に突入してからは、フードシェアリングデリバリーを行うウーバーイーツが、マーケットを急速に拡大しています。コロナ禍では夕食を中心に外食に時間的な制約がかかったことから、食品宅配の需要が急増しました。飲食店にとっても来店者が減少したことから「登録するだけで宅配サービスを行ってくれる」というウーバーイーツなどのしくみは利用しやすく便利です。なお、日本型の食品宅配サービスとして出前館などもマーケットシェアを伸ばしています。

さらにウーバーイーツには、仕事を請け負う配送員が「自分の望むタイミングで仕事ができる」という魅力もあります。会社員、主婦、学生などが隙間の時間にでも、配送を引き受けることができるのです。ドライバー不足という大きな課題を「必要なときに、必要なだけ、必要なエリアで仕事をする」というかたちで解決するニューノーマル時代に適したサービスといえます。

図12-3 フードシェアリングデリバリーサービス

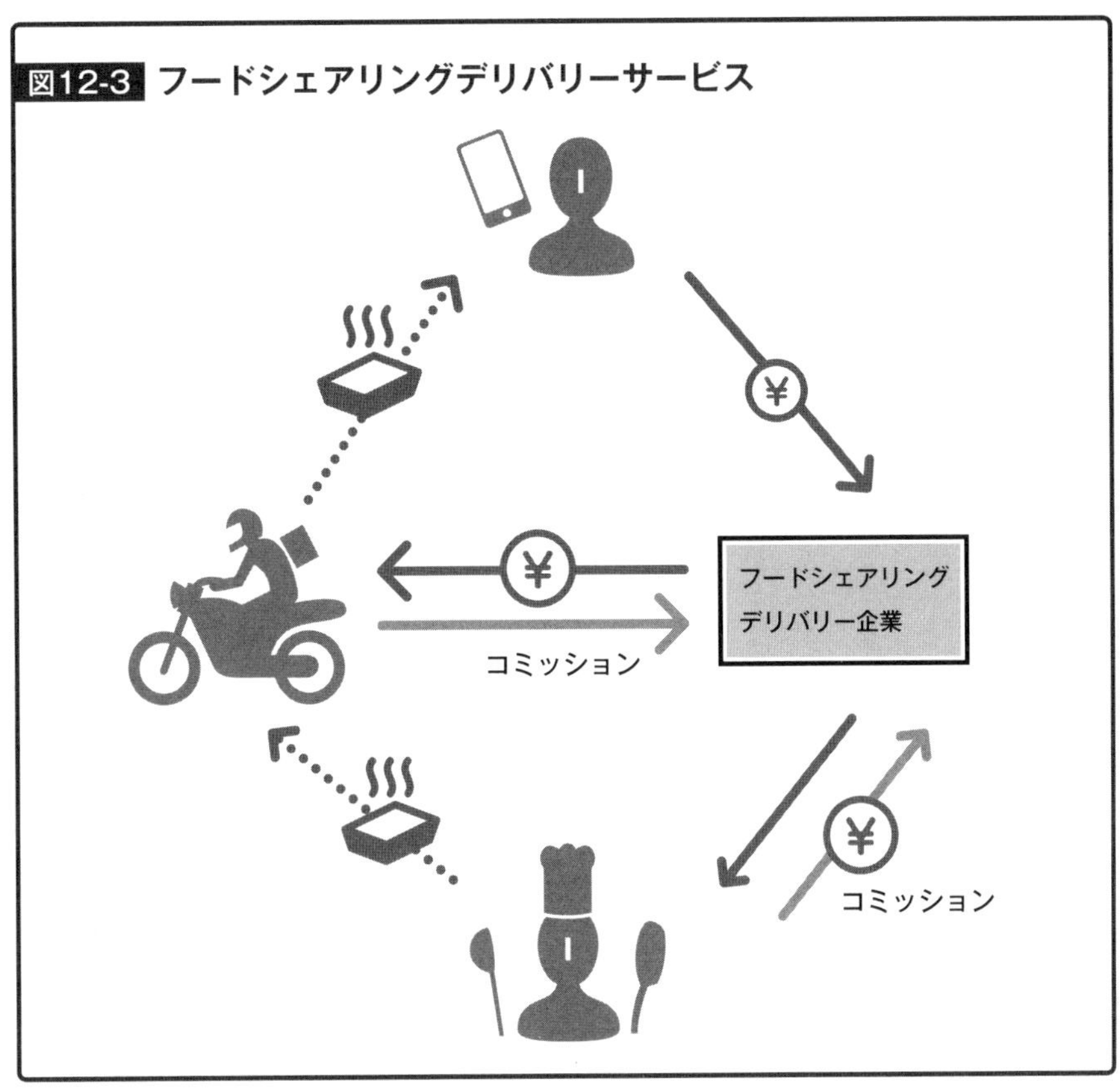

アマゾンも、宅配便企業の配送量を抑制して自社物流への切り替えを推進する一環で、地域限定で配送を請け負うデリバリープロバイダーを活用しています。直接契約の軽貨物ドライバーを募集し、自社配送システムの強化に乗り出しているのです。ルートなどはアプリで自動生成できるので、宅配事業経験がなく、土地勘がなくても業務に支障はありません。車両についてもレンタル、リース、購入などをアマゾンのパートナー企業がバックアップするのを売りとしています。ある意味、コロナ禍時代に、ドライバーを安定的な職業と考える人が増えてきているともいえます。

そしてこうした流れが宅配便大手の戦略にどのような影響を与えるのか、宅配ビジネスのさらなる隆盛につながるのかは、もう少し様子を見ながら判断する必要もありそうです。

Section 12-4

ローカル5Gで加速する画像認識型の庫内作業

コロナ禍時代では完全自動化、無人化への流れがますます加速していくことは明らかですが、画像認識システムも時代の潮流に合ったシステムです。

画像認識システムには5G時代の大きなトレンドとしても大きな期待がかかっています。たとえばローカル5Gを活用できる環境下で対人システムとして画像認識システムを導入すれば、性別、年齢、さらには個人の特定も一瞬にして可能になり、さまざまな応用の可能性があります。

物流については、とくに貨物の認識に対して画像認識機能は大きな可能性を秘めています。

たとえば検品に活用すれば、バーコードなどを使わずとも個々のアイテムの認識が可能です。目視検品を行う現場では、2人1組で行うことにより誤検品などのミスを極力避けるように努めていますが、人間のすることなのでどうしてもミスが出てきてしまいます。バーコードを使ってもスキャナーミスや数量の数え間違いなどのミスはなかなか防ぐことができません。RFIDタグの活用でそうしたミスは最小限に抑えられるようになりますが、さらに画像認識システムが加われば、現場の選択肢が広がることに加え精度の向上にもつながります。

また庫内の棚卸しに活用してもよいでしょう。バーコード型の検品ならば作業者が庫内貨物のスキャンにかがみこんだり、不自然な姿勢からの確認を行ったりすることが多々ありますが、画像認識型ならば、その手間もなくなります。

もちろん、検品や棚卸しだけではなく、ピッキングシステムやパレタイズへの応用も可能です。ピッキングロボットやパレタイズロボットなどに画像認識が可能なカメラ機能を埋め込めば、より効率的な無人作業が可能になるのです。

図12-4　画像認識型検品システムの概要

画像、重量などを瞬時に読み取り
ミスを防止し、迅速かつ正確な
出荷を実現

自動検品システム

画像自動検品
重量自動検品
トレー内の品物を瞬時に検品

作業人員の削減

作業コストの削減

三密回避による感染防止

誤検品・誤出荷の回避

リードタイム短縮

多頻度小口への対応

Section 12-5

トラック荷待ち・手待ち時間を解消する入出荷バース予約システム

　ドライバーの長時間労働が問題視されています。その大きな要因として指摘されるのが荷物の積み卸しの間に運転手が待機する「荷待ち時間」です。

　国土交通省は、２０１７年7月より、トラック運送会社に対し、荷待ち時間を乗務記録に記載するよう義務付けました。これは、荷待ち時間の明記で運送会社が荷主に追加費用を請求しやすくし、ドライバーの待遇改善につなげるねらいがあります。

　国土交通省より発表された荷主都合による荷待ち時間のサンプル調査の結果によると、一か所あたりの荷待ち時間が1時間を超える割合が55％であり、そのうち、4時間を超えるものも4％あったとのことです。したがって荷待ち時間を解消できれば労働時間の短縮が期待できるのです。

　荷待ち時間の発生は、①指定時間よりも、早く到着して、待機している時間、②指定時間内に到着して、待機している時間、③指定時間後に到着して、待機している時間の3つのケースが考えられます。このうち、②については、物流センター側に原因があり、納品トラックの台数・納品数量を処理できないために発生します。これを解消するには、入荷検品人員の体制に応じて、時間帯別の納品トラック数をスケジューリングし、平準化することが求められます。

　実際、スケジューリングの数理問題として捉え、物流センター側の処理能力、納品トラックの数量をコントロールするために、拘束条件を設定し、最適解を求めた特許出願も出てきています。

　物流センターの受付ルールは、「受付先着順」または「事前予約制」です。

　しかし受付先着順では、受付時間が早い順からバース接車許可が出されるため、納品トラックは、可能な限り早く到着して受付をすることになります。物流セ

図12-5 トラックバース入出荷予約システムの効果

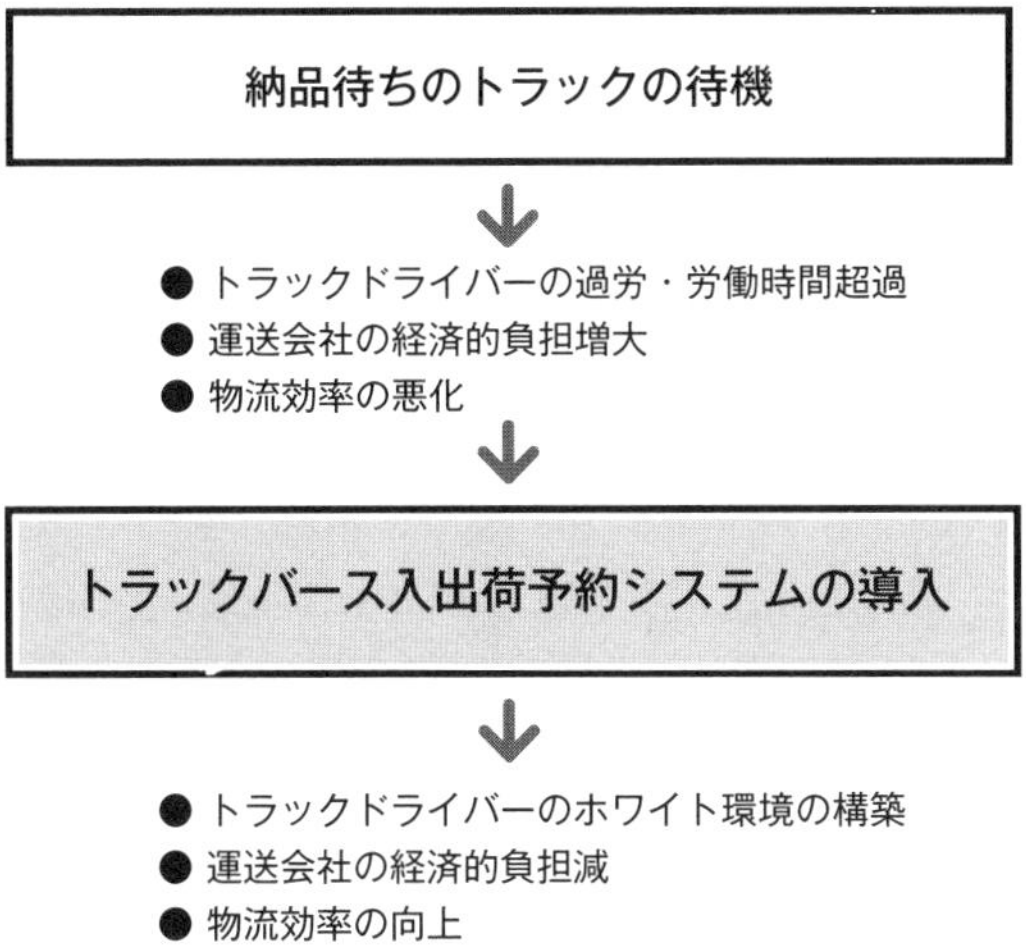

納品待ちのトラックの待機

- トラックドライバーの過労・労働時間超過
- 運送会社の経済的負担増大
- 物流効率の悪化

トラックバース入出荷予約システムの導入

- トラックドライバーのホワイト環境の構築
- 運送会社の経済的負担減
- 物流効率の向上

ンター側の運用はきわめて容易ですが、納品車両が多ければ、待機時間が発生しやすく、納品事業者側にメリットはありません。

事前予約制では、納品事業者は、ウェブ経由などの遠隔手法により、あらかじめ希望する時間枠を予約します。その情報をもとに、物流センター側は、入荷バース割当やスケジューリングを行い、納品事業者に割り当て枠を提示するのです。受付先着順と比較して、待機時間が発生しにくく、納品事業者側は希望時間を受け入れてもらえるメリットはありますが、物流センター側には、運用能力が必要であり、ノウハウ、熟度が求められます。

そこで今後は納品事業者側の希望時間を考慮しつつ、物流センター側の倉庫内作業の効率性をふまえて、組み合わせ最適化問題として定式化します。必要に応じて機械学習機能なども活用してスケジューリング問題を解くことで、物流センターの入出荷バースの予約システムは高度化していくことになるはずです。

Section 12-6

ドライバー不足時代の切り札となるロジスティクスドローン

近年、ネット通販市場の拡大などを受けて宅配便の需要が急激に伸張しています。しかしその反面、トラックドライバー不足や共働き世帯の増加による平日日中などの荷受人不在により、配送にかかるコストが急騰しています。

また違法駐車などの交通違反の取締りの厳格化も進められ、宅配便ドライバーが単独で複数世帯に荷物を届けにくくなっています。物流業界では、トラックドライバー不足を解決する方策として複合一貫輸送、中継輸送などの輸配送ネットワークの再構築を推進したり、自動/無人運転トラックの導入、外国人ドライバーの解禁の検討、女性ドライバーの積極的な導入の奨励などを進めていますが、いずれも決定的な解決策とはなっていません。

ロジスティクスドローンにはこうしたトラックドライバー不足問題を一気に解決できる可能性があります。無人飛行機はすでに軍事部門で実用化されており、その技術転用からプログラムで無人運転を行い、目的の配送目的地に貨物を届けることで有人の配送システムから無人の配送システムへの変換を進めていくのです。

たとえば、ＤＨＬでは物資輸送のためのドローンプロジェクトで、実証実験を経て、ロジスティクスドローンの実用化を進めています。ロジスティクスドローンの形状はＶＴＯＬ機（垂直離着陸機）が採用され、高山地域での活用が始まっています。また、アマゾンドットコムもドローン配送サービスを開始しています。中国でも宅配便大手のＳＦやＪＤがロジスティクスドローンの実用化を進めています。

さらにわが国でも楽天市場がロジスティクスドローンによる配送に着手しています。

また、内閣府国家戦略特区に千葉市が指定され、「千

図12-6 ロジスティクスドローンによる無人配送

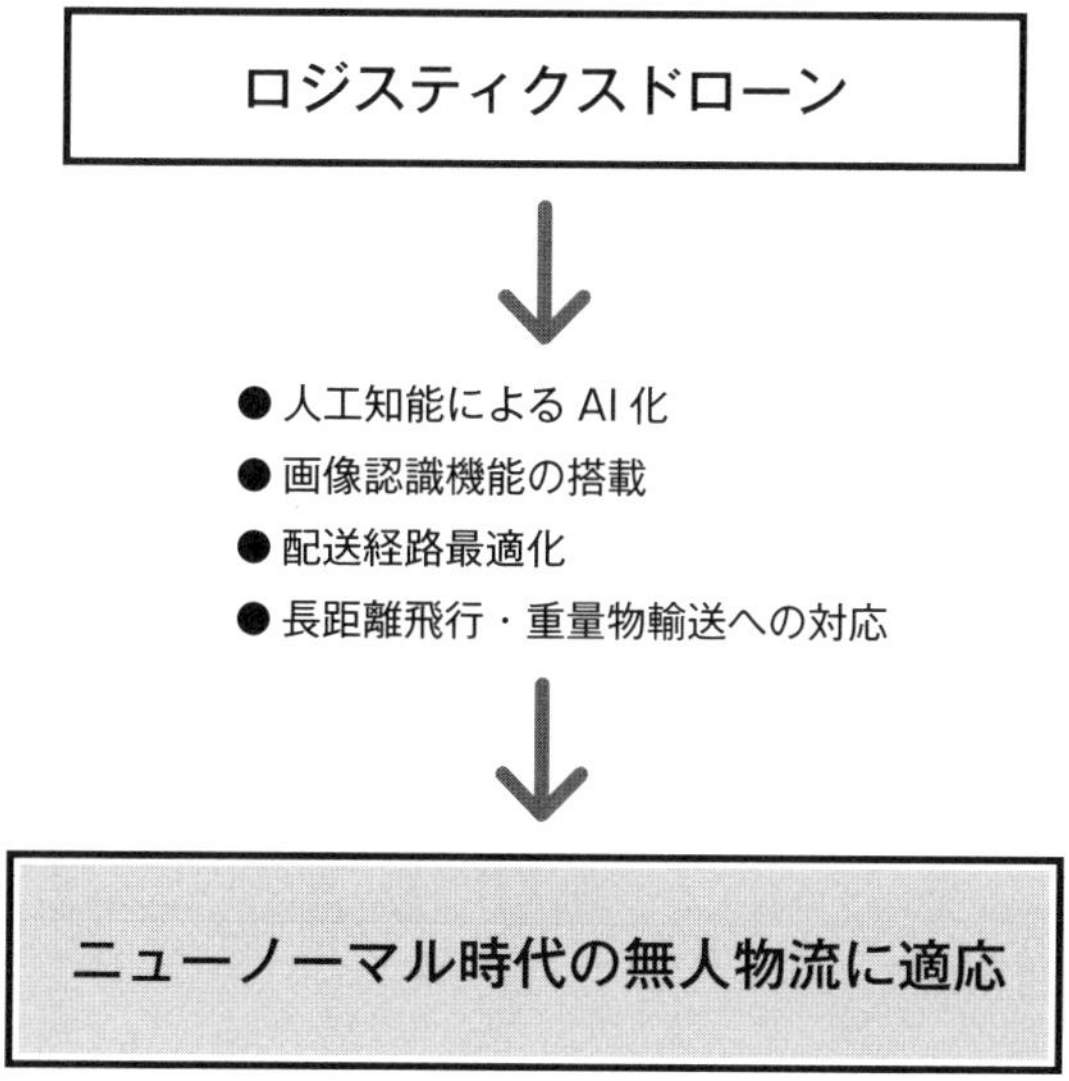

ロジスティクスドローン

- 人工知能によるAI化
- 画像認識機能の搭載
- 配送経路最適化
- 長距離飛行・重量物輸送への対応

ニューノーマル時代の無人物流に適応

葉市ドローン宅配等分科会」がロジスティクスドローンの実用化のフレームワークを検討しています。ちなみに千葉市は幕張新都心地区が東京湾に近接し、臨海部に物流センターが集約しているのに加えて、今後、超高層マンション（タワーマンション）の建設が進むこと、さらには都市整備に合わせて、電線が地中に埋められているということがドローン宅配を行ううえで好条件の立地となっていると考えられています。それゆえ、東京湾臨海部の物流センターからドローンにより、海上や一級河川（花見川）の上空を飛行し、新都心内の営業所まで配送、住宅地区のマンション各戸までの配送やエリア内の店舗に配送するケースなどが想定されています。

　ロジスティクスドローンの本格導入で、コロナ禍以降の日本の物流が大きく変わることは十分に考えられるのです。

Section 12-7

庫内無人環境を目指すアマゾン型フルフィルメントセンター

アマゾンなどは自らのネット通販の物流センターを「フルフィルメントセンター」と呼んでいます。

フルフィルメントセンターについては、まだ厳密に定義することは難しいのですが、必要な商品を必要な場所にムダ、ムリ、ムラなく提供するSCMネットワークの中核として、利益率の向上と資産収益率の最適化を目指す、主として通販物流に対応する先進的な物流センターを「フルフィルメントセンター」と呼ぶようになってきているようです。

「フルフィルメント」とは、英語で「遂行」とか「達成」という意味になりますが、物流で用いる場合は、受注から商品発送、在庫管理、入金管理、さらには返品管理・クレーム処理などのアフターサービスまでの庫内外での一連の業務の戦略的な業務の流れを指すことになります。

従来の物流センター以上に顧客満足度の向上や付加価値サービスの増加に力点が置かれているといってもいいでしょう。

同時にフルフィルメントセンターでは高度なウエアハウスマネジメントシステム（WMS）が導入され、労務管理、作業管理の徹底による運用コストの低減、在庫レベルの引き下げが図られています。さらにここにきてブロックチェーンやDXとのリンクや無人フォークリフト、AGV（無人搬送車）の活用などによる無人化の推進のプラットフォームの役割も果たしています。

高度なWMSを導入し、AIによって無人環境で管理されるモノの流れをリアルタイムで管理し、情報の流れと同期させていきます。

もちろん、リアルタイムでの在庫情報の更新、ロケーションレイアウトの緻密化、ピッキング作業の効率化などをキーワードに、センター全体のシステム化、高度情報化も推進されます。

図12-7 フルフィルメントセンターのイメージ

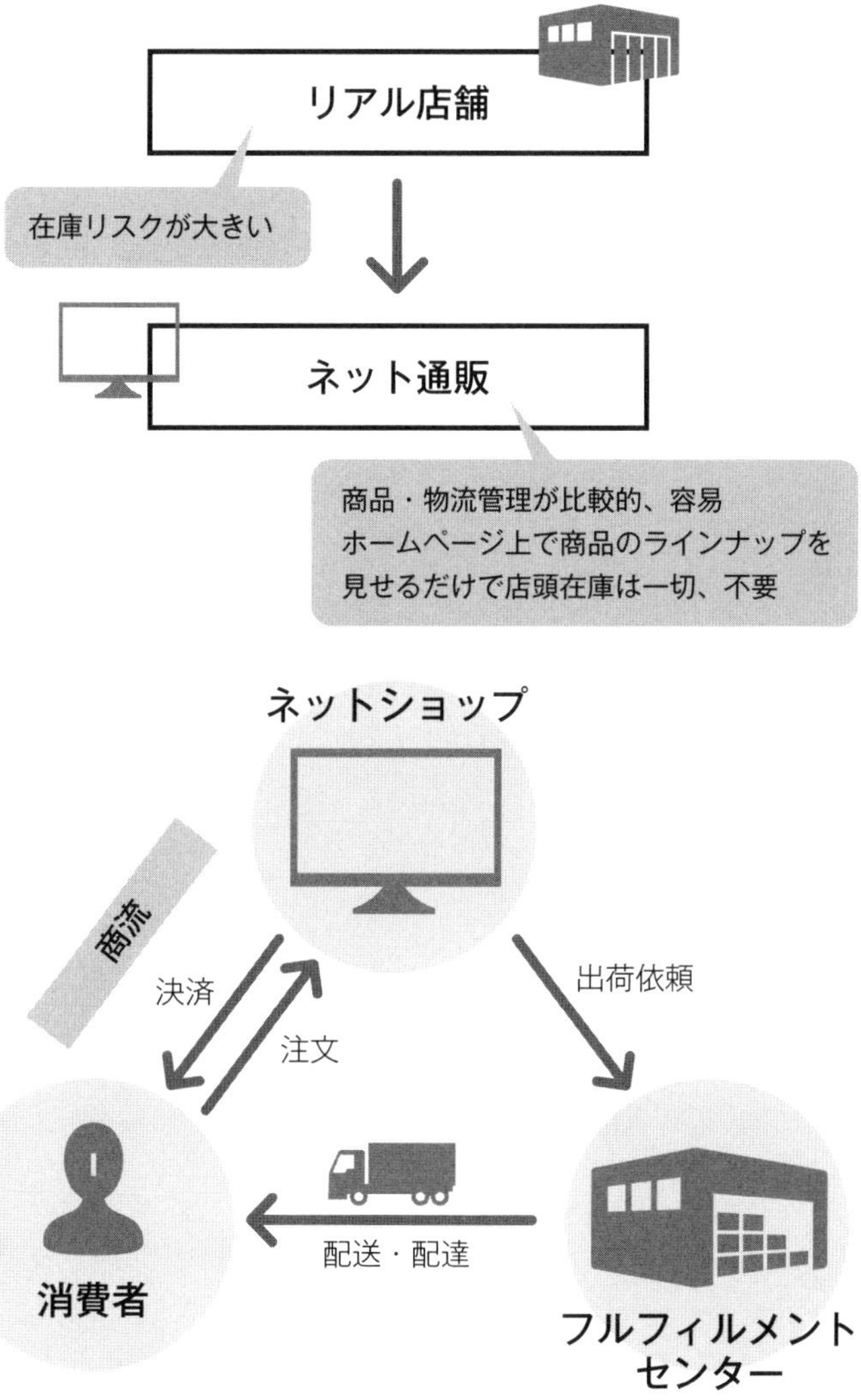

フルフィルメントセンター

ネット通販会社の在庫管理、商品管理、入出荷、梱包、配送を情報システムに連動させて、迅速かつ正確に行う物流センターのこと

主要参考文献

『IoTビジネスがまるごとわかる本』　神谷雅史著、ソーテック社、2019年

『絵解きすぐわかる物流のしくみ』、鈴木邦成著、日刊工業新聞社、2006年

『グリーンサプライチェーンの設計と構築』、鈴木邦成著、白桃書房、2010年

『ケータイ進化論』小檜山賢二著、NTT出版、2005年

『これからは倉庫で儲ける!!物流不動産ビジネスのすすめ』、大谷厳一著、日刊工業新聞社、2012年

『図解 物流効率化のしくみと実務』、鈴木邦成著、日刊工業新聞社、2012年

『図解 物流センターのしくみと実務　第2版』　鈴木邦成著、日刊工業新聞社、2018年

『最新物流ハンドブック』、日通総合研究所、白桃書房、1991年

『すぐ役に立つ物流の実務』、鈴木邦成著、日刊工業新聞社、2011年

『すぐわかる物流不動産』、鈴木邦成・大谷巌一共著、白桃書房、2016年

『スマートサプライチェーンの設計と構築の基本』、鈴木邦成・中村康久共著、白桃書房、2020年

『戦略ウエアハウスのキーワード』、鈴木邦成著、ファラオ企画、2004年

『生活における地理空間情報の活用』　川原靖弘他、放送大学教育出版会、2016年

『倉庫概論』、市来清也著、成山堂書店、1995年

『データ・ドリブン・エコノミー』、森川博之著、ダイヤモンド社、2019年

『デジタルトランスフォーメーションの実際』ベイカレントコンサルテング、日経BP社、2017年

『トコトンやさしい物流の本』　鈴木邦成著、日刊工業新聞社、2015年

『配送センターシステム』、鈴木震著、成山堂書店、1997年

『物流管理ハンドブック』、PHP研究所、湯浅和夫著、2003年

『物流・配送センター』、佐藤良明著、日刊工業新聞社、1993年

『プロドライバー」を育てる3つのルール』、酒井誠著、同文館出版、2013年

『プロジェクトマネジメント標準 PMBOK入門』、広兼修著、オーム社、2014年

『モバイルパワーの衝撃』、辻村清行著、東洋経済新報社、2012年

『amazon』、成毛眞著、ダイヤモンド社、2018年

『5Gの教本』、藤岡雅宣著、インプレス社、2020年

Wireless Data Services – Business Models and Global Markets, Chetan Sharma and Yasuhisa Nakamura, Cambridge University Press, 2003.

■ 著者紹介

鈴木邦成（すずき・くにのり）

物流エコノミスト、日本大学教授（在庫・物流管理など担当）。博士（工学）（日本大学）。早稲田大学大学院修士課程修了。日本ロジスティクスシステム学会理事、日本ＳＣＭ協会専務理事、日本卸売学会理事、日本物流不動産学研究所アカデミックチェア。ユーピーアールの社外監査役も務める。専門は、物流・ロジスティクス工学。主な著書に『入門 物流（倉庫）作業の標準化』『物流センター＆倉庫管理業務者必携ポケットブック』『トコトンやさしい物流の本』『トコトンやさしい小売・流通の本』『物流・トラック運送の実務に役立つ 運行管理者（貨物）必携ポケットブック』（いずれも日刊工業新聞社）、『すぐわかる物流不動産』（公益社団法人日本不動産学会著作賞受賞、白桃書房）、『グリーンサプライチェーンの設計と構築』（白桃書房）、『スマートサプライチェーンの設計と構築の基本』（中村康久との共著、白桃書房）などがある。

中村康久（なかむら・やすひさ）

ユーピーアール株式会社・取締役常務執行役員・ＣＴＯ、ＤＸ推進部、技術・マーケテング部担当。ＮＴＴ電気通信研究所、ＮＴＴドコモブラジル、ドコモＵＳＡ、ＡＴ＆Ｔワイヤレス、ＮＴＴドコモ理事を経て現職。麻布高校卒業後、東京大学工学部計数工学科卒業。工学博士（東京大学）。東京農工大学大学院客員教授（通信工学、モバイルＩＴ戦略など担当）、放送大学講師（生活における地理空間情報の活用を担当）、フランステレコム中央研究所（ＣＮＥＴ）にて滞在研究。スタンフォード大学短期ＭＢＡコース修了。主な著書に『*Wireless Data Services-Technology, Business model and Global market*』（ケンブリッジ大学出版）、『スマートサプライチェーンの設計と構築の基本』（鈴木邦成との共著、白桃書房）などがある。ＩＥＥＥ技術委員会アジアパシフィック代表委員、ＩＴＵ－Ｒ第３世代移動通信システム委員、郵政省ＰＨＳ高度化利用委員会委員、総務省ＶＩＣＳプローブ懇談会委員、ＩＴＳ情報通信システム推進会議３Ｇテレマティクス専門委員会委員長等歴任。

執筆章分担

鈴木（主分担）　：４，５，６，７，８，10、11 章

中村（主分担）　：１，２章

鈴木・中村（共担）　：3、9、12 章

＊各章とも相互に内容を確認・補足

物流DXネットワーク

ビジネスパーソンのための〈コネクティッドロジスティクス〉の基礎知識

2021年3月31日　初版第1刷発行

著者　鈴木邦成＋中村康久

発行者　長谷部敏治

発行所　NTT出版株式会社

〒108-0023 東京都港区芝浦3-4-1　グランパークタワー

営業担当　TEL 03(5434)1010　FAX 03(5434)0909

編集担当　TEL 03(5434)1001

https://www.nttpub.co.jp/

印刷所　精文堂印刷株式会社

装丁　山之口正和＋沢田幸平（OKIKATA）

ISBN 978-4-7571-2386-1 C0034